中等职业学校教育创新规划教材
新型职业农民中职教育规划教材

农村经纪人实务

曹 军 靳雪芳 主编

中国农业大学出版社
·北京·

内容简介

本教材以服务现代农业发展和社会主义新农村建设为宗旨，以促进农业增效、农民增收、农村发展为导向，以全面提升中职农业经济管理类专业学生和新型职业农民的职业道德、素养与技能为目标，紧紧围绕农村经纪人岗位操作的要求，以培养学生和新型职业农民农村经纪业务运作能力为主线，本着以就业为指导，以项目为引领，以任务为导向，体现农村经纪人岗位技能的要求，注重学生和新型职业农民操作能力的培养，在内容上坚持必需和够用原则，注重理论联系实际，突出职业能力和职业素养的培养和提高，兼顾知识性、实用性和操作性。本教材主要包括农村经纪人认知、农村经纪人经纪业务运作和农村经纪人管理三个模块，每个模块下设有项目，每个项目下设有项目目标、项目任务描述与任务三个部分，每个任务都按照任务导入案例→学习准备→项目设计与实施→学习拓展→评价反馈进行设计，并与相关职业资格相结合，尽可能实现农村经纪人实务教学与学生应职岗位零距离对接。

图书在版编目(CIP)数据

农村经纪人实务 / 曹军，靳雪芳主编. —北京：中国农业大学出版社，2015.7 (2019.6 重印)

ISBN 978-7-5655-1329-9

Ⅰ.①农… Ⅱ.①曹…②靳… Ⅲ.①农村经济-经纪人-教材 Ⅳ.①F321

中国版本图书馆 CIP 数据核字(2015)第 160429 号

书　　名　农村经纪人实务
作　　者　曹　军　靳雪芳　主编

策划编辑	张　玉	**责任编辑**	冯雪梅
封面设计	郑　川	**责任校对**	王晓凤
出版发行	中国农业大学出版社		
社　　址	北京市海淀区圆明园西路 2 号	**邮政编码**	100193
电　　话	发行部 010-62818525，8625		读者服务部 010-62732336
	编辑部 010-62732617，2618		出　版　部 010-62733440
网　　址	http://www.cau.edu.cn/caup	**E-mail**	cbsszs @ cau.edu.cn
经　　销	新华书店		
印　　刷	涿州市星河印刷有限公司		
版　　次	2015 年 7 月第 1 版　　2019 年 6 月第 2 次印刷		
规　　格	787×1 092　16 开本　13.75 印张　250 千字		
定　　价	37.00 元		

中等职业学校教育及新型职业农民中职教育教材编审委员会名单

编写人员

主　编　曹　军　辽宁农业职业技术学院

　　　　靳雪芳　河南省农业经济学校

副主编　梁智慧　辽宁省农业经济学校

　　　　邱学林　辽宁农业职业技术学院

参　编　包利民　北京农业职业学院

　　　　张瑞英　河南省农业经济学校

编写说明

积极开展与创新中等职业学校教育和新型职业农民中职教育，提高现代农业与社会主义新农村建设一线中等应用型职业人才及新型职业农民的综合素质、专业能力，是发展现代农业和建设社会主义新农村的重要举措。为贯彻落实中央的战略部署及全国职业教育工作会议精神，特根据《教育部关于"十二五"职业教育教材建设的若干意见》《中等职业学校新型职业农民培养方案(试行)》和《中等职业学校专业教学标准(试行)》等文件精神，紧紧围绕培养生产、服务、管理第一线需要的中等应用型职业人才及新型职业农民，并遵循中等农业职业教育与新型职业农民中职教育的基本特点和规律，编写了《农村经纪人实务》这本中职教材。

《农村经纪人实务》是农业经济管理类专业核心课教材之一。本教材设计理念是以培养农村经纪人经纪业务为切入点，以培养学生农村经纪活动必需的知识、技能、方法和职业态度为核心，打破传统教材编写模式，以项目驱动、行动导向的教学模式为依据，以学习性工作任务实施为主线，引入农村经纪业务流程，同时，有机融入农产品经纪人职业资格证书对专业、方法、社会能力及职业态度的要求，重构并序化教材内容，吸收了本门课程历年来相关职业院校教育教学改革中所取得的成果，并统筹兼顾中等职业学校教育及新型职业农民中职教育的学习特点。

《农村经纪人实务》教材主要包括农村经纪人认知、农村经纪人经纪业务运作和农村经纪人管理三个模块，重点介绍农村经纪人经纪业务运作、农村经纪人从业管理与经纪行为管理等内容。本教材根据项目驱动、行动导向式教学的需要，以引导学生主动学习为目的，进行体例架构设计，以适应中等农业职业教育和新型职业农民中职教育创新和改革的需要。本教材内容深入浅出、通俗易懂，具有很强的针对性和实用性，是中等农业职业教育及新型职业农民中职教育的专用教材，也可作为新型农业经营主体特别是家庭农场主培育及农业经济管理人员岗位培训的教材，还可供从事相关工作的专业人员作为参考用书。

本教材由辽宁农业职业技术学院教授曹军与河南省农业经济学校高级讲师靳雪芳担任主编，辽宁省农业经济学校梁智慧与辽宁农业职业技术学院邱学林担任副主编，北京农业职业学院包利民、河南省农业经济学校张瑞英参与编写。具体编写分工：曹军负责编写项目任务描述、模块二项目三中的任务三、项目四中的任务三、四；靳雪芳编写模块一项目一中的任务一、二，模块二项目三中的任务一、项目四中的任务一、二；梁智慧编写模块二项目三中的任务四、五和模块三项目五中的任务一、二；张瑞英编写模块一项目二中的任务一、二、三、模块二项目四中的任务五；包利民编写模块三项目六中的任务一、二、三，项目七中的任务一；邱学林编写模块二项目三中的任务二、模块三项目七中的任务二。全书由曹军统稿。北京农业职业学院马俊哲教授、赵晨霞教授、农业部科技教育司王青立和原农业部农民科技教育培训中心陈肖安等同志对教材内容进行了最终审定，在此一并表示感谢。

本教材在编写过程中参考了大量文献及网上材料，借鉴了众多专家学者的研究成果，从而使本教材内容更贴近实际应用。但由于版面所限，对这些文献材料与成果未一一列出，在此向其作者表示深深的谢意！由于编者水平有限，加之时间仓促，教材中肯定存在不同程度和不同形式的错误与不妥之处，衷心希望广大读者及时发现并提出，更希望广大读者对教材编写质量提出宝贵意见，以便修订和完善。

编　者

2015 年 5 月

目　录

模块一　农村经纪人认知

模块二　农村经纪人经纪业务运作

模块三 农村经纪人管理

模块一
农村经纪人认知

项目一　农村经纪人含义与活动方式

项目二　农村经纪人素质要求与活动条件

项目一　农村经纪人含义与活动方式

【项目目标】

完成本学习任务后，你应该能

1. 掌握农村经纪人的含义与特征；
2. 领会农村经纪人的分类与作用；
3. 掌握农村经纪人业务的活动方式内容。

【项目任务描述】

要全面建成小康社会，则重点和难点都在农村。这是由我国的基本国情决定的，特别是我国"三农"问题的现状决定的。"三农"问题的核心是农民问题，农民问题的核心是增收的问题，要使农民增收最好的选择之一就是要解决农民在农产品生产和流通问题。那么，谁能够在农业生产和市场之间为农民搭建起这个桥梁呢？现在我国的广大农村田间地头活跃着这样一批人——农村经纪人，他们一手牵着千家万户的农业生产，一手连着千变万化的市场需求，为两者之间搭建起了沟通的桥梁，为农民增收，农业增效和农村繁荣做出了巨大贡献。那么如何认知农村经纪人呢？农村经纪人活动的方式与内容有哪些呢？

任务一　认知农村经纪人

【任务导入案例】

张兴波是山东青岛当地有名的农村经纪人。而在 2005 年他还是一个非常朴实的农民，为了供孩子上学和照顾老人及生活，以种地为生的他四处打工，可还是无法满足家里的开销。2007 年他通过电视看到农村经纪人带头致富的故事，决心做个农村经纪人，这样不仅解决了周边百余户农户白萝卜滞销的难题，还为自己增加收入。于是他开始到处买书进行学习，同时经常向有经验的农村经纪人请教。那么什么是农村经纪人？其在促进农村经济发展和增加农民收入上又发挥着什么样的作用呢？

一、学习准备

农村经纪人是随着农村商品经济的发展和农业产业结构的调整需要而发展起来的商业群体，它把市场与农户直接联系起来，既把本地的产品卖出去，又把外地的产品运进来，既能居中为介，又能沟通信息，被人们称为是“农民与市场的纽带”。他们走南闯北，走家串户，活跃于城乡市场，在促进农村商品流通方面显现出极大的灵活性和主动性，架起了广大农民走向市场的桥梁。

(一)知识准备

1.农村经纪的含义

(1)经纪人的概念。经纪人在我国的历史由来已久，古代就产生了专司中介职能早期经纪人，据历史记载，在西周时期出现以管理市场职官为身份、由官府指派的经纪人——质人；在西汉初期，市场上就有说合牛马交易并从中收取佣金的人，称为驵侩，到唐代，随商贸活动的日渐广泛，活动范围已由牲畜发展到各种商品交易后变为牙人。民国时期的“华经理”、“掮客”、“黄牛”、买办等都是经纪人。

所谓经纪人是指依照本办法的规定，在经济活动中以收取佣金为目的，为促成他人交易而从事居间、行纪或者代理等经纪业务的公民、法人和其他经济组织。其内涵有五层：

一是经纪人在活动中以收取佣金为目的；

二是服务的对象为买卖双方；

三是经纪人活动的中心是要促成他人交易；

四是经济活动的形式主要是居间、行纪、代理等；

五是经纪人活动的主体包括公民、法人和其他经济组织。

(2)农村经纪人的含义。农村经纪人是在农村经济活动中以收取佣金为目的，以农副产品、农业生产资料、农村剩余劳动力和农业科技等为经纪对象，通过居间、行纪或者代理等形式，为广大农民和农村经济组织提供经纪服务的自然人、法人和其他经济组织。

目前农村经纪人主要分为农村经纪人、农村工业及手工业产品经纪人、农业科技经纪人、农村文化经纪人、农村劳务经纪人、农村物流信息经纪人等。

农村经纪人具有以下法律特征：

①农村经纪人是促成供需双方交易的服务人员；

②农村经纪人的经纪活动是以取得佣金为目的，是有偿的活动；

③农村经纪人的经纪活动具有隐蔽性和非连续性。

2.农村经纪人的特殊地位与作用

(1)农村经纪人的特殊地位。农村经纪人，一手牵着农民的生产，一手牵着市场的需求，是农民和市场的桥梁，在现代化的农业经济发展中起到举足轻重的特殊作用。农村经纪人的地位在农村经济中相当特殊，没有经纪人的市场不是完善的市场。农村经纪人迎合了农业、农村和农民(三农)的发展需求，在厂商和农民，城市和农村之间筑起金色的经济桥梁，它是农村经纪发展的必然产物，也是推动农民走向市场经济的重要力量。

(2)农村经纪人的作用。随着社会主义新农村建设的不断深入，农村经纪人在农村经济的发展中扮演着越来越重要的角色，发挥着更为突出的作用。农村经纪人从无到有，从小到大，给传统农业向现代农业转型注入了新的活力，农村经纪人已经成为政府无法代替，又能弥补政府不足的重要力量。

①增加了农民收入。农村经纪人是农业生产和市场需求之间的纽带，他们在引导和调整农民生产的同时，利用自身的市场资源将农民的产品推销出去，使农民的生产活动能够持续有效地转变为不断增长的现金收入，从而保证了农民增收。以前农民自己生产农产品，还要把生产好的产品卖出去，由于缺乏对市场信息的了解，产品要么卖不出去，要么卖价很低。有了农村经纪人之后，农民只管生产农产品，而把产品销售交给农村经纪人去负责，大大减少了风险、增加了收入。例如，江苏省盐城市滨海县农村经纪人陈乃良发动周边的经纪人，带动全镇 7 000 余户农民从事工艺品编织，每个农民的收入由此大幅增长。

②促进农村产业结构的调整。农村经纪人见识广、信息灵，熟悉市场变化规律，将市场信息及时反馈给农民，根据市场的需求信息向农民提供生产意见和技术咨询；农民则根据经纪人的意见和技术信息安排生产，引进先进技术，调整生产结构，使得生产出来的农产品和市场的需求，达到有机结合。在农村经纪人的连续服务过程中，农业生产结构得以不断地按市场需求导向进行调整。

③促进农民小生产与全国大市场的对接。在市场经济下，由于一些农民的盲目生产，导致农产品供给与市场需求出现矛盾，增产不增收。农村经纪人的出现使这一矛盾得到缓解，他们能够根据地区间的农产品差价，及时收购、转运、销售，既获取一定利益，又帮助农民把产品转化为效益。例如：前几天，刚和自兴科技协会签完 22.5 亩水稻种植合同的东胜村农民武传发高兴地告诉记者，去年这个协会收的水稻价，每千克要比市场价高出 0.06 元，5 000 kg 水稻就多卖了 300 元。今年

这个协会又和客户达成了协议，如果今年水稻质量达到更高标准，每千克还能再多卖 0.03 元。“收入还能比去年高出不少呀。”

④促进产业规模的扩大。农村经纪人自己的生产经营活动，以及农村经纪人在市场与农民之间的中介作用，对农民起着重要的示范和引导作用。受他们的影响，很容易形成一村一品、一乡一业，甚至一县一业的格局。例如：2013 年，在我国大蒜主产地之一的河南省杞县，专业从事大蒜经营的经纪人竟已超过 8 000 人，当时虽然有的地方大蒜还没有收获，但是一些经纪人已经把当地种的蒜买断了，然后就层层加价倒卖大蒜，这种不正常的价格竞争造成大蒜后期价格上涨。

⑤促进农村社会分工体系的完善和农村劳动力就业。成熟的农村经纪人从农业生产中独立出来后，专注于农产品市场的信息分析和产品销售，充当生产与市场之间的连接纽带，提高了农产品进入市场的速度；农民也有更多的精力投入到农产品的生产和质量的提高上来。这样的分工协作，又进一步地促进农业生产的发展和农村产业结构的调整。农村经纪人一般采用“市场＋经纪人＋农户”的模式从事经纪活动。在这种模式下，一个经纪人联系着若干户农民，少的几户，多的上百户、上千户甚至上万户。由于经纪人为众多农户提供生产信息和技术指导，帮助农户销售产品，这就保障了众多农村劳动力生产活动的连续性，有效地促进了农村劳动力的就业。

⑥推动了农村基层政府职能转变。过去，为了改变农业生产和市场需求之间相互脱节的状况，农村基层政府往往采取行政指挥的手段安排农民的生产。在这个过程中，基层政府虽然做了种种努力，但由于采取的是非市场化手段，经常导致许多农产品无法销售出去，不仅给农民造成经济损失，而且也影响党群、干群关系。农村经纪人成长起来以后，农民生产什么、生产多少，由农村经纪人根据市场需求进行安排；农民在生产中遇到市场及技术困难时，一般都找农村经纪人，不再找政府。这样，农村基层政府就可以腾出更多的时间和精力，履行社会管理和公共服务职能。

⑦提高了农民的组织化程度，促进市场的规范和发展。解决了单个农民在竞争中各自为战、相互压价、相互拆台的问题，同时依靠集体的力量摆脱了竞争中的不利地位。

3. 农村经纪人组织形式与分类

(1)农村经纪人组织形式。

①农村个体经纪人。农村个体经纪人是指依照个体工商户及经纪人管理等有关法规，在工商行政管理机关登记注册，以公民个人名义在农村从事经纪活动的经纪人。

②农村合伙经纪人。农村合伙经纪人是指由具有经纪人资格证书的人员合伙按照有关法律法规设立经纪人事务所或其他合伙经纪人组织，在农村从事经纪活动的经纪人。

③农村兼职经纪人。农村兼职经纪人是指依法登记注册的既从事其他经营活动，又在农村从事经纪活动的自然人和各类经济组织。

④农村公司经纪人。农村公司经纪人是指按照公司法及工商行政管理规范建立起来的企业或公司组织，专门在农村进行经纪活动的经纪人。

(2)农村经纪人的分类。

①按组织形式划分，农村经纪人可以分为：农村个体经纪人、农村合伙经纪人、农村兼职经纪人与农村公司制经纪人。

②按经营的内容划分，农村经纪人可以分为：

一是科技经纪人。这个类型的农村经纪人能组建科技服务站，向农民传授有关种植、养殖和加工等方面的技术，搞科技承包，科技示范指导，提供科技咨询，使科技商品化、技术价值化，既服务了农业生产又增加了个人收入。

二是营销经纪人。农业结构要调整，各种农副产品将大量产出，产品需要一定的市场，急需能开拓市场的经纪人，这种经纪人必须有掌握各地市场行情的本领，把大量的农副产品销售出去，并逐步形成品牌效应。

三是信息经纪人。主要是组建各类信息服务站为农民提供相应市场需求信息，小范围地调整农业种植结构，向农民推荐高质量、高效益的经济作物、药材作物等。

四是娱乐经纪人。是区别于明星大腕的经纪人，他们主要是兴建文化城、图书馆等文娱设施，丰富农民文化生活的同时又提高了农民的科技文化水准。

五是储运、加工经纪人。他们负责收购农民的产品，并进行储备加工，让农民的产品卖上好价钱，还可以为农民提供优质生产生活资料。

③按经纪的商品划分，农村经纪人可以分为：粮棉经纪人、果蔬及花卉经纪人、林产品经纪人、畜禽产品经纪人、水产品经纪人、农副产品经纪人、农村劳动力经纪人和农村文化经纪人等。

④按经纪人活动方式划分，农村经纪人可以分为：居间经纪人、行纪经纪人和代理经纪人。

⑤按经纪人活动空间划分，农村经纪人可以分为：区域性农村经纪人和跨区域性农村经纪人。

⑥按经纪人运作方式划分，农村经纪人可以分为：龙头企业带动型（龙头企业＋农村经纪人＋农户）、基地带动型（基地＋农村经纪人＋农户）、专业协会带动型

(农村经纪人协会+农户)等类型。

4.农村经纪人资格认定条件

根据《经纪人管理办法》的规定:具备下列条件的人员,经工商行政管理机关考核批准,取得经纪资格证书后,方可申请从事经纪活动:

(1)具有完全民事行为能力。完全民事行为能力是指18周岁以上的公民是成年人,是完全民事行为能力人。16周岁以上不满18周岁的公民,以自己的劳动收入为主要生活来源,视为完全民事行为能力人。

(2)具有从事经纪活动所需要的知识和技能。

①农村经纪人应具备的知识。作为农村经纪人来讲,如果要在市场当中生存,更好地服务于农村经济的发展,就应该掌握一定的知识:农产品商品的基础知识、经纪人基础知识、计算机技术应用知识等。

②农村经纪人应具备的基本技能。从一定的意义上来说,农村经纪人应该是农村某一项领域的专业人士。农村经纪人在经纪活动中应具备一定的基本技能:如何去分辨农产品与农业生产资料优劣及等级鉴别技能;相关产品包装与储运技能;谈判与合同订立技能;经纪核算与结算技能以及运用法律的技能等。

(3)有固定的住所。住所是指法律上确认的农村经纪人主要经营场所。其是农村经纪人注册登记的事项之一,确定农村经纪人住所,既是为了交易的便利,也是确立法律事实、法律关系和法律行为发生地的重要依据,如有关司法文书的送达等。

(4)掌握国家有关的法律、法规和政策。

(5)申请经纪资格之前连续三年以上没有犯罪和经济违法行为。

5.我国农村经纪人的发展现状、问题与对策

①农村经纪人发展现状与特点。经过30多年的发展,农村经纪人的队伍不断壮大。目前在全国已经形成一支600多万人的庞大队伍。他们常年活跃在流通领域,成为经销"菜篮子"、"果盒子"、"米袋子"产品的生力军。除了600万常年性地从事农产品经纪业务的人员外,还有大量的短期、季节性的从业人员。在600多万农村经纪人中,经过长期或短期培训的达70%以上,取得国家职业技能鉴定机构颁发的资格证书有40万人(主要为初级),其中中高级资格证书的近2万人。在各级工商管理机关登记注册的60余万户,经纪执业人员逾100万人。从带动能力来看,60%以上的农民专业合作社是农村经纪人领办的;从文化程度看,以初高中文化程度为主,小学文化程度次之,也有少量的大专毕业生;从年龄上看,以30~55岁人员为主;从地区分布看,东部地区与西部地区相比,无论是从业人员数量,还是经营规模上,东部明显占优势;从组织化建设看,目前的农村经纪人组织化建设的

发展水平较低。农村经纪人发展具有以下特点：

一是农村经纪人员数量迅速扩大，经纪组织形式、经纪业务方式已呈多样化，经纪的业务量越来越大，经纪科技含量日益增多，经纪效率明显提高。

二是尽管大部分农村经纪人从事粮食、蔬菜、水果、水产品等经纪活动，但就趋势而言，经纪的业务范围不断扩大，已开始涉及经纪生产资料、日用工业品等领域。

三是农村经纪人的发展很不平衡。一方面，农村经纪人在经济比较活跃的地区如江浙地区发展得很快；另一方面，在西部经济发展较慢的地区发展得较慢。

四是农村经纪人活动的季节性、区域性明显。农村经纪人的经纪活动一般随农产品的生产季节而变化。

五是农村经纪人以个体经营为主，组织化程度偏低。在几十万农村经纪人实体中，个体经营占了很大比重，合伙型、公司型等经纪人实体较少，尚处于初始发展阶段，经营规模、经营信誉、经营资质、抗风险能力都比较低。

六是农村经纪人整体素质亟待提高。由于个体经纪人所占比例较大，他们信息采集手段比较落后，组织化程度不高；农村经纪人相互之间缺乏信息联系和交流，经纪活动大多呈松散型，更缺乏自律管理及权益的自我保护机制。

②农村经纪人发展中存在的问题。农村经纪人对促进农村经济发展，农民增产增收起到了积极作用，但在实践中还存在着一些不可忽视的问题，主要有以下几个方面：

一是农村经纪人总体上文化程度较低，经纪效率不高。目前，我国农村经纪人拥有中专以上学历的不到一半，不少经纪人只是凭个人经验闯市场，而对相关的政策和法律根本就不知道，因而起草合同时用词不当或条款不清等现象屡见不鲜，有的干脆采取口头协议的方式，经纪活动多少带有随意性、盲目性，缺乏约束由此造成一些不必要的纠纷。信息来源单一，大多数农村经纪人的信息来源主要靠相互之间口头传递或通过电话相互沟通，信息渠道不畅、时效性极差。

二是市场准入混乱，无证经纪较为普遍。农村经纪人发展不平衡，经济发达地区发展早、人数多，不发达地区发展慢、人数少，地域性和行业差异较为突出；无照经营、“地下”经营较为普遍，就全国而言，近60%以上经纪人没有经纪人资格证书，直接进入市场经营。农产品营销经纪中发生的合同纠纷，不能得到及时解决。

三是农村经纪人规模较小，带动作用有限。农村经纪人大多数自发形成，整体规模较小，自身经济实力不强，农村经纪人与涉农经纪组织之间联系不够紧密，没有形成真正的利益共同体，参与市场竞争和抵御市场风险的能力仍显不足。

四是服务单一，方法落后，总体水平较低。单干的多、个体营销多，分工协作、联合少；农产品的流通，在本地营销的多，在外地、国内与国外营销的少；传统手段营销多,农产品拍卖、网上交易和电子商务经营的少,连锁经营、物流配送等现代流通方式经营的少;收购农副产品的多,从事农业新品种、新技术中介服务的少,生产、加工、保鲜、贮藏、运销等一体化经营的少。

五是缺乏长远打算,信誉观念和品牌意识不强。少数经纪人受多种因素影响,不讲诚信,无视商业信用和职业道德,形成价格垄断,坑农、害农、损农的现象时有发生;有的农村经纪人与农户采取“口头协议”从事收购活动,造成一些协议无法履行,对农民利益保护不够;有的利用虚假信息诱导农民签订合同,不择手段地压级压价、欺行霸市、强买强卖,影响了自身形象。缺乏有知识、有头脑、矢志创业的农业科技经纪人、文化经纪人、劳务经纪人、物流信息经纪人。在农村,急切需要一批掌握先进适用技术、善管理、懂经营的农村青年经纪人,为农民群众提供优质高效的产前、产中、产后技术服务。

六是各级政府对农村经纪人的宣传力度不够,农村经纪人社会地位和知名度低。地方政府管理部门如工商、税务、城建、公证等部门服务不到位,媒体对农村经纪人在发展农村经济中的贡献和在农民增收致富中的作用宣传不够,农村经纪人对登记注册条件和程度等知识了解不够。目前社会上对经纪人仍有不同看法,“倒买倒卖”、“无商不奸”、“投机钻营”、“二道贩子”等旧观念还未真正从人们的观念中转变过来。

七是农村经纪人管理不够规范。有的农村经纪人互相之间合作意识不强,只愿利益共享,不愿风险共担,诚信度不高,有利则合,无利则散,不利于农村经纪人自身队伍的发展和壮大。

③引导和规范农村经纪人发展的措施。

一是加强服务指导职能,打造高素质的农村经纪人。目前,农村经纪人在我国农业经济领域中属新兴力量,发展水平不够高,经纪规模有限,组织化程度低,经纪行为不够规范等现象较为普遍,因此应加强服务指导,打造高素质的农村经纪人,树立样板,抓好典型示范,让农民看得见、摸得着,见到实实在在的效益。主要有以下方面:指导农村经纪人学习经纪人的相关知识;指导农村经纪人开展品牌经营、特色经营,指导、帮助农村经纪人注册商标;加强农村经纪人的信息服务,配合有关部门建立相应的信息服务平台,引导具备条件的农村经纪人利用现代信息技术和手段拓展农产品市场。

二是规范市场准入制度,壮大农村经纪人队伍。要按照大力培育、壮大农村经纪人队伍的原则开展农村经纪人的市场准入工作,积极指导具备相应条件的农民投身于经纪行业。在市场准入环节,要根据实际情况调整相应政策,最大限度地简化注册登记程序;允许部分农民季节性地从事经纪活动,对季节性或临时性从事经纪活动的农村经纪人,引导其办理个体工商户登记。充分利用当地各种媒体宣传国家有关法律、政策,鼓励更多的农民投身于农村经纪人行业。

三是成立综合管理机构。在农村经济发展较快的地区成立经纪人综合领导小组,成员由涉农部门、相关执法部门、部分科研教育宣传单位及有管理权限的单位组成,负责经纪人工作的综合指导、协调工作,在工作中明确各部门单位职责、义务和权限,形成推动农村经纪人产生和发展的合力。

四是建立健全农村经纪人监督管理制度。在鼓励农村经纪人发展的同时,严格按照《经纪人管理办法》的规定对其经纪行为加以规范,健全农村经纪执业人员备案以及执业人员基本情况明示监督检查制度,加强农业经纪合同指导,监督经纪执业人员在经纪合同中签名,建立健全农村经纪人信用记录及档案,逐步完善农村经纪执业人员自我约束和社会监督机制。对于农村经纪人坑农、害农的行为要坚决予以查处,重点查处利用虚假信息诱导农民签订合同、欺行霸市、强买强卖的违法经纪行为,促进农村经纪行业的健康发展。

五是通过协会,加强农村经纪人自律组织。针对目前农村经纪人经纪活动分散、流动性季节性强、规模小、信息闭塞等特点,在农村经纪人发展具备一定规模的地区,组织农村经纪人成立行业协会等自律组织,帮助农村经纪人交流和自律,帮助农村经纪人与政府有关部门进行沟通和交流。

(二)资料准备

(1)利用现有的图书馆或资料室以及报纸杂志,查找有关农村经纪人信息资料。

(2)利用现有的电脑、网站、Wifi 等网络环境条件,查找有关农村经纪人含义、特征、发展现状、作用等方面的信息资料。

(3)通过网络,查找对农村经纪人的认识。

(4)教师准备的资料单关于介绍农村经纪人成功的案例等相关文章。

二、项目设计与实施

(一)项目设计

见图 1-1。

(二)项目实施

(1)安排学生课前预习农村经纪人含义与作用、组织形式与分类、农村经纪人资格认定条件、发展现状、问题与对策。

(2)在教师的指导下,通过多种信息渠道查询资料。关键词有:农村经纪人含义与作用、组织形式与分类、农村经纪人资格认定条件、发展现状、问题与对策。

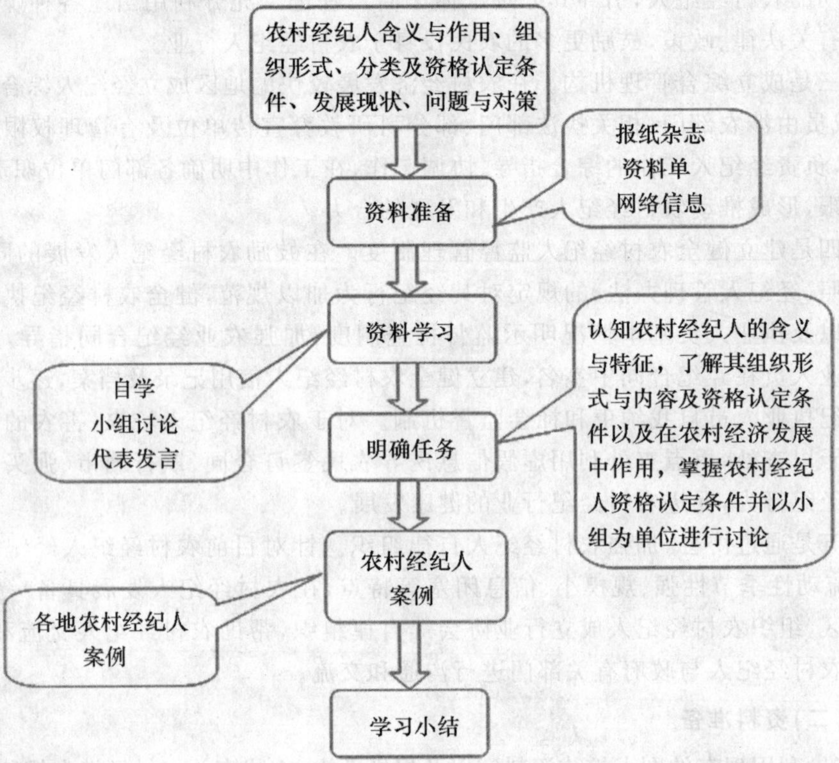

图 1-1 农村经纪人认知项目设计

(3)汇总查找的相关资料。

(4)每人写一份学习收获。

(5)以小组为单位,模拟进行一次演讲,谈谈对农村经纪人的认识,并用集体的智慧完成一份较好的学习收获体会。

(6)每组选一个代表,在全班讲解小组的学习路径、学习收获,组员补充收获的内容。

(7)教师组织发动全班同学讨论、评价各小组的学习情况,达到全班同学共享学习资源和收获体会,巩固所学的知识内容。

三、学习拓展

【农村经纪人发展趋势】

(1)组织形式上,组织化程度逐步提高。由个体经营向公司、专业协会、专业合作社、交易中心、批发市场等经营服务实体转化。组织形式逐步形成了"市场＋经纪人＋农户"、"市场＋经纪企业＋农户"、"市场＋行业协会＋农户"等多种模式。

(2)经营模式上，呈综合性、集约化经营。从当初以当地盛产的粮食、蔬菜、水果、畜禽、禽蛋以及其他农副土特产品为主，逐步拓展到农用生产资料、日用工业品、农产品深加工领域。

(3)经营手段上，向现代化方向迈进。主要是从过去的肩挑手提发展到电话、互联网、电子商务、专用运输工具等现代化方式。

(4)经营区域上，向全球化方向发展。经纪区域由以县域为主逐步向省内和全国辐射，一些经纪人营销区域的触角已伸向国外市场。

(5)经营领域上，向多元化方向拓展。不少农产品经纪人不再单纯地从事农副产品的经纪活动，开始逐步向相关环节延伸，由单一收购、运销型，向生产、加工、保鲜、贮藏、运销等一体化经营转型发展。经纪人的服务内容扩展到劳务输出、技术应用、项目洽谈等多方面，由单一功能向综合功能发展较明显。

(6)队伍发展上，呈螺旋上升式发展，逐步形成行业精英队伍，发展上呈螺旋上升式发展，人员数量的总体趋势将有所减少，人员综合素质有较大提高。

任务二　了解农村经纪人活动方式与内容

【任务导入案例】

张兴波是山东青岛当地有名的农村经纪人。2007 年他决心做个农村经纪人，这样不仅解决了周边百余户农户白萝卜滞销的难题，还为自己增加收入。于是到处买书进行学习，并向有经验的农村经纪人请教。功夫不负有心人，他终于在 2008 年 7 月做成了第一笔经纪业务，同时，有 2 300 元的收入，实现了他成为农村经纪人的梦想。那么作为一名合格的农村经纪人，在从事农村经纪人活动过程中，经纪的内容与方式主要有哪些呢？

一、学习准备

近年来，随着城乡经济的进一步繁荣和发展，农村经纪人队伍也在不断壮大，同时农村经纪人在促进地方经济发展、推动农业产业化进程、加快脱贫致富等多方面发挥着积极的作用。那么作为一名合格的农村经纪人，在从事农村经纪人活动过程中，经纪的主要内容与方式有哪些呢？

(一)知识准备

1. 农村经纪人的活动方式

现阶段我国农村经纪人活动方式主要有居间、行纪和代理三种方式。

(1)居间。居间是指农村经纪人为交易双方提供信息、条件及媒介撮合双方交易成功的商业行为。在交易活动中,居间经纪人既不是买者,也不是卖者,而是沟通买卖双方从中牵线搭桥,促成交易的中间商人。这是农村经纪行为中广泛采用的一种初级形式。

居间活动具有以下一些特点:

①服务范围和对象广泛。居间活动从范围来讲,可以涉及一、二、三产业的各个行业,除了国家明文规定不得介入的行业之外,行行都存在大量的居间业务。从服务的对象来说,工人、农民、商人、知识分子等各个社会阶层都需要居间活动,居间是经纪人活动方式中服务范围和对象最广泛的一种。

②参与交易的程序较浅,服务内容比较简单。一般来说,居间主要是通过提供信息服务或为买卖双方牵线搭桥来完成的,因而其介入交易双方交易活动的程度不深。居间只需要为买卖双方提供交易信息,或了解交易活动中可能会涉及的一些基本情况和一般性的技术问题,因此,服务的内容也较为简单。

③只以自己的名义开展活动。在居间业务中,居间人都是以自己的名义开展活动的。既不是买者,也不是卖者,既不代表买者,也不代表卖者,而是在买卖双方之间提供服务,一旦交易成功,便可从中获取佣金。

④各利益主体之间需要签订居间合同。居间合同也称为中介合同。它是指当事人双方约定,一方为另一方提供成交机会或者充当订立合同的媒介,另一方支付相应的报酬的协议。在居间合同关系中,提供居间服务的一方为居间人,另一方为委托人。

例如,河南的老张从报纸上了解到上海有一家酱菜公司需要大量的大蒜,老张邻近的中牟县最近刚刚收获了很多大蒜,乡亲们正愁卖不出去,于是老张就联系上这家酱菜公司,这家酱菜公司决定利用老张的庭院收购大蒜,老张为酱菜公司提供了市场信息,又为酱菜公司提供了交易场所,所以老张要收取居间活动的佣金。

(2)行纪。行纪又称信托,是指经纪人受委托人的委托,以经纪人自己的名义与第三方进行交易,并承担规定的法律责任的商业行为。其中,委托他人为自己办理购、销、寄售等事务的人叫信托人;接受委托,并以自己名义为委托人办理购、销、寄售等事务的人叫行纪人。信托人可以是公民,也可以是法人,但行纪人只限于法人。一般来说,行纪活动都要签订专门的行纪合同。行纪业务大体分为两大类,即贸易信托和金融信托,贸易信托是指经营商业性质的委托代理业务,金融信托是指拥有资金或财产的部门或个人持自己的资产委托银行信托部门或信托公司代其运用、管理或处理。

行纪活动主要有以下特点：

①行纪人以自己的名义进行行纪活动。

②行纪人在行纪活动中可以介入买卖。行纪属于自为营业主体。在行纪业务中，当行纪人接受信托代购代销的委托时，行纪人可以持自己的商品售出卖给信托人，也可以持信托人委托自己代销的商品直接买进，即自己可以成为直接的卖主和买主。

③服务范围和对象较广，参与交易的程度较深。

还用上面的例子，老张联系上这家酱菜公司以后，酱菜公司委托老张按照一定的价格和质量收购一定数量的大蒜。此时，老张是以他自己的名义按照酱菜公司的要求收购大蒜，然后交予酱菜公司，酱菜公司给付老张一定的佣金。这个时候老张是以他自己的名义去收购大蒜，在收购过程中出现的所有问题，老张要承担责任。

(3)代理。代理又称委托，是指经纪人在受托权限内，以委托人名义与第三方进行交易，并由委托人直接承担相应的法律责任的商业行为。其中，代替他人实施商业行为的人称为代理人；由他人代替自己实施商业行为的人称为被代理人；与代理人实施商业行为的人称为第三人。经纪活动中的代理，属于一种狭义的商事代理活动，就其形式来讲，属于委托代理，就其性质来讲，属于直接代理。其特点是经纪人与委托人之间有较长期稳定的合作关系，经纪人只能以委托人的名义开展活动，活动中产生的权利和责任归委托人，经纪人只收取委托人的佣金。

还用上面的例子，老张联系上这家酱菜公司以后，酱菜公司委托老张按照一定的价格和质量收购一定数量的大蒜。此时，老张是以酱菜公司的名义按照酱菜公司的要求收购大蒜，然后交予酱菜公司，酱菜公司给付老张一定的佣金。这个时候老张是以酱菜公司的名义去收购大蒜，在收购过程中出现的所有问题，酱菜公司要承担责任。

2.农村经纪人经纪业务主要内容

(1)信息传递。农村经纪人接受买方或者卖方的委托，带着供给或需求一方的信息去寻找相应的交易对手，促成交易，从而收取相应佣金。由此可见，在买卖方之间进行信息传递，是农村经纪人的主要经纪业务活动。

(2)代表买方或卖方进行谈判。农村经纪人把买卖双方信息联系起来，但在交易条件上双方可能出现较大的分歧。在这种情况下，农村经纪人往往要在委托人授权范围内与对方进行谈判。

(3)交易咨询，办理相关交易手续。很多委托人不大了解法律等相关事宜，农村经纪人要为委托人进行咨询，并协助办理有关交易手续。

(4)起草交易活动所需的文件。农村经纪人可以根据委托方的意思表示进行经纪活动中有关文件的草拟工作。交易文件具有法律效力，涉及双方当事人的经济利益。因此，经纪人可以代替委托人草拟文件，但是必须通过协商，并且由当事人签名盖章。

(5)为交易提供相关保证。农村经纪人作为联系买卖双方的中介，对交易的完成起到保证作用。这里的保证主要指的是经纪人通过自己的信誉等使买卖双方能够顺利完成契约。

3 农村经纪人经纪运作程序

农村经纪人的业务流程是指农村经纪人依据自己经纪业务的实际来设计的运作过程。其流程主要有：

(1)寻找客户并接受客户的委托。农村经纪人开展经纪业务时，需要寻找到委托其进行经纪业务的对象—客户，然后接受客户委托，这表明是农村经纪人经纪运作已经开始。接受客户委托是依客户和农村经纪人双方约定，客户为委托(委任)人，农村经纪人为受托(受任)人，农村经纪人接受委托人的委托。这是经纪运作程序的关键一步，没有委托就没有经纪中介服务。

(2)签订经纪合同。经纪合同是农村经纪人为促成委托方和相对方订立交易合同而进行联系、提供信息、介绍商品性能等中介服务活动所达成的具有一定权利和义务关系的协议。

(3)选择合作伙伴。生意场上的合作伙伴非常重要，只有大家目标一致，能力互补，资源共享，配合默契才能长久合作。寻找合作伙伴是主要是为委托方找到实现交易的另一方，更是农村经纪人完成经纪业务的另一个主要环节。寻找合作伙伴时，要调查相对方的资信情况和调查了解相对方的履约能力等。

(4)促成交易。促成交易是农村经纪人员将潜在客户转变为现实客户的一个重要过程，因此，农村经纪人要正确引导委托方和相对方顺利成交。同时，农村经纪人在双方洽谈中必须始终保持中立地位，充分发挥农村经纪人应有的应变能力和协调能力，促成交易。

(5)获取佣金。农村经纪人佣金是指农村经纪人从事经纪活动后获得的劳动报酬。它是对农村经纪人开展经纪活动时付出的劳动、花费的资金和承担的风险的总回报。只有促成交易农村经纪人才能获取佣金。

(二)资料准备

(1)利用现有的图书馆或资料室以及报纸杂志，查找有关农村经纪人活动方式与内容的信息资料。

(2)利用现有的电脑、网站、Wifi 等网络环境条件,查找有关农村经纪人活动方式与内容等方面的信息资料。

(3)通过网络,查找如何进行各类农村经纪人经纪的内容与方式。

(4)教师准备的资料单:关于经纪活动的方式、特点等相关文章。

二、项目设计与实施

(一)项目设计

见图 1-2。

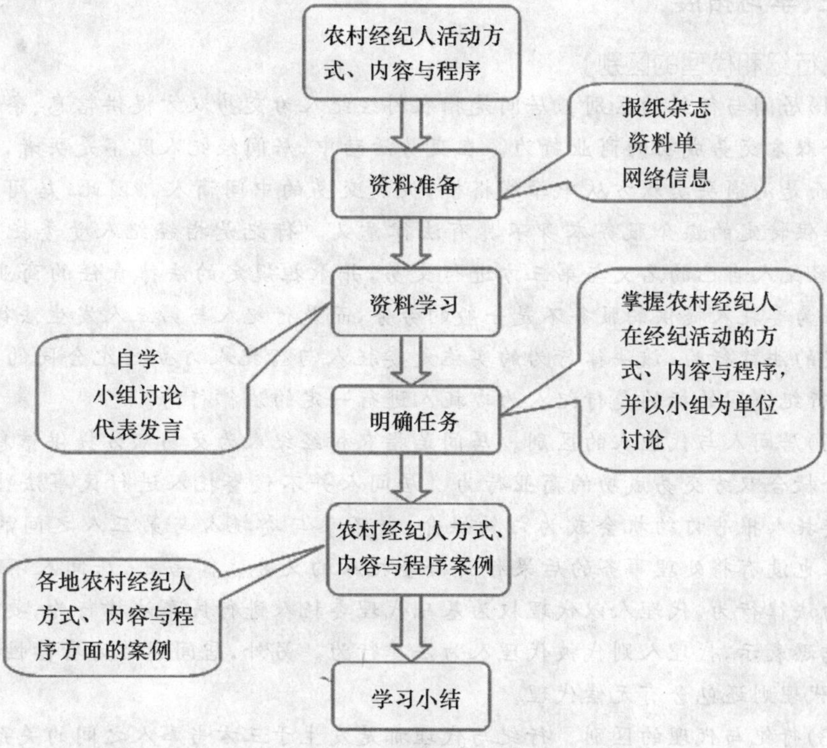

图 1-2 农村经纪人活动方式与内容项目设计

(二)项目实施

(1)安排学生课前预习农村经纪人的活动方式与内容。

(2)在教师的指导下,通过多种信息渠道查询资料。关键词有:农村经纪人活动方式、内容与程序等。

(3)汇总查找的相关资料。

(4)每人写一份学习收获。

(5)以小组为单位,运用各种经纪方式模拟进行一次经纪活动,并用集体的智慧完成一份较好的学习收获体会。

(6)每组选一个代表,在全班讲解小组的学习路径、学习收获,组员补充收获的内容。

(7)教师组织发动全班同学讨论、评价各小组的学习情况,达到全班同学共享学习资源和收获体会,巩固所学的知识内容。

三、学习拓展

【居间、行纪和代理的区别】

(1)居间与行纪的区别。居间是指农村经纪人为交易双方提供信息、条件及媒介撮合双方交易成功的商业行为。在交易活动中,居间经纪人既不是买者,也不是卖者,而是沟通买卖双方从中牵线搭桥,促成交易的中间商人。因此,居间人为委托人提供特定的媒介服务本身不具有法律意义。行纪是指经纪人受委托人的委托,以经纪人自己的名义与第三方进行交易,并承担规定的法律责任的商业行为。行纪人为委托人提供的服务不是一般的劳务,而是行纪人与第三人发生法律关系,为一定的法律行为,该法律行为的实施是委托人与行纪人订立行纪合同的目的所在,故行纪合同的标的是行纪人为委托人进行一定的法律行为。

(2)居间人与代理人的区别。居间是指农村经纪人为交易双方提供信息、条件及媒介撮合双方交易成功的商业行为。居间人并不代委托人进行民事法律行为,仅为委托人报告订约机会或为订约媒介,并不参与委托人与第三人之间的关系。居间人也没有将处理事务的后果移交给委托人的义务。简言之,居间人不得代委托人为法律行为,代理人以代理权为基础代理委托人进行民事法律行为,要进行独立的意思表示,代理人则代被代理人为法律行为。另外,居间通常为有偿性质的行为,而代理则还包含有无偿代理。

(3)行纪与代理的区别。行纪与代理都是发生于三方当事人之间的关系,并且都是为他人活动,这是二者的相似之处。与代理相比,首先,行纪是以自己的名义为法律行为,而代理是以被代理人的名义为法律行为。因此,行纪的法律效果直接归属于行纪人,间接归属于委托人。其次,通常情况下,行纪人从事的是贸易行为,而代理人的行为则不限于贸易行为。最后,行纪多为有偿行为,而代理则包括无偿代理。与代理不同,行纪人与第三人订立合同产生的权利、义务要由行纪人自己承受,委托人与第三人之间不直接发生法律上的权利义务关系。所以,行纪人的风险比代理人大得多。正因为如此，代理人的代理活动可以有偿，也可以无偿；代理人可以是法人，也可以是公民个人。而行纪人的活动都是有偿的，并且从事行纪活动的，一般要求是能够承担风险，有法人资格的组织。

四、项目评价反馈

（一）自我评价

（1）为了完成对农村经纪人活动方式认识的学习任务，你都做了哪些准备？

①查找了哪些资料？

②你有哪些设想？

（2）运用所学的知识、技能和查找的资料，谈一下你对农村经纪人是如何认识的？对农村经纪人方式、内容与程序的认识？

（3）通过自学、讨论和调研，你有什么收获？

（二）小组评价

从学习态度、学习方法、团队合作和学习能力的提升等方面评价。

序号	评价项目	评价情况
1	与其他同学口头交流学习内容是否流畅	
2	是否尊重他人，是否达到全勤	
3	学习态度是否积极主动	
4	是否服从教师的教学安排	
5	着装是否符合标准	
6	能否按照相关要求谈一下对农村经纪人未来发展模式的认识	
7	能否辨别工作环境中哪些是危险的因素	
8	是否能保持学习环境的干净整洁	
9	是否遵守学习场所的规章制度	
10	是否有工作岗位的责任心	
11	团队学习中主动与合作的情况如何	
12	能否主动参与教学场所的清洁和整理工作	

参与评价的同学签名____________________

(三)综合评价

1. 教师评价

(1)对整个学习内容的小结归纳。

(2)对学习过程的总体评价。

教师签名________________

2. 学生评价

(1)对教师授课效果的评价。

(2)对学习效果的评价。

学生签名________________

项目二　农村经纪人素质要求与活动条件

【项目目标】

完成本学习任务后，你应该能

1. 掌握作为一名合格的农村经纪人在经纪活动中应遵循的职业道德；
2. 基本掌握一名优秀农村经纪人应具备的素质和能力，并为之而努力；
3. 理解开展经纪活动的必备条件，并能够顺利开展农村经纪业务。

【项目任务描述】

随着城乡经济的进一步繁荣和发展，农村经纪人在促进地方经济发展、推动农业产业化进程、加快脱贫致富等多方面发挥着积极的作用。但由于缺乏有序引导和规范管理，有极少部分农村经纪人处于“原生态”，他们在经纪过程中盘剥农民利益，掺杂使假和坑农害农事件时有发生，导致农民对农村经纪人存在一些偏见，社会公信度降低，以至于在少数地方出现少量的农村经纪人难以开展业务活动，增加了不必要的交易成本，形成社会资源浪费。那么，要想成为一名合格的农村经纪人，开展经纪活动时应遵守哪些职业道德规范、具备什么样的素质、能力和条件呢？

任务一　了解农村经纪人职业道德

【任务导入案例】

他不是红娘，却做起了为瓜果蔬菜找“婆家”的活计；他不是魔术师，却会帮农民发家致富的“点金术”。他是老板，却干着和员工一样脏苦累的活儿；他和农民做生意，却时刻想着“不能让农民吃亏”，始终坚持实诚信用做生意。他就是武鸣县（南宁）的“金牌”经纪人——武鸣县城厢镇邓广村土生土长的农民陆民生。

牵线搭桥做"红娘"只为让瓜果找到好"婆家"

卖瓜苗、收熟瓜。陆民生从事农村经纪人的工作,将近20年了,工作大部分时间都是收购农民的瓜果,"农民挣的是血汗钱,不能让农民吃亏。"陆民生说,帮它们找个"好婆家"。作为联系农民与商家之间的中介,陆民生更多的是要收集市场信息,核算收购数据,争取尽快给农民结算。

常"种前赊账,秋后算账"对待农民从未红过脸

"城厢镇合旗村,黄家安,1 000株,尽快帮他争取25日前拿到苗种!"在记事本上,陆民生仔细地记录着。尽管陆民生大多数的工作都是与市场打交道,但与田间的活儿,陆民生也是个能手。

来自宁武镇的潘雅烈第一次与陆民生要货,整理好茄瓜苗种后,陆民生还特别嘱咐潘雅烈,种植茄瓜需要注意的事项,并要潘雅烈赶紧回家争取时间把苗种给种了。

此次潘雅烈要了1 300株苗种,是耳闻陆民生做生意实诚,特意从宁武镇过来的。赶过来的还有陆永宁,陆永宁只要到600多株苗种。陆永宁说:"来得晚了,只要到了600多株。要拿货提前打个电话就好,陆老板就会帮我们联系好苗种,直接过来就可以了,绝对放心的。"作为一名合格的农村经纪人,在进行经纪业务时,都应遵守哪些职业道德呢?

一、学习准备

农村经纪人职业道德,是同农村经纪人的职业活动紧密联系的、符合农村经纪人职业特点所要求的职业品德、职业纪律、专业胜任能力及职业责任等的总称,它既是对本职人员在职业活动中的行为标准和要求,同时又是职业对社会所负的道德责任与义务。职业道德属于自律范围,它可通过农村经纪人行业公约、守则等对职业生活中的某些方面加以规范。职业道德既是本行业人员在职业活动中的行为规范,又是行业对社会所负的道德责任和义务。

(一)知识准备

1. 农村经纪人职业道德的含义

(1)职业与道德的含义。根据中国职业规划师协会的定义:职业是性质相近的工作的总称,通常指个人服务社会并作为主要生活来源的工作。

道德是一定社会,一定阶级调节人与人之间、个人与社会、个人与自然之间各种关系的行为规范的总和。这种规范是靠社会舆论、传统习惯、教育和内心信念来维持。它渗透于生活的各个方面,即是人们的行为应当遵守的原则和标准,又是对人们思想和行为进行评价的标准。

(2)农村经纪人职业道德。农村经纪人职业道德是指同农村经纪职业活动紧密联系的符合职业特点所要求的道德准则、道德情操与道德品质的总和。它是农村经纪人在从事农村经纪业务过程中形成的一种内在的、非强制性的约束机制，涵盖了农村经纪从业人员与服务对象、职业与职工、职业与职业之间的关系。农村经纪人职业道德具有从属性、职业性、稳定性、继承性、实用性、成人性等特点。

(3)农村经纪人职业道德的作用。农村经纪人职业道德是社会道德体系的重要组成部分，它一方面具有社会道德的一般作用，另一方面它又具有自身的特殊作用，具体表现在：

①调节农村经纪业务交往中从业人员内部以及从业人员与服务对象间的关系。职业道德的基本职能是调节职能。它一方面可以调节从业人员内部的关系，即运用职业道德规范约束职业内部人员的行为，促进职业内部人员的团结与合作。另一方面，职业道德又可以调节从业人员和服务对象之间的关系。

②有助于维护和提高农村经纪行业的信誉。一个行业、一个职业的信誉，就是它们的形象、信用和声誉，提高农村经纪人的信誉主要靠经纪产品的质量和服务质量，而从业人员农村经纪人职业道德水平高是产品质量和服务质量的有效保证。反之，很难经纪出优质的产品和提供优质的服务。

③促进本行业的发展。农村经纪行业的发展有赖于高的经济效益，而高的经济效益源于高的农村经纪人员素质。农村经纪人员素质主要包含知识、能力、责任心三个方面，其中责任心是最重要的。而职业道德水平高的从业人员其责任心是极强的，因此，农村经纪人职业道德能促进本行业的发展。

④有助于提高全社会的道德水平。农村经纪人职业道德是整个社会道德的主要内容。职业道德一方面涉及每个从业者如何对待职业，如何对待工作，同时也是一个从业人员的生活态度、价值观念的表现；是一个人的道德意识，道德行为发展的成熟阶段，具有较强的稳定性和连续性。另一方面，职业道德也是一个职业集体，甚至一个行业全体人员的行为表现，如果每个行业，每个职业集体都具备优良的道德，对整个社会道德水平的提高肯定会发挥重要作用。

2.农村经纪人职业道德的内容

农产品经纪人的职业道德规范和行为准则五大条款、十句话、四十个字，即：

(1)爱岗敬业，诚实守信。爱岗敬业是农村经纪职业道德的基础和核心，是社会主义职业道德所倡导的首要规范，是对从业人员工作态度的一种普遍要求。爱岗是敬业的前提，而要真正爱岗又必须敬业。爱岗和敬业，二者相互联系、相互促进。爱岗敬业是职业道德对从业人员的基本要求：一是爱岗是农村经纪职业者做好本职的基础。爱岗就是热爱自己本职工作，是指从业人员能以正确的态度对待自己所从事的职业活动，对自己的工作认识明确、感情真挚。在实际工作过程中，能最大限度地发挥自己的聪明才智，表现出热情积极、勇于探索的创造精神。二是敬业是农村经纪人做好本职工作的必要条件。敬业是指农村经纪人在特定的社会形态中，认真履行所从事的社会事务、尽职尽责、一丝不苟的行为，以及在职业生活中表现出来的兢兢业业、埋头苦干、任劳任怨的强烈事业心和忘我精神。敬业是农村经纪人对社会和他人履行职业义务的道德责任的自觉行为和基本要求。敬业要求职业工作者在热爱自己本职工作基础上，无论处在什么样的工作环境中，都能保持乐观向上的心理状态，以饱满、激昂的斗志，善始善终地完成所承担的任务。

总之，爱岗敬业是职业道德中最基本、最主要的道德规范，二者是互为前提、辩证统一的。没有农村经纪人对自己所从事工作的热爱，就不可能自觉做到忠于职守。但是，只有对工作的热爱之情，没有勤奋踏实的忠于职守的实际工作行动，就不可能做出任何成绩来，热爱本职也就成为一句空话。作为农村经纪人必须把对本职工作的热爱之情体现在忘我的劳动创造及为取得劳动成果而进行的努力奋斗过程中。要用对经纪工作全身心的爱，去推动自己在职业活动中做出优异成绩。

诚实守信是做人的根本，是中华民族的传统美德，也是优良的职业作风。诚实守信是农村经纪人在职业活动中调节从业人员与工作对象之间的重要行为准则，也是社会主义职业道德的基本规范。

诚实守信是农村经纪人职业道德的基础。诚实，就是忠实于事物的本来面貌，不歪曲篡改事实，不隐瞒自己的真实思想，不掩饰自己的真实情感，不说谎，不做假，不为不可告人的目的而欺骗他人。守信，就是讲信用，讲信誉，忠实于自己承担的义务，答应了别人的事一定要去做。诚实守信是职业道德的根本，是从业人员不可缺少的道德品质。作为从业人员必须诚实劳动，遵守契约，言而有信。只有如此，才能在市场经济的大潮中立于不败之地。否则，就不可能生存和发展。只有诚实守信，才能办事公道；只有诚实守信，才能服务群众；只有诚实守信，才能奉献社会、奉献社会要求从业者全心全意地为人民服务，不图名，不图利，以为人民谋福利、为社会做贡献为快乐。

诚实守信是发展市场经济的需要。实诚守信表现在职业道德行为中的首要一点就是诚实劳动。诚实劳动是从业人获得报酬的先决条件。提倡诚实劳动这一职业道德，是与社会主义的“按劳分配”原则相一致的。诚实劳动还体现在商品交易、金融贸易、产品服务等经济活动中，要严格履行经济合同，不做假账，不偷税漏税，不偷工减料，不以假充真，不以次充好。古人云：“君子爱财，取之有道。”市场经济虽然为我们提供了发财致富的条件，但这财富必须是通过诚实劳动获得的，而决不能发不义之财。只有这样，市场经济才能健康持续发展。

(2)遵纪守法，办事公道。自觉遵守宪法和法律，维护社会稳定，是每一个公民的基本任务,也是农村经纪人必须遵守的准则。农村经纪人在经纪业务中,必须恪守各种交易制度、法规,依法中介交易。所谓依法中介交易,一是指交易的品种必须合法;二是指经营手段必须合法。农村经纪人所从事的职业有其特殊的行业特点,在进行收购、储运、销售以及代理、信息传递、服务中介的活动中,涉及许多法律和法则,例如:合同法,消费者权益保护法、产品质量法、计量法、税收管理法、野生动物保护法、食品卫生法、动植物检疫法以及道路运输管理条例等等。农村经纪人在职业活动中要分清什么是合法行为、什么是违法行为、什么是法律允许做的,什么是法律禁止的,加强法律意识,增强法制观念,依法办事,依法律己,真正做到学法、知法、守法。同时,农村经纪人也要善于运用法律武器保护自身的合法权益。有的人由于不懂法律,当自己的合法权益受到非法侵害时,不能运用法律武器去维护自己的合法权益,而是“私了”,或者采用违法犯罪的手段去维护自身的权益。

办事公道是指我们在办事情、处理问题时,要站在公正的立场上,对当事双方公平合理、不偏不倚、不论对谁都是按同一标准办事。人们所说的秉公办事、公正无私、出于公心和一视同仁等所指的就是办事公道。农村经纪人在从事各种经纪活动的过程中,要做到公平、公正、公开,不损人利己,不损公肥私,这就是办事公道,更是职业道德的基本准则。

(3)精通业务,讲求效益。农村经纪人是从事农产品收购、储运以及代理、信息传送、服务等中介活动的人员,其业务范畴非常广泛,涉及农村市场、农副产品、财务会计、经营管理、经济地理、法律法则、安全卫生、信息技术、公关艺术以及世界贸易组织与我国农业的发展等知识和业务。只有精通业务,才能取得较好的经济效益,效益是精通业务的成果,只有精通业务,懂得管理,懂得节约,才能取得较好的效益。

(4)服务群众,奉献社会。服务群众是为人民服务的道德要求在职业道德中的具体体现,更是农村经纪人必须遵守的职业道德规范。服务群众是职业行为的本质,服务群众就是为人民群众服务。因此,农村经纪人要树立全心全意为人民服务的思想,树立“我为人人,人人为我”的从业观念,热爱本职工作,甘当群众的服务员。同时,农村经纪人要勇于向人民负责。

奉献社会就是全心全意为人民服务,为社会服务,为他人服务,其是社会主义职业道德的最高要求。它要求从事各种经纪活动的农村经纪人,努力多为社会做贡献,为社会整体长远的利益,不惜牺牲个人的利益。因此,它是一种高尚的社会主义道德规范和要求,更是职业道德中的最高境界。

(5)规范操作,保障安全。规范操作是对农村经纪人在经纪活动过程中的具体要求。农村经纪人在进行经纪过程中,涉及农产品的加工、食品安全、储备、运输等业务,运输工具及机械设备的安全使用,涉及用电、防火、防盗、报警、补救等。农村经纪人必须学习、懂得食品安全知识、运输车使用、保养存放、用电、防火、防盗、报警、补救等知识，并在具体操作中正确运用和规范操作，从而才能保证农村经纪人业务活动的安全可靠。

(二)资料准备

(1)利用现有的图书馆或资料室以及报纸杂志，查找有关农村经纪人职业道德方面的书面资料。

(2)利用现有的电脑和网络环境，查找有关农村经纪人职业操守方面的信息资料。

(3)教师准备的资料单 关于农村经纪人职业道德概念、内容与相关案例等资料。

二、项目设计与实施

(一)项目设计

见图 2-1。

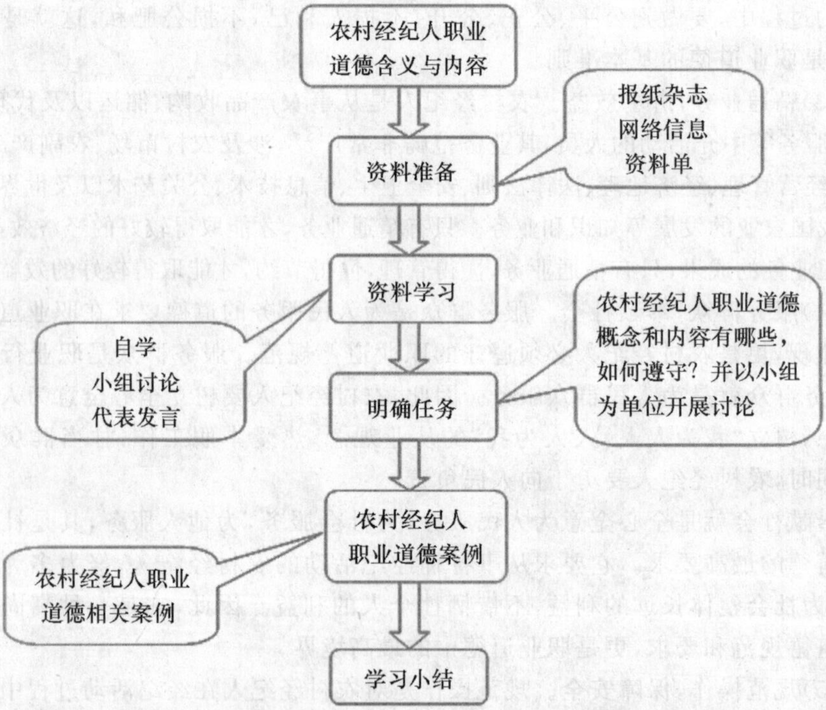

图 2-1 了解农村经纪人职业道德项目设计

(二)项目实施

(1)安排学生课前预习农村经纪人职业道德的含义和内容。

(2)在教师的指导下,通过多种信息渠道查询资料,关键词:农村经纪人职业道德的含义和内容。

(3)汇总查找的相关资料。

(4)每人写一份学习收获。

(5)以小组为单位,交流分享学习农村经纪人职业道德的含义和内容的体会,利用集体的智慧提高学习效率。

(6)教师组织发动全班同学讨论、评价各小组的学习情况,达到全班同学共享学习资源和收获体会,巩固所学的知识内容。

三、学习拓展

【农村经纪人职业原则】

(1)引领农民进入大市场。农村经纪人应充分发挥自己市场信息灵通、流通渠道广的优势,千方百计地为农民及时提供可靠的市场信息,帮助农民分析市场走势,积极为农民生产的商品牵线搭桥,以市场为导向组织农民生产,把农民生产的零星商品集中起来,推向大市场。

(2)推进农村经济结构合理调整。农村经济结构调整需要随市场经济的发展不断升级。因此,农村经纪人要从合理调整农村经济结构出发,结合自己的经纪活动,引导、帮助农民以市场需求为导向,以提高整体生产效益、增加农民收入为主要目的,合理配置资源,充分发挥资源优势,合理调整经济结构,促进农村经济持续稳定发展。

(3)加速农产品和生产资料的流通。由于生产资料的生产、流通、存储及使用等比较复杂,一家一户无论是在选购上还是在使用上,都要耗费很大的精力,还难以及时满足生产的需要。而农村经纪人拥有灵通的信息和一定的专业知识,他们可以根据生产需要,及时组织生产资料货源,充当供求之间的中介,及时、足量保障满足农业生产的各种需要,促进农业生产的稳定发展。

(4)合理配置资源。农村经纪人要以市场需求为导向,广泛开展经纪活动,打破地区封锁、行业分割的局面,促进地域分工和协作,加速人才、技术的交流和传播,使区域内外的自然资源和社会经济条件得到充分地开发利用,人、财、物、技、信五大生产要素得到合理地配置,从而促进区域经济的协调发展。农民由于精力、财力和个人能力以及生产规模所限,面对千变万化的市场和激烈的竞争,很难把握市场走势、捕捉有利的行情,经常遭遇卖难买难,无奈高进低出。农村经纪人要正确地判断市场走势,帮助农民生产适销对路的产品,规避市场风险,保证农民生产的产品销售有较好价格,农业生产能得到较低价格的生产资料产品,以实现降低成本,增加效益,提高农民收入的目的。

(5)降低成本增加效益,提高农民收入。农民由于精力、财力和个人能力以及生产规模所限,面对千变万化的市场和激烈的竞争,很难把握市场走势、捕捉有利的行情,经常遭遇卖难买难,无奈高进低出。农村经纪人要正确地判断市场走势,帮助农民生产适销对路的产品,规避市场风险,保证农民生产的产品销售有较好价格,农业生产能得到较低价格的生产资料产品,以实现降低成本,增加效益,提高农民收入的目的。

任务二 了解农村经纪人应具备的基本素质和能力

【任务导入案例】

在横县石塘镇,有一群人活跃在"希望的田野上",又紧紧抓住市场,帮农民闯市场、保增收,被农民称为"财神",这些人用最时髦的名字来称呼,就是农村经纪人。

在石塘镇,像潘天庆这样的农村经纪人有不少,他们活跃在石塘镇各个村庄,目前石塘镇共有各类农村经纪人100多人。

农产品流通难是制约农产品发展的瓶颈,农村经纪人正好充当了打通瓶颈的重要角色,他们一方面为果农提供生产、生活资料和科技、市场信息;另一方面又把大量果品销往各地,保证了果品销售的畅通,从而加快了农村经济发展和果农增收的步伐。

"经纪人的出现帮助果农解决了卖果难的问题。经纪人架起了农民增收的'金桥',成功实现了小产业与大市场的成功对接。"石塘镇党委书记黄善旺如是说。

据统计,2009年,石塘镇通过果品经纪人销售的各类果品达2.5万吨,累计销售额达1.1亿元,帮助全镇果农增收600多万元。

【思考】

要成为一名合格的农村经纪人,具体都应具备哪些基本素质和能力呢?

一、学习准备

(一)知识准备

1. 农村经纪人的素质要求

农村经纪人的素质是指农村经纪人在进行经纪过程中的思想与行为的具体表现。

农村经纪人应具备一定的文化水准,从事经纪活动起码应具备初中以上的文化程度,对相关的基本知识或常识能理解,会运用;会运用现代化的通信工具,并以此作为一种手段去捕捉信息、传递信息,为供需双方起到沟通的作用。成功的农村经纪人意味着他的经纪技巧高超,客户广泛,收入增高,财富扩大。但金钱并不等于幸福,一个高尚的、完整的农村经纪人要具备道德、专业、身体、法律、社交等方面的素质。经纪人的内在素质在很大程度上影响着经纪业绩,因此,经纪人必须不断提高自身的素质,使自己的经纪活动建立在更为合理和科学的基础之上。综合而言,农村经纪人应具备以下基本素质:

(1)政治思想素质。在社会主义市场经济体制下,作为为农村经济的发展、为提高农民的收入服务的农村经纪人,必须有较高的政治思想觉悟,能正确领会和贯彻党和国家的各项方针政策,各项经纪业务都要依据法律的规定行事,有强烈的时代感和责任心。农村经纪人在引线搭桥中介服务过程中,还要以诚信为本,不可欺瞒,诚实待客,守信共事。总之,要成为一个有理想、有道德、有文化、有纪律的新型农村经纪人,讲求职业道德,使经纪活动建立在良性发展的轨道之上。农村经纪人在致富后,应该周济贫者,报效国家,正确处理自己与国家之间的关系,祖国的利益高于一切。

(2)身体素质。农村经纪人的经纪领域有很强的地域性,买卖双方可能在同一个城市,也可能处在不同的省市、地区,经常要走村串户,往返于城乡之间,甚至翻山越岭、跋山涉水,消耗大量的体力和精力。再加上农村经纪人在交易中所处的特殊位置,经济利益容易受到损害,身体的疲劳和精神上的压力会使经纪人不堪重负。健康的体魄、旺盛的精力是农村经纪人必须具备的身体素质。

(3)心理素质。良好的心理素质,是农村经纪人取得成功必备的条件之一。一般而言,农村经纪人的心理素质包括以下几个方面:一是良好的性格,稳定的情绪。良好的性格有助于人际间的沟通;稳重的性格有利于增加客户的信任。积极向上而又饱满的情绪会激发人们的工作热情,推动经纪事业的开展。这就要求农村经纪人在开展业务活动的过程中,面对复杂多变的情况,克服自己性格中不利的因素,善于控制自己的情绪。做到冷静而礼貌、耐心而果断;避免喜形于色,怒而变色,要经常保持较为平和的心态,使自己有比较好的心理承受能力。二是坚强的意志，坚定的信心。持之以恒、百折不挠的意志品质，遇败不馁、树立必胜的信心，才可以使农村经纪人在变化无穷的市场竞争中求得生存，发展壮大。

(4)专业素质。农村经纪人必须具备勤奋不息的好学精神。据统计，20 世纪 60 年代以来，科学技术方面的新发现、新发明比过去两千年的总和还要多。随着科学技术的迅猛发展，知识更新的速度还会不断地加快，新产品及其新的应用领域还会不断地扩大，即使是受过大学本科教育的农村经纪人，在不断更新的产品与消费观念急速转变的买卖双方之间，也可能会产生茫然的一刻。要解决这一矛盾，就要勤奋学习，以掌握新知识、新思想和新方法。农村经纪人应具备的文化知识素质有以下几方面：一是经济学的有关知识修养，农村经纪是为农村商品经济服务的，是发展商品经济的产物，其经营范围和有效作用必然受商品经济发展的制约。要掌握农业经济学、农业管理学、农业商品经济学、农产品价格学、农村市场经营学、农产品市场预测学、农产品商品技术学等知识。这是做好农村经纪人的基础。二是心理学的有关知识修养 ，心理学是研究人的心理规律，即认识、情感、意志等心理过程和能力、性格等特征的规律的学科。要掌握社会心理学、发展心理学、管理心理学、消费心理学、农民心理学等知识。这是做好买卖双方心理沟通的重要工具。很显然，任何生意和买卖都不可能是纯粹的商业行为，如果不能迎合消费者的心理，那么人们对于此种商业行为的认可度就不会提高，生意也就做不下去了。而以名气、权威等概念炒作的商业行为则可以弥补消费者的心理需要，赢得消费者的响应与支持。三是农村社会学的有关知识修养，农村社会学是研究农村社会结构、农村社会关系及农村社会发展的社会学分支学科。一般从以下三个方面来研究：农村经济社会结构方面(如：农民、农业和农村，即“三农”研究、农村人口研究，包括计划生育、人口构成、人力资源的研究、农村社会保障研究)；农村社会变迁方面的研究(如：农村现代化研究、农村工业化和农村城镇化研究)；“三农”问题方面的研究(如乡镇企业产权变革问题、农村经营规模问题)，若掌握了农村社会学的精义，农村经纪人在从事业务或社会生活中就会如鱼得水。四是法律方面的有关知识修养，在现代社会中，人们的任何社会活动都不能超越国家法律的限制。法律是指导人们行为的基本准则。作为一名农村经纪人，在中介交往中和其他社会交往中，必须具备一定的法律知识，才能使工作卓有成效。一般包括民法、专利法、商标法、经济合同法、税法等。随着国家经济体制的改革深入发展，规范经纪人的法规，如《民间法》《交易所法》也将颁布。农村经纪人将依法从事经营业务，依法纳税，依法交费。五是公共关系学的相关知识修养，农村经纪人在经营活动中，势必在与农村社会各方面发生广泛的联系，掌握农村公共关系知识，有了一定公共关系实务和技巧，将有助于塑造农村经纪人的良好形象；有助于了解买卖双方的观点、意见，以及自我判断的形成。从而达到经纪业务进行过程的科学化。能够把握客观环境和形式，尽快掌握说明教育客户的方法。六是人际交往的相关知识修养，农村经纪人的工作性质、待业特点决定了其要和各方面、不同层次、不同地域的客户联系，要在广泛大量的人际交往中交流信息和感情，因此，只有掌握了必要的人际交往知识，才可能和各种人员建立密切联系，更多地去了解人们的需求，使经纪活动的质量更高、更好，从而促进事业的成功与生活的和谐。应该说，很好的人际交往（包括：仪容服饰，日常交往礼仪，谈话、倾听、体态语与礼仪等）是成功必备的手段。而谈判是其中不可缺少的一项内容。经纪人在经纪业务时，也需要用谈判的手段来解决诸多的问题和争端。通晓谈判程序、掌握高超的谈判技巧对于一个农村经纪人来讲，也是至关重要的。七是其他科学文化知识修养，广博的科学文化知识是一名成功的农村经纪人不可或缺的素质。农村经纪人如果知识范围广博，内容丰富，语言流畅，分析深刻，就会提高他在买卖双方心目中的地位，从而提高知名度、信誉度、美誉度。如经济地理知识，农产品地域性很强，而且我国幅员辽阔，农产品种类丰富多样。作为农村经纪人应该多掌握农产品的分布概况、具体产地、交通状况等基本地理知识。必要的时候，还要对国外相关的农产品分布情况加以了解和熟悉，以扩大经纪空间。

2.农村经纪人能力要求

农村经纪人在经纪活动中，良好的事物观察、信息筛选能力，一定的社交和应变能力，都是经纪业务顺利开展的根本保障。

（1）良好的观察能力。观察能力是人们本着特定目的，带着计划，按照一定步骤去观察客观事物的现象时，能掌握现象中具有本质的、典型的外部特征一种能力。农村经纪人既要观察市场的变化，也要了解具体农产品的外观、性状等指标。观察能力对农村经纪人而言，尤为重要。农村经纪人应该时刻培养这种能力，做到眼睛勤看，头脑多想，心中善记；客观、及时、准确、全面、周密地去观察。

（2）获取和鉴别信息的能力。随着市场经济的发展，科学技术的进步，信息传播的数量和速度不断地加大、加快。广泛地获得信息，从众多的信息中鉴别出有价值的内容，是当务之急。对于农村经纪人来讲，进行经营的资本就是可靠的信息，农村经纪人和客户之间实际上交换的是信息商品和咨询服务。信息的价值和质量是决定经纪收益的重要因素。农产品有时间上的限制、地域上的差别、价格上的多变，做到及时、准确地了解各方面的信息尤为重要。农村经纪人可以通过接触各种媒体、查阅文献资料、调查了解实际情况、咨询相关部门等方式来获取信息。在这种情况下，农村经纪人应注重以下几个环节：一是善于捕捉信息。农民经纪人以自己经纪的业务为核心，围绕着相关的项目主动、及时地去捕捉信息，为经纪活动提供有预见性的、指导性的参考信息。二是提高鉴别水平。获取一定的信息资料后，应学会运用科学的方法，把原始的信息通过归纳、分析、对比、综合等手段，去粗取精，去伪存真，提炼出有价值的信息。此外，还要多加强对语言的学习，熟知各地的方言、忌语、风俗习惯等。必要的时候，应学会外语，发展更为广泛的经纪地域。

(3)良好的社交公关能力。社交公关能力反映的是一个人与社会融和、与他人交往沟通的能力，可以体现自身与公众利益之间建立起来的相互了解和信赖关系的能力。农村经纪人是买卖双方的纽带，连接着城乡之间，活动的范围比较广泛，良好的社交能力可以充当经纪活动的润滑剂，调整经纪人与他人之间的各种关系；一定的公关手段，可以让经纪人迅速打开经纪局面。那么，如何培养良好的社交公关能力呢？农村经纪人可以从以下几个方面入手：一是真诚待人，利义并重。真诚待人，是做人的基本原则。在此基础上，注重利与义的结合。作为经纪人而言，单纯突出某一个方面，都是不恰当的。二是随机应变，灵活把握。市场是变化的，社会是进步的。农村经纪人面对变化的局面，必须讲究灵活，注意策略，具体问题具体分析。三是知晓公关知识，掌握社交技巧。经纪人应适当运用新闻宣传、广告宣传和实物宣传等公关手段；注重礼节，注意个人的仪容仪表；举止得当，语言规范。在与人交往过程中，做到以理服人、以情动人，形成一个畅通的社交渠道。

(二)资料准备

(1)利用现有的图书馆或资料室以及报纸杂志，查找有关农村经纪人素质和能力方面的书面资料。

(2)利用现有的电脑和网络环境，查找有关农村经纪人素质和能力的信息资料。

(3)教师准备资料单 关于农村经纪人素质和能力的内容和相关案例等资料。

二、项目设计与实施

(一)项目设计

见图 2-2。

(二)项目实施

(1)安排学生课前预习农村经纪人素质和能力的内容要求。

(2)在教师的指导下，通过多种信息渠道查询资料，关键词：农村经纪人素质、能力。

(3)汇总查找的相关资料。

(4)每人写一份学习收获。

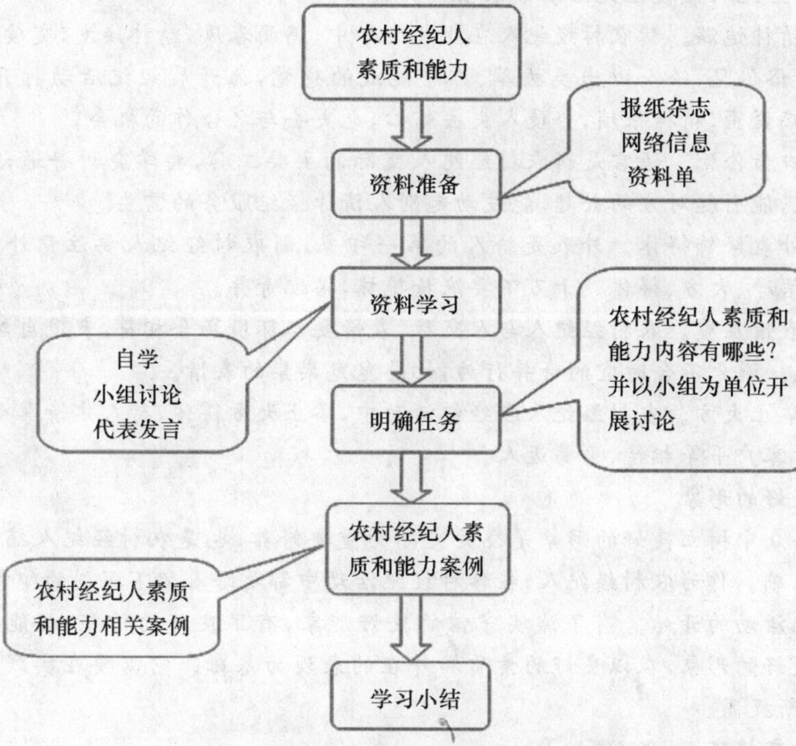

图 2-2　了解农村经纪人素质和能力项目设计

(5)以小组为单位,交流分享学习内容,利用集体的智慧提高学习效率。

(6)教师组织发动全班同学讨论、评价各小组的学习情况,达到全班同学共享学习资源和收获体会,巩固所学的知识内容。

三、学习拓展

【农村经纪人行纪公关】

公关是一门艺术,农村经纪人作为与公众交往、为公众服务的职业人,尤其需要强烈的公关意识和公关技巧。为此农村经纪人需要在实践中加强修炼,不断提高公关能力,掌握行纪公关的技巧。

(一)行纪公关艺术

1. 高雅的交际风度

农村经纪人在业务交际中,举止要大方,风度要诱人,给人以可信的感觉,这会给新农村经纪人开展经纪活动带来很大的帮助。

(1)精神饱满。新农村经纪人在业务交际中,满面春风,精神焕发,突破乡下人“土”的世俗偏见,给人以出类拔萃、办事能成的感觉,为开展经纪活动打开门户。反之,病病歪歪,精神猥琐,会使人失去信心,也失去与之合作的机会。

(2)口齿伶俐。语言是新农村经纪人交际的主要工具,要学会讲普通话,说话有条有理,能引起对方的兴趣,能鼓动起别人请你经纪服务的需要。

(3)外表修饰得体。外表是给人的第一印象,新农村经纪人要注意外表的修饰,做到洁净、大方、得体。千万不要浓妆艳抹,搭配奇异。

(4)表情庄重。农村经纪人与人交往,表情要与环境场合相符,表现自然大方,从容大度。避免不合时宜的奇异行为,切忌鬼鬼祟祟的表情。

(5)举止大方。农村经纪人在经纪活动中,举止大方得体,待人热情尊重,不卑不亢。对客户平等相待,平易近人。

2. 良好的形象

在公众中树立良好的形象是公关交际的重要修养,也是农村经纪人搞好经纪活动的基础。作为农村经纪人,在各种经纪活动中都要给人留下深刻的印象,这是一切经纪活动的开始。有了诚实守信的良好形象,有了良好的信誉,就能引来客户。但良好的形象,在以良好的素质和外在的表现为基础。它需要在实践中不断学习、不断提高。

3. 社交技巧

在经纪活动中增强社交能力,能恰如其分地应用和调动各种有利因素,瞄准双方的需求和优劣势,用浓烈的感染力和亲和力的言行情感,赢取客户的心,使客户从好感到相信、相随,最终达到自己的目的,又使客户高高兴兴地成交。

(1)以貌悦人。人的外在风貌常常能体现一个人内在品性与素养。因此,新农村经纪人在与人交往过程中,应尽可能地包装自己,用良好的形象仪表辅助经纪交往获得成功。这里的形象包括人的天生容貌仪表,也包括一个人的发型,面部修饰,衣着装扮以及一个人的言谈、举止、风度和气质等外表的全部风貌。农村经纪人一定要注意自己的仪表、容貌,并且要根据自己的经纪业务,身份年龄和不同的环境等,选择适合自己的衣着打扮,这样才能赢得别人的第一视觉好感,有助于经纪项目的成功。

(2)以诚相待。以诚相待是指农村经纪人在同别人相处和交往中,要真心诚意,要诚实守信,诚是取信于人的基础,“以诚相待,金石为开”。讲究信用,会赢得人心,得到更多的经纪机会。

(3)以理取胜。以理取胜是指在人际交往中,说话办事令人信服。俗话说“有理走遍天下，无理寸步难行”。讲话办事不合情理，强人所难，别人就不会与你来往，要掌握以理取胜的技巧，就要注意学会用事实说理的方式；避实击虚方法；以礼让取胜的方法。

(4)以情感人。以情感人就是根据不同的人、不同的事和不同的环境、气氛等，情真意切地表达自己的喜、忧、哀、乐。急人所急，帮人解难，用自己强烈的感染力和亲和力，感染和打动别人的心，使客户从内心产生“士为知己者死”的感情，从而形成融洽的人际关系，以利于工作的开展。

(5)重义薄利。农村经纪人在业务交往中一定要处理好义和利的关系。这里的义指的不是旧社会那种江湖义气，拉帮结派，而是要遵纪守法，真诚服务“三农”，通过优质的服务在帮助农民致富的同时，获取合理的利益。在与别人初次相处和交往时，一般以先采取精神交往和情感沟通为宜，随着交往时间的增加，感情的加深，适时进行物质上的交往也是必要的。树立重义薄利的形象，有利于经纪业务的持续稳定的发展。

(6)谦而不阿。其是搞好人际关系的一条重要准则，与人交往要做到谦逊而不虚假，热情而不失态，谨慎而不拘泥，只有这样，才能赢得别人的尊敬和喜欢。

(7)语言动人。农村经纪人要根据不同的人事环境运用真切、简约、幽默和严密的语言进行社会交往，动人情，感人心，充分显示自己说话、办事的逻辑性和严密性，从而保证交际的成功，新农村经纪人一定要注意培养自己的语言表达能力，这是获得交际成功的重要工具。

(8)选用环境。农村经纪在社交中面对不同的人和处理不同的事，要恰当地选用、驾驭和利用交际环境的技能，选择适合的时间与地点，创造一个安静、热切、真挚的氛围，便利客户产生良好的情绪和心理反应，从而辅助交际的成功。

(9)灵活机动。灵活机动是要求农村经纪对各种各样的人和事，都要灵活对待，不死守教条，一切从实际出发，具体问题具体分析，处理问题应灵活机动，讲究策略，这样才能顺利地解决问题。

任务三　了解农村经纪人开展经济活动的必备条件

【任务导入案例】

张兴波是山东青岛当地有名的农村经纪人。而在2005年他还是一个非常朴实的农民，为了供孩子上学和照顾老人及生活，以种地为生的他四处打工，可还是无法满足家里的开销。2007年他通过电视看到农村经纪人带头致富的故事,决心做个农村经纪人,这样不仅能解决周边百余户农户白萝卜滞销的难题,还能为自己增加收入。于是他开始到处买书进行学习,同时经常向有经验的农村经纪人请教。那么张兴波要想真正成为的农村经纪人并开展经纪活动,必须具备哪些条件呢?

一、学习准备

(一)知识准备

农村经纪人在我国市场经济发展中起到重要的作用。那么,要想真正成为的农村经纪人并开展经纪活动,必须具备以下条件:

1. 固定的业务场所

农村经纪人,不同于社会上搞拼缝的闲散人员,是经过工商注册的个体工商户或企业。作为个体工商户或经纪公司,准予注册的条件之一就是需要有一定的经营场所。国务院2011年颁发的《个体工商户条例》第八条规定:“申请登记为个体工商户,应当向经营场所所在地登记机关申请注册登记。申请人应当提交登记申请书、身份证明和经营场所证明。个体工商户登记事项包括经营者姓名和住所、组成形式、经营范围、经营场所。个体工商户使用名称的,名称作为登记事项。”

作为个体工商户的农村经纪人,起码要有一处接待客户,与客户洽商的办公场所。在城里,洽谈业务可以去茶馆、咖啡厅甚至酒店,但在农村则不可能将客户拉到路边小饭馆里去。因此农村经纪人即使在家里谈业务,也应该有个专门的房间作“业务洽谈室”。此外,经纪人在日常业务活动中,也需要一个固定的办公场所。收集并处理信息,与客户通过现代通信手段交流信息,是经纪人的常规业务,开展这些业务,需要有电话、传真、电脑等设备,这就需要有个办公场所。尽管当下无线移动通信技术已经非常发达。但经纪人总不能像移动信号一样满天飞,总要有个能让客户找到你的固定的地址。事实上,农村经纪人不仅在洽谈业务时需要一个固定的场所,而且,在许多经纪业务运作过程中,也需要有场地。许多时候,经纪人有时会代委托人收购农产品,储存、保管这些收来的货物,这就需要有更大的场地。

2. 具有一定的资金

社会上有许多人都以为经纪人是“空手套白狼”的角色,其实这是一种误解,甚至是一种偏见。虽然开展经纪业务,不像搞加工业、运输业需要投入大量资金。但是,农村经纪人做的也不是“无本儿买卖”,中介业务也需要投入。我们知道,经纪人需要支付场地费、通信费、交通费、信息费等多种费用,有时代表委托人收购农产品还需先垫付货款,支付储存、运输等费用。因此,做农村经纪人需要一定的启动资金或流动资金。

我国对登记注册个体工商户没有“最低注册资金”的要求。就是说，个人到工商部门注册“农村经纪人”时，工作人员不会索要注册人的资金证明。但是，一个人的资金状况，会直接决定经纪人的业务规模。

3.取得经纪人资格证书

在我国，农村经纪人实行职业资格准入制度。作为农村经纪人执业人员，必须取得职业资格证书。按照《农产品经纪人国家职业标准》的要求，农村经纪人必须参加一定学时的职业培训，通过劳动部门组织的职业资格鉴定，取得相应资格证书，才能到工商部门登记注册成为个体经纪人或经纪公司。

农村经纪人的培训时间，初级不少于 200 学时；中级不少于 150 学时；高级不少于 100 学时。

农产品经纪人资格考评，分为理论知识考试和技能操作考核两部分。理论知识考试采用笔试方式，满分为 100 分，60 分以上者为合格。理论知识考试合格者方能参加技能操作考核。技能操作考核采用现场实际操作方式进行，技能操作考核分项打分，满分为 100 分，60 分及以上者为合格。

4.具有一定的从业经验

农村经纪人在入行时，应该有一定从业经验准备。即使是刚刚入门的“新手”也应该有过农产品购销、储运、加工等相关职业的从业经历。如果对农产品一无所知，对农村市场全然不懂就没法胜任农村经纪人的职责。

此外，按照《农产品经纪人国家职业标准》，经纪人从初级晋级到高级，除需参加培训考评外，还有从业年限的要求。初级晋升到中级需要有两年的从业经历并通过中级职业资格考评。中级晋升到高级需要有 3 年以上中级任职经历，并通过高级职业资格考评。

5.领取个体工商户《营业执照》

农村经纪人在取得职业资格证书后，需要到工商管理部门办理注册登记手续，领取《营业执照》，才能合法地开展经纪业务。根据国家工商管理总局颁布的《经纪人管理办法》：

符合《城乡个体工商户管理暂行条例》规定条件的人员，应当向工商行政管理机关申请领取个体工商户营业执照，成为个体经纪人。

符合《中华人民共和国个人独资企业法》规定条件的人员，应当向工商行政管理机关申请，设立个人独资经纪企业。

符合《中华人民共和国合伙企业法》规定条件的人员，应当向工商行政管理机关申请，设立合伙经纪企业。

符合《中华人民共和国公司法》规定条件的，应当向工商行政管理机关申请，设立经纪公司。

经营经纪业务的各类经济组织应当具备有关法律法规规定的条件。法律、行政法规规定经纪执业人员执业资格的，经纪执业人员应当取得资格。

经纪人名称中的行业应当表述为“经纪”字样；经纪人的经营范围应当明确经纪方式和经纪项目。

经纪人领取营业执照、聘用或解聘经纪执业人员后，应当自聘用或解聘之日起20日内，将聘用合同及聘用的经纪执业人员的姓名、照片、住所、执业的经纪项目、执业记录及解聘合同等资料提交给当地工商行政管理机关备案。

经纪人应当将所聘用的经纪执业人员的姓名、照片、执业的经纪项目、联系电话等在经营场所明示。

6.具有职业道德规范与相应的基本素质和能力

详见模块一认知农村经纪人中的项目二农村经纪人素质要求与活动条件中的任务一与任务二。

7.具有农村经纪人经纪业务运作能力

详见模块二农村经纪人经纪业务运作。

(二)资料准备

(1)利用现有的图书馆或资料室以及报纸杂志，查找有关开展农村经纪业务所需技能等资料。

(2)利用现有的电脑、网站、Wifi 等网络环境条件，查找开展农村经纪业务必备条件的相关案例信息资料。

(3)教师准备的资料单 关于开展经纪业务必备技能的内容、案例等。

二、项目设计与实施

(一)项目设计

见图 2-3。

(二)项目实施

(1)安排学生课前预习农村经纪人开展经济活动的必备条件。

(2)在教师的指导下，通过多种信息渠道查询资料。关键词有：调查研究、牵线搭桥、接待谈判等。

(3)汇总查找的相关资料。

(4)每人写一份学习收获。

(5)以小组为单位，交流分享学习内容，利用集体的智慧提高学习效率。

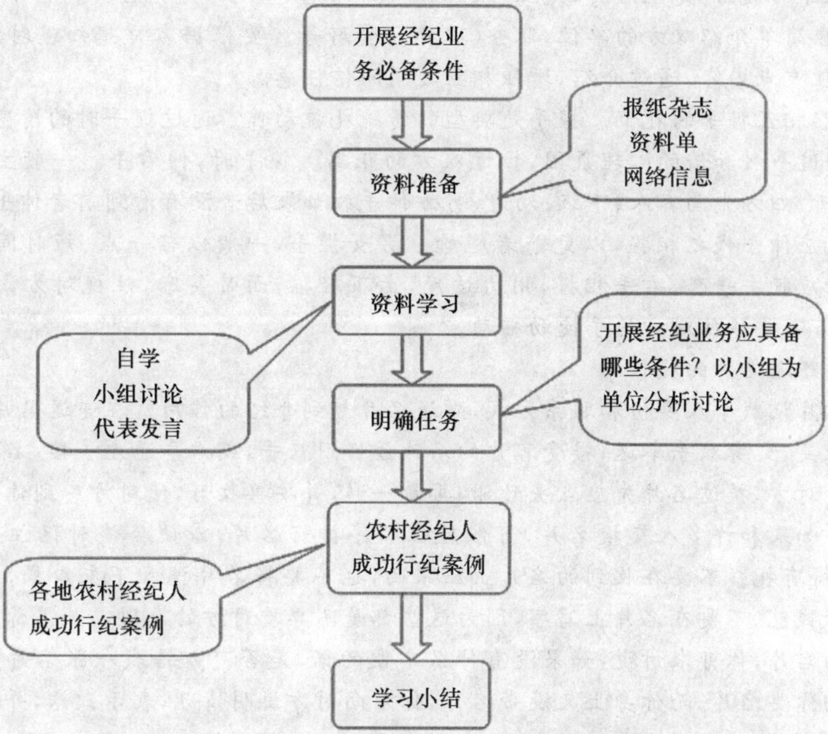

图 2-3　开展经纪业务必备条件项目设计

(6)教师组织发动全班同学讨论、评价各小组的学习情况，达到全班同学共享学习资源和收获体会，巩固所学的知识内容。

三、学习拓展

【行纪交际礼仪】

交际是平等的双向交流，应以真诚为核心，重在情感传递。通过人际接触和交往，可以达到交流感情，传递信息，调节行为，直辖市关系的目的。在行纪的日常交际中，新农村经纪要注意礼貌、礼节和礼仪。

1. 见面与介绍的礼仪

(1)介绍的礼仪。在与客户见面时，一般要相互致意，点头微笑，亲切问好。自我介绍时要面带笑容，平视对方，态度谦逊，言辞得体，介绍名字口齿要清楚，介绍词要得体简明，最好同时送递名片。自我介绍一般宜短，稍带谦逊，有时也用递名片替代介绍，新农村经纪人在引见双方客户时，先打招呼“请允许我介绍一下，”介绍的程序一般为:先主后宾,先上(级)后下(级),先小后长,先男后女。除介绍名字外,还应简单介绍双方的单位,职务(职称),爱好等。要根据客户想知道对方的情况,抓住重点内容,通过介绍,增强相互之间的信任感。

(2)相互握手的礼节。握手是典型的传统礼貌动作。通过握手时的情感反馈,可以创造一种和谐的心理氛围,拉近双方的距离。握手时,伸右手。一般主人、上级、长者、妇方先向客人、下级、幼者、男方伸手。如果后者没有看到前者伸手,新农村经纪应伸手代之相握,以免前者尴尬。男女握手,一般以轻一点、短时间为宜。握手时应脱去手套,右手相握,用力适度,上下轻摇,面带笑容,注视对方,点头致意,千万不要抓住对方的手使劲摇动。

2.赠送名片的礼仪

名片记载个人身份和联系方式,赠送名片起到介绍的作用。在递送名片时,应面带微笑,欠身双手奉送,接受客户的名片最好用双手,或右手递左手接,名片正面应向着对方,接过名片先应点头致谢,再看一遍,并妥善收好,使对方感到你对他的尊重。如果和许多人交换名片,可依座位顺序排好名片,以便会谈时记住对方名字,显得有礼。不要在收到的名片上压东西,也不要将名片揣入下衣口袋,放入烟盒或者钱包,不要在名片上写字,因为这些都是不尊重对方的表现。如果你想得到别人的名片,你可求讨说:如果没有什么不便的话,是否可以给我一张名片?如果别人向你要名片,而你身上又没带名片,你应向对方说明情况,表示歉意,并主动介绍自己。

3. 拜访与接待的礼仪

拜访前要用电话或书信约定,以防扑空或扰乱主人的计划;拜访约定后,应准时到达;临时性走访,要避免吃饭或午睡时间;到主人家,先敲门,进屋后按照主人指点端坐;访友的时间不宜过长,临别要向主人及其亲属和在座客人握手或点头致意。在接待方面,若事先知道客人来访,应打扫卫生,做一些物质准备,如茶叶、开水、糖果等;客人不期而至,也应放掉手中的工作,起身相迎,握手问候,让座沏茶,热情待客;与客人交谈,不要频频看表,如确有急事,不妨向客人说明以取得谅解;客人告辞,要起身相送;如远道而来,要主动介绍车辆情况。

四、项目评价反馈

(一)自我评价

(1)为了完成农村经纪人职业道德的学习任务,你都做了哪些准备?

①查找了哪些资料?

②你有哪些设想?

(2)运用所学的知识和技能,谈谈如果你是一名农村经纪人应该如何遵守行业职业道德?农村经纪人应具备哪些基本素质和能力?以及农村经纪人开展经济活动的必备条件有哪些?

(3)通过自学、讨论和调研,你有什么收获?

(二)小组评价

从学习态度、学习方法、团队合作和学习能力的提升等方面评价。

序号	评价项目	评价情况
1	与其他同学口头交流学习内容是否流畅	
2	是否尊重他人,是否达到全勤	
3	学习态度是否积极主动	
4	是否服从教师的教学安排	
5	着装是否符合标准	
6	能否深刻领会农村经纪人职业道德内涵	
7	能否辨别工作环境中哪些是危险的因素	
8	是否能保持学习环境的干净整洁	
9	是否遵守学习场所的规章制度	
10	是否有工作岗位的责任心	
11	团队学习中主动与合作的情况如何	
12	能否主动参与教学场所的清洁和整理工作	

参与评价同学签名____________________

(三)综合评价

1.教师评价

(1)对整个学习内容的小结归纳。

(2)对学习过程的总体评价。

教师签名__________

2.学生评价

(1)对教师授课效果的评价。

(2)对学习效果的评价。

学生签名__________

模块二
农村经纪人经纪业务运作

项目三　农村经纪人的经纪业务基础知识

【项目目标】

完成本学习任务后,你应该能

1. 掌握农产品含义与分类及其鉴别与等级评定;
2. 能够进行农产品市场信息采集与分析;
3. 能够对农产品进行储运管理;
4. 能够对农村经纪业务进行成本管理与控制;
5. 了解我国农产品产区与农产品地理标志。

【项目任务描述】

农村经纪人由于缺乏有序引导和规范管理,特别是农村经纪人素质较低,主要反映在不能及时掌握市场信息、不了解农产品产区和农产品鉴别与等级评定的方法、不能正确对农产品进行储运管理、不会成本核算等,导致经纪活动失败或遭受一定的经济损失,那么,要想成为一名合格的农村经纪人,需要了解和掌握哪些从事农村经纪人经纪业务的基础知识呢?

任务一　认知农产品及其鉴别与等级评定

【任务导入案例】

全国百佳农产品经纪人——如皋市供销商会副会长、如皋市仁宗食品有限公司董事长陆仁宗同志,主要从事萝卜种植、收购、加工、销售。他带领企业走农户+基地+工厂+市场的农业产业化经营之路,相继在高明、袁桥等地建立起千亩萝卜种植基地,引导农户实行规模化、集约化种植,带动500多农户通过萝卜种植走上致富之路。生产的"仁宗"牌萝卜系列产品获得农业部中国绿色产品发展中心第一批绿色产品认证,并被评为南通市名牌产品,远销新加坡、马来西亚、泰国、中国香港等地,公司已经发展成为省、市农业产业化龙头企业。

【思考】

如果你是农村经纪人,应该如何对农产品进行鉴定和等级评定?

一、学习准备

随着我国经济的发展和人们生活水平的提高,人们对农副产品的要求越来越高,而农村经纪人的业务主要与各种农产品密切相关,因此,农村经纪人开展业务活动时,特别要注意把好质量关,这就要求农村经纪人具备农产品相关基础知识。那么,农村经纪人应具备哪些知识呢?

(一)知识准备

1.农产品商品基础知识

(1)农产品概念。农产品是指种植业、养殖业、林业、牧业、水产业生产的各种植物、动物的初级产品及初级加工品。具体包括种植、饲养、采集、编织、加工以及捕捞、狩猎等业的产品。这部分产品种类复杂、品种繁多,主要有粮食、油料、木材、肉、蛋、奶、棉、麻、烟、茧、茶、糖、畜产品、水产品、蔬菜、花卉、果品、干菜、干果、食用菌、中药材、土特产品以及野生动植物原料等。

(2)农产品的商品性状。

①农产品的性状:指农产品的形态、结构等方面的特征、特性。

②农产品商品性状的基本要求:具有本品种的基本要求、无伤残、具有商品价值。

③农产品商品性状包括的内容:形状、大小、颜色、气味、表面、质地、断面。

(3)农产品的规格与质量标准。农产品规格是农产品内在使用性能和档次的要求。产品规格一般是由政府权威部门或组织对产品档次按标准加以规定,并且通过实施标签制度,保证消费者对各种产品有判断和选择的依据,规格的一般内容包括适用范围、用语定义、等级档次、测定方法、合法认证、合格标签、注册标准、生产许可证认定的技术标准等。

农产品标准是对农产品的质量及其与质量有关的其他方面所规定的典范和准则,是对农产品的品种、规格、技术要求、试验检验方法、包装、商品标志、储存保管和包装运输等方面所做的统一规定,是农产品生产的技术依据,也是评定农产品质量的准则。

在我国，标准分为国家标准、行业标准、地方标准和合作社标准四级。其中：

国家标准是由国家标准机构通过并公开发布的标准。国家标准按照约束性分为强制性标准（代号 GB）和推荐性标准（代号 GB/T）。

根据《国家标准管理办法》和《行业标准管理办法》，下列标准属于强制性标准：

一是药品、食品卫生、兽药、农药和劳动卫生标准；

二是产品生产、贮运和使用中的安全及劳动安全标准；

三是工程建设的质量、安全、卫生等标准；

四是环境保护和环境质量方面的标准；

五是有关国计民生方面的重要产品标准等。

国家标准化指导性技术文件（GB/Z）是对国家标准的补充，一般是指技术尚在发展中，或采用国际标准组织的技术报告（TR）、技术规范（TS）及可公开获得规范（PAS）等。

国家标准在全国范围内适用，其他各级标准不得与国家标准相抵触。国家标准一经发布，与其重复的行业标准、地方标准相应废止，国家标准是四级标准体系中的主体。

行业标准是由国家的某个行业组织通过并公开发布的标准。在我国，行业标准是对没有国家标准，而又需要在全国某个行业范围内统一的技术要求所制定的标准。

在我国行业标准发布须由国家标准化行政主管部门确定，行业标准一般也分为强制性和推荐性两类。

地方标准是在国家某个地区通过并公开发布的标准。在我国，一般情况下，地方标准是针对没有国家标准或行业标准，而又需要在本区域内统一的技术要求所制定的标准。按照标准化法，一般情况下，出台了相关的国家标准或行业标准，则地方标准自行作废。

我国的地方标准一般是由省、自治区、直辖市的标准化行政主管部门公开发布的标准。代号为 DB+区域编号。地方标准分为强制性和推荐性标准。

标准的内容一般包括适用范围、引用标准、名词术语、分类、质量指标、抽样方法和检验方法、包装和储运。

（4）农产品的鉴别及等级评定方法。农产品的鉴别包括对农产品质量鉴定和检验两部分，是农产品质量监督的基础，其任务是把关、预防和反馈。农产品质量鉴定是对农产品质量进行鉴别，以确定其使用价值的一系列活动的总称。农产品质量检验是根据农产品质量鉴定的具体要求，对农产品进行抽样、技术检验和评定等一系列工作。

农产品质量鉴别的程序主要包括:一般为抽样、检验、等级确定等步骤。

农产品质量鉴别方法主要有:一类是感官鉴别法,一类是理化鉴别法。前者是借助感觉器官进行鉴别的方法,后者是借助各种仪器和试剂进行鉴别的方法。

农产品等级评定实际上是对农产品内在质量、外观质量和包装质量等做出检验结论。等级这一概念是用来决定农产品有用性程度的质量范畴,它是相对的,有条件的。农产品的等级有时也称为品级。等级常用顺序号来表示,如一等、二等、三等或一级、二级、三级等,此时"等"与"级"无含意上的差别。

农产品等级评定要求:

一是感官要求:包括外形、色泽、气味、口感、质地等。

二是理化要求:包括应有成分指标蛋白质、脂肪、糖类、维生素等;不应有的成分指标如汞、铬、砷、铅、镉等重金属和六六六、DDT 等国家禁用的农药残留。

三是微生物要求:包括必须保持的活性酵母、乳酸菌等;必须限定的如霉菌金黄色葡萄球菌、沙门氏菌等。

对于不同种类的农产品而言,农产品等级的判断标准会因为产品不同而选择不同的指标。如苹果、梨、柑橘的分级标准:按横径大小分级,每相差 5 mm 为一个等级。而猕猴桃按单果重分级,每相差 20 g 为一个等级。葡萄按果穗紧实度、成熟度、有无病虫害和机械伤、能否表现出本品种固有的颜色和风味及果粒大小分级。

2. 农产品的分类

按传统和习惯一般把农产品分为粮油、果蔬及花卉、林产品、畜禽产品、水产品和其他农副产品六大类。

(1)粮食品质鉴别。粮食是对谷类、豆类、油料及其初加工品的统称。粮食产品是关系到国计民生的农产品,它不仅是人体营养和能量的主要来源,也是轻工业的主要原料,还是畜牧业和饲养业的主要饲料。粮食是人类生存和发展的最基本的生活资料。离开粮食,人类就无法生存,整个社会再生产就无法进行。我国人口众多,耕地面积少,解决和保证吃饭问题显得尤为重要。

我国粮食有 20 多种,产地分布广泛,长江流域和长江以南是稻米主要产区,黄河两岸是小麦主产区,东北、内蒙古和华北地区盛产玉米、大豆和杂粮,东北水稻、玉米、大豆誉满全国。我国利用植物种子作油料原料的有大豆、芝麻、花生仁、棉籽、菜籽、葵花籽、玉米胚等,而芝麻油是一种香料油,又称为香油。

按粮食植物学科属或主要性状、用途可将粮食分为原粮(禾谷类、豆类、薯类)、成品粮、油料(草本油料、木本油料及非食用油料、食用油料)、油脂(食用油脂、非食用油脂)、粮油加工副产品、粮食制品和综合利用产品等七大类。

①稻谷(GB 1350—1999)。

A. 稻谷分类:稻谷分为早籼稻谷、晚籼稻谷、粳稻谷、籼糯稻谷、粳糯稻谷五类。

早籼稻谷:(indica rice)生长期较短、收获期较早的籼稻谷,一般米粒腹白较大,角质粒较少。水稻品种之一。稻株比粳稻稍高,分蘖力强,但秆软易倒伏。米粒细长,无黏性。

晚籼稻谷:(late indica rice)生长期较长、收获期较晚的籼稻谷,一般米粒腹白较小或无腹白,角质粒较多。

粳稻谷:(japonica rice)粳型非糯性稻谷的果实,籽粒一般呈椭圆形,米质黏性较大胀性较小。

籼糯稻谷:(indica rice)籼型糯性稻的果实,糙米一般呈长椭圆形和细长形,米粒呈乳白色,不透明,也有呈半透明状(俗称阴糯),黏性大。

粳糯稻谷:(waxy japonica rice)粳型糯性稻的果实,糙米一般呈椭圆形,米粒呈乳白色,不透明,也有呈半透明状(俗称阴糯),黏性大。

B. 稻谷质量标准:见表 3-1 籼稻谷质量指标。

表 3-1 籼稻谷质量指标 %

等级	粗糙率	整精米率	杂质	水分	色泽、气味
1	≥79.0	≥50	≤1.0	≤13.5	正常
2	≥77.0	≥50			
3	≥75.0	≥50			
4	≥73.0	≥50			
5	≥71.0	≥50			

C. 稻谷品质鉴别:见表 3-2 稻谷品质鉴别指标。

表 3-2 稻谷品质鉴别指标

项目	良质稻谷	次质稻谷	劣质稻谷
色泽	外壳呈黄色、浅黄色或金黄色,色泽鲜艳一致,具有光泽,无黄粒米	色泽灰暗无光泽,黄粒米超过 2%	色泽变暗或外壳呈褐色、黑色,肉眼可见霉菌菌丝,有大量黄粒米或褐色米粒
外观	颗粒饱满,完整,大小均匀,无虫害及霉变,无杂质	有未成熟颗粒,少量虫蚀粒、生芽粒及病斑粒等,大小不均,有杂质	有大量虫蚀粒、生芽粒、霉变颗粒,有结团、结块现象
气味	具有纯正的稻香味,无其他任何异味	稻香味微弱,稍有异味	有霉味、酸臭味、腐败味等不良气味

②小麦(GB 1351—1999)。

A. 小麦分类:按小麦皮色(白红)、粒质(硬软)和播种季节(春冬)分类。

B. 小麦质量标准:见表 3-3 小麦质量指标。

表 3-3 小麦质量指标

等级	容重/(克/升)	不完善粒/%	杂质/%		水分/%	色泽气味
			总量	其中矿物质		
一级	≥790	≤6.0	≤1.0	≤0.5	≤12.5	正常
二级	≥770	≤6.0				
三级	≥750	≤8.0				
四级	≥730	≤8.0				
五级	≥710	≤10.0				

注:水分含量大于表中规定的小麦的收购,按国家有关规定执行。

③大豆(GB 1352—1999)。

A. 大豆分类:按大豆的种皮颜色和粒形分为五类。

B. 大豆品质鉴别:见表 3-4 大豆品质鉴别。

表 3-4 大豆品质鉴别

项目	良质大豆	次质大豆
色泽	皮色呈各种大豆固有颜色,光彩油亮,洁净而有光泽;脐色呈黄色或淡褐色	皮色灰暗无光泽;脐色呈褐色或深褐色
外观	颗粒饱满,整齐均匀,无未成熟粒和虫蛀粒;无杂质,无霉变	颗粒大小不均,有未成熟粒、虫蛀粒,有杂质
含水量	水分在12%以下	水分在12%以上

④玉米(GB 1353—1999)。

A. 玉米分类:根据玉米种皮颜色分为三类:黄玉米、白玉米、混合玉米。

B. 玉米品质鉴别:见表 3-5 玉米品质鉴别。

表 3-5 玉米品质鉴别

项目	良质玉米	次质玉米	劣质玉米
色泽	具有各种玉米的正常颜色，色泽鲜艳，有光泽	颜色发暗，无光泽	颜色灰暗无光泽，胚部有黄色或绿色、黑色的菌丝
外观	颗粒饱满完整，均匀一致，质地紧密，无杂质	颗粒饱满度差，有破损粒、生芽粒、虫蚀粒、未熟粒等，有杂质	有多量生芽粒、虫蚀粒，或发霉变质，质地疏松
气味	具有玉米固有的气味，无任何其他气味	微有异味	有霉味、腐败变质味或其他不良气味
滋味	具有玉米的固有滋味，微甜	微有异味	有酸味、苦味、辛辣味等不良滋味

⑤粮食检验方法。

一是检验的一般的原则按《GB/T 5490—1985 粮食、油料及植物油脂检验一般规则》执行。

二是扦样、分样按《GB/T 5491—1985 粮食、油料检验扦样、分样法》执行。

三是色泽、气味鉴定按《GB/T 5492—1985 粮食、油料检验色泽、气味口味鉴定法》执行。

四是类型、角质率检验按《GB/T 5493—1985 粮食、油料检验类型及互混检验法》执行。

五是杂质、不完善粒检验按《GB/T 5494—1985 粮食、油料检验杂质、不完善粒检验法》执行。

六是粗糙率检验按《GB/T 5495—1985 粮食、油料检验稻谷出糙率检验法》执行。

七是黄粒米及裂纹粒检验按《GB/T 5496—1985 粮食、油料检验黄粒米及裂纹粒检验法》执行。

八是水分检验按《GB/T 5497—1986 粮食、油料检验水分测定法》执行。

九是容重检验按《GB/T 5498—1985 粮食、油料检验容重测定法》执行。

农业是我国国民经济的基础，而粮食产品的生产是农业的基础。研究粮食产品的生产、加工、检验、储存和养护，对有效利用粮食产品资源，充分发挥粮食原料及其产品在人民生活和工业生产、农业生产中的作用，具有十分重要的意义。

(2)果蔬及花卉品质鉴定。

①蔬菜和果品。蔬菜和果品，尤其蔬菜是人们日常生活中不可缺少的副食品，它们所含有的营养成分对人类有特殊的食用意义，新鲜果蔬含有丰富的多种维生

素和矿物质。食用果蔬不仅使人体摄取较多的维生素来预防维生素缺乏症，而且大量的钠、钾、钙等矿物质的存在使果蔬成为碱性物质，在人体的生理活动中起着调节体液酸碱平衡的作用。果蔬中所含有的糖和有机酸可以供给人体热量，并能形成鲜美的味道。果蔬中的纤维素虽不能被人们很好地吸收，但它们能促进胃肠蠕动，刺激消化液分泌，有助于人体的消化吸收及废物的排泄。很多果蔬还能调节人体生理机能，有辅助治疗疾病的作用。

我国地域辽阔，地跨寒、温、热三带，自然条件优越，气候、土壤和地形等自然环境条件适合于果蔬的生长发育，果树和蔬菜资源极其丰富。也培育了许多优良品种，使我国果蔬种类多、品种全、品质佳而闻名于世界。如胶州大白菜、章丘大葱、北京心里美萝卜、四川榨菜、湖南冬笋；山东香蕉苹果、山东大樱桃、辽宁国光苹果、河北鸭梨、吉林延边苹果梨、山东和辽宁山楂、浙江奉化玉露水蜜桃、山东肥城佛桃、广东和台湾的香蕉、菠萝，广东和福建的荔枝、龙眼，四川江津鹅蛋橘、江西南丰蜜橘、广西沙田柚等。这些果蔬风味各异，是享有盛誉的名果蔬。近年来，我国培育和改良了很多果蔬品种，同时引进了很多国外果蔬品种，丰富了国内果蔬资源，更加满足了市场需要。

②蔬菜按食用器官分类可分为如下 12 类：

A. 根菜类：如胡萝卜、白萝卜、大头菜、芜菁等。

B. 芽苗类：绿豆芽、黄豆芽、豌豆芽、香椿等。

C. 叶菜类：如小白菜、大白菜、甘蓝、花椰菜、菠菜、芹菜等。

D. 茄果类：茄子、番茄、辣椒等。

E. 花菜类：主要有黄花菜、菜花。

F. 食用菌类：如香菇、木耳。

G. 瓜类：黄瓜、丝瓜、苦瓜、冬瓜、南瓜、佛手瓜等。

H. 薯芋类：马铃薯、薯蓣、芋头、姜等。

I. 葱蒜类：大葱、韭菜、大蒜、四季葱等。

J. 豆类：豇豆、豌豆、蚕豆、毛豆、扁豆等。

K. 水生类：藕、荸荠、菱角等。

L. 多年生类：竹笋、芦笋、黄花菜等。

③蔬菜的感官质量。

A. 叶菜类：食用器官主要为叶片，如白菜类、甘蓝类、其他绿叶菜类。

绿叶菜：肉质鲜嫩，形态好，色泽正常。无黄叶、病虫叶、无泥土、无焦叶、无抽薹。

结球叶菜：结球紧实。

花椰菜：形态正常，肉质鲜嫩，不带叶柄，色泽洁白(青绿)，无枯蕾、无腐烂。

B. 茄果类：食用器官为果实，主要有茄子、辣椒、西红柿。

果实圆整，光洁，成熟适度，无烂果，无病虫害。

C. 瓜类：食用器官为果实。如各种瓜类

形状整齐一致，色泽正常，果形正常，新鲜、果面清洁。应有的成熟度，无疤痕，无畸形，无病虫，无烂瓜，无机械伤，无异味、冷害、冻害。

D. 根菜类：食用器官为地下膨大的根。如：萝卜、胡萝卜、大头菜、芜菁甘蓝。

色泽鲜嫩，大小均匀，捆扎成把，不带须根，肉质松脆，不抽薹，不糠心，不带黄叶，枯叶和烂叶。

E. 薯芋类：食用器官为地下肥大的块根、块茎。如马铃薯、芋、姜、豆薯等。马铃薯：薯块肥大而匀称，皮脆薄而干净，不带毛根和泥土；无干疤和糙皮，无病斑，无虫咬和机械外伤，不萎蔫、不变软，无发酵酒精气味，薯块不发芽，不变绿。

F. 葱蒜类：如大葱、大蒜、洋葱、韭菜等。叶色青绿，无枯尖和干枯霉烂的叶鞘，不湿水，葱株均匀，完整而不折断，扎成捆，干净无泥，不夹杂异物，无斑点叶及枯霉叶。

G. 豆类：如豇豆、四季豆、毛豆、扁豆、豌豆、刀豆等。有食荚类、食豆仁类。

食荚类像四季豆要求鲜荚脆嫩，少纤维化，无虫眼。食豆仁类像毛豆要求籽粒饱满，无秕豆。同一品种或相似品种，长短和粗细基本均匀，新鲜且无明显缺陷(包括机械伤、腐烂、异味、冷害、冻害和病虫害)。

H. 水生蔬菜类：生长在水中，如茭白、藕、荸荠、慈姑。

要求同一品种或相似品种，样品整齐均匀，新鲜、清洁、色泽基本一致，无明显缺陷(包括机械伤、腐烂、异味、冻害和病虫害)。

I. 多年生菜类：如黄花菜、竹笋等。黄花菜菜的色泽以金黄色为佳，深黄略带微红次之，色泽萎黄带褐色者更次。黄花菜以条粗壮肥嫩的为佳，条短瘦弱者为次。

J. 芽苗菜类：绿豆芽、黄豆芽、花生芽等。

良质豆芽——颜色洁白，根部显白色或淡褐色，头部显淡黄色，色泽鲜艳而有光泽。要求同一品种或相似品种，色泽正常，长短和粗细基本一致，无明显缺陷(主要缺陷包括机械伤、腐烂、异味、杂质、冻害和病虫害)。

④无公害蔬菜重金属及有害物质限量见表 3-6。

表 3-6 无公害蔬菜重金属及有害物质限量

项目	限量/(毫克/千克)
铬(以 Cr 计)	≤0.5
镉(以 Cd 计)	≤0.05
汞(以 Hg 计)	≤0.01
砷(以 As 计)	≤0.5
铅(以 Pb 计)	≤0.2
氟(以 F 计)	≤1.0
亚硝酸盐($NaNO_2$)	≤4.0
硝酸盐	≤600(瓜果类),≤1 200(根茎类),≤3000(叶菜类)

⑤无公害蔬菜农药最大残留量见表 3-7。

表 3-7 无公害蔬菜农药最大残留量

通用名称	毒性	最高残留限量/(毫克/千克)
氧化乐果	高	不得检出
六六六	高	0.2
DDT(滴滴涕)	中	0.1
敌百虫	低	0.1
溴氰菊酯	中	0.5
多菌灵	低	0.5
百菌清	低	1.0
除虫脲	低	20.0(叶菜类)

⑥果品按果实构造可分为:

A. 仁果类:如苹果、梨、山楂。

B. 核果类:如桃、枣。

C. 浆果类:如葡萄、香蕉。

D. 坚果类:如核桃、板栗。

E. 柑橘类:如柑、橘、甜橙、柚、柠檬。

F. 复果类:如菠萝、菠萝蜜、面包果。

G. 瓜类:主要指甜瓜、西瓜。

按商业经营习惯果品可分为鲜果、干果、瓜类以及它们的制品四大类。鲜果是果品中最多和最重要的一类。为了经营方便又把鲜果分为伏果和秋果,还分为南果和北果。

例如，香蕉品级鉴别：色泽鲜黄、表面无瑕的香蕉并非最佳选择；香蕉的口感与其成熟度及品种有关；从感官上讲，果皮黄黑泛红，稍带黑斑，表皮有皱纹的香蕉，风味最佳。

再如苹果品级鉴别：

特级苹果：表面色泽——色泽均匀而鲜艳，表面洁净光亮，红者艳如珊瑚、玛瑙，青者黄里透出微红。气味与滋味——具有各自品种固有的清香味，果肉香甜鲜脆，味美可口。外观形态——个头以中上等大小且均匀一致为佳，无病虫害，无外伤。

一级苹果：表面色泽——青香蕉的色泽是青色透出微黄，黄元帅色泽为金黄色。气味与滋味——青香蕉表现为清香鲜甜，滋味以清心解渴的舒适感为主。黄元帅气味醇香扑鼻，滋味酸甜适度，果肉细腻而多汁，香润可口，给人以新鲜开胃的感觉。外观形态——个头以中等大均匀一致为佳，无虫害，无外伤，无锈斑。

二级苹果：表面色泽——这类苹果色泽不一，但具有光泽，洁净。气味与滋味——具有本品种的香气，国光滋味酸甜稍淡，吃起来清脆，而红玉及鸡冠，颜色相似，苹果酸度较大。外观形态——个头以中上等大，均匀一致为佳，无虫害，无锈斑，无外伤。

三级苹果：表面色泽——这类苹果色泽鲜红，有光泽，洁净。气味与滋味——具有本品种的香气，但这类苹果纤维量高，质量较粗糙，甜度和酸度低，口味差。外观形态——一般果形较大。

⑦无公害水果安全要求（GB 18406.2—2001）

无公害水果重金属及有害物质限量见表 3-8。

表 3-8 无公害水果重金属及有害物质限量

项目	限量/(毫克/千克)
铬(以 Cr 计)	≤0.5
镉(以 Cd 计)	≤0.03(0.05)
汞(以 Hg 计)	≤0.01
砷(以 As 计)	≤0.5
铅(以 Pb 计)	≤0.2
氟(以 F 计)	≤0.5(1.0)
硝酸盐($NaNO_3$)	≤400(600)

⑧无公害水果的农药最大残留量见表 3-9。

表 3-9 无公害水果的农药最大残留量

项目	最高残留限量/(毫克/千克)	项目	最高残留限量/(毫克/千克)
马拉硫磷	不得检出	辛硫磷	≤0.05
对硫磷	不得检出	百菌清	≤1.0
甲胺磷	不得检出	倍硫磷	≤0.05
久效磷	不得检出	滴滴涕	≤0.1
氧化乐果	不得检出	多菌灵	≤0.5
克百威	不得检出	氟氰戊菊酯	≤0.5
甲基对硫磷	不得检出	乐果	≤1.0
水胺硫磷	≤0.02	六六六	≤0.1
氰戊菊酯	≤0.2	氟氯氢菊酯	≤0.2
杀螟硫磷	≤0.4	溴氰菊酯	≤0.1
敌敌畏	≤0.2		

⑨花卉。花卉中的花和卉是两个含义不同的字，花是高等植物繁殖后代的器官，卉是百草的总称。花卉一词从字面上讲，就是开花的植物。《辞海》中解释花卉是"可供观赏的花草"。随着科学技术的发展和人们审美意识的发展，欣赏已不仅限于花，因而花的概念也随之扩大。广义上的花卉是指凡是花、叶、果的形态和色彩、芳香能引起人们美感的植物都包括在花卉之内，统称为观赏植物。但花卉一词人们已形成习惯，可一并使用。

A. 根据花卉的形态特征和生长习性可分为草本花卉、木本花卉、多肉类植物、水生类花卉和草坪类植物。

a. 草本花卉可分为一年生草花（如一串红、鸡冠花等）、二年生草花（如金鱼草、石竹等）、多年生草花（如菊花、荷花、大丽花等）。

b. 木本花卉可分为乔木花卉（如梅花、白玉兰等）、灌木花卉（如月季、牡丹等）、藤本花卉（如凌霄、紫藤等）。

c. 多肉类花卉常见的有仙人掌科的昙花、令箭荷花、蟹爪兰，龙舌兰科的龙舌兰、虎尾兰，萝藦科的大花犀角、吊金钱，凤梨科的小雀舌兰等。

d. 水生类花卉常见的有荷花、睡莲、王莲、凤眼莲、水葱、菖蒲等。

e. 草坪植物常见栽培的有红顶草、早熟禾、野牛草等。

B. 根据花卉的观赏器官可分为：观花类（如菊花、仙客来、月季等）、观叶类（如文竹、常春藤、五针松等）、观果类（如南天竹、佛手、石榴等）、观茎类（如佛肚竹、光棍树、珊瑚树等）、观芽类（常见的有银柳等）。

C. 根据花卉的经济用途可分为：

a. 观赏用花卉：花坛用花，如一串红、金盏菊等；盆栽花卉，如菊花、月季等；切花花卉，如菊花、百合等；庭院花卉，如芍药、牡丹等。

b. 香料用花卉：如白兰、水仙化、玫瑰花等。

c. 熏茶用花卉：如茉莉花、珠兰花、桂花等。

d. 医药用花卉：如芍药、牡丹、金银花等。

e. 环境保护用花卉：具有吸收有害气体、净化环境的花卉，如美人蕉、月季、罗汉松等。

f. 食品用花卉：如菊花、桂花、兰花等近白种，花粉食品方兴未艾。

D. 鲜切花品级鉴别：

切花包括：切叶、切花、切果、切枝。

鲜切花质量检测方法从以下几个方面进行：

a. 整体效果：整体感、新鲜度、成熟度、洁净度、品种典型性、比例。

b. 主要观赏器官质量：花（花形、花色、花茎）、叶、果、枝。

c. 病虫害：检查花、枝和叶上是否有危险性病虫害的病状。

d. 各种缺陷斑：药斑、肥害斑、机械伤、缺损、冻伤、灼伤。

举例：

切花月季一级品：品种优秀，耐插性好；开放程度为微放；枝条、花梗硬挺，无弯头产品；无病虫害及药害斑点；每束花内要做到 5 个一致；枝长大于 60 cm。

切花菊花一级品：茎秆长度在 60 cm 以上，且茎长颈短，瓣质厚硬，茎秆粗壮挺拔，节间均匀，叶片肉厚平展，鲜绿有光泽，花瓣成熟度一般，无物理损伤，无病虫害，花形美观，色泽为正常本色，且花型大。

（3）林产品。林产品是指把开发森林资源变为经济形态的所有产品。近代林产品主要是木材及其副产品。可分为两大类，一类是木材及各种木材加工制品，另一类是经济林及森林副产品。近代林产品把木材作为主产品，把其余称为副产品，这样，势必产生对其他林产品的强烈排他性，使林产品种类少、精品更少，林产业日趋萎缩。现代林产品是指把森林资源变为经济形态的所有产品，在不同的时空条件下，不是固定不变的，对林产品的生产有积极的作用。

木材是林业的基本产品。由于木材有良好的物理性能和多种化学成分，使它成为经济建设和人们生活中用途最广的材料。工业、农业、交通运输、建筑业等部门等行业的生产都需要木材。如煤矿业的坑木、枕木、建筑用木材、纸浆造纸原料、机械工业用材料、化工业材料，人们日常生活中所需的家具、工具、器皿、文化、体育用具、乐器等。木材不仅是国民经济各方面基本的原料，而且自古以来就是人类社会重要能源之一。虽然随着科学技术的进步，煤、石油、天然气、原子能、太阳能等飞速发展，但随着人口的增加，在今后较长的时期内，薪材的需要量仍然相当大。综上所述，木材及其加工品是国民经济中最广的一种基本材料，与国民经济各方面都有着密切的联系，木材的充分供给，是保证国民经济迅速发展的重要条件。

中国经济林分布广泛，从南到北、从东至西，各处都有。主要有乌桕、油桐、漆树、杜仲、毛竹、油棕、椰子、油橄榄、巴旦果、油楂果、香榧、油茶、山苍子、青檀、五倍子等。

经济林产品主要有：①木本油料，如核桃、茶油、橄榄油、文冠果油等木本食用油及桐油、乌桕油等工业用油；②木本粮食，如板栗、柿子、枣、银杏及多种栎类树种的种子；③特用经济林产品，如紫胶、橡胶、生漆、咖啡、金鸡纳等。林化、林副产品种类更是繁多，如松香、栲胶、栓皮及各种药材、芳香油、纤维原料、编织原料、淀粉、食用菌等。此外，林区丰富的野生动物资源所提供的动物蛋白质、毛皮、药材以及观赏动植物等，都有着重要的经济意义和科研价值。

我国劳动人民从事经济林产品和林副产品的生产有着悠久的历史，这些产品对国计民生有着重大意义，很多产品是机械、电器、化工、国防军工、医药、食品、日用品加工等工业部门的重要原料，而且有的还是我国传统的出口物质。

例如：①油桐是我国特有的油料树种，早在唐朝就有栽培记载。采用桐籽生产的桐油是优质工业用油，为制造油漆、防水制品、人造汽油等产品的重要原料，此外，在农业、医药上也有广泛用途。我国油桐林面积约 133 万余公顷，每年可产桐油 15 万吨，占世界桐油产量的比重很大，是我国换汇率很高的大宗出口物资之一，在国际市场上享有很高的声誉。②松香是重要的化工原料，用于肥皂、造纸、油漆、塑料、医药、电气、化工、橡胶等行业，也是我国重要的出口物资。目前，世界松香年产量约 100 万吨，我国年产量约 30 万吨，占世界的 1/3 左右。③紫胶也是重要的工业原料，广泛用于国防、电气、油漆、塑料、医药等 30 多个工业部门。由于其绝缘性强，黏合力大，易溶于酒精和易干、坚固等优点，其他原料无法代替。世界原胶产量约 3 万吨，我国约 3 500 吨，其中云南占全国 80%以上。④油茶是我国特有的木本油料树种，我国油茶林近 50 种，面积约 367 万多公顷，分布面积很广，年产油茶 15 万吨。茶油色清味香，不饱和脂肪酸的含量高，是优质的食用油。目前，世界上已经有一些国家实现或基本实现了食油木本化，所以积极发展油茶、核桃、油橄榄等木本油料，是解决我国食用油不足的重要途径。⑤生漆也是我国著名特产，为传统出口商品。我国漆树林面积约 46 万多公顷，年可产生漆 2 800 吨。此外，林区出产的木耳、香菇、竹笋、干鲜果品、禽兽野味及珍贵毛皮、中草药材及野生观赏植物等产品，除了满足人们生活多方面的需要外也是出口换汇的重要物资。

(4)畜禽产品。畜禽产品从广义上讲，主要是指肉、乳、蛋、禽、脂、肠、皮张、绒毛、鬃尾、细尾毛、羽毛、骨、角、蹄壳及其初加工品等。但从狭义上讲，既从我国商品经营分工的角度来看，肉、乳、蛋、脂、禽属食品和副食品范畴，也就是我们这里所说的畜禽产品。皮张、绒毛、鬃尾、细尾毛、羽毛、肠衣属畜产品，而骨、角、蹄壳分别属废旧物资和中药材商品。

畜禽产品作为食品是人类动物蛋白的主要来源，为人类提供丰富营养。但这类食品由于富含蛋白质、脂肪、糖等，故易于腐败变质，人们食用会发生中毒，并且患病动物还带有致人患病的病源，动物肿瘤与人的癌症有一定的相关性。肉食品加工烹调不当，常使人的健康遭受严重损坏，故需要严格的卫生检验。近几年来，由于国民经济的迅猛发展，农业和运输业逐渐实现了机械化，促进了饲养业的发展，为畜禽产品资源开辟广阔的道路。我国解决了人民温饱后，生活水平必然向更高标准发展，对畜禽产品的需求量愈来愈大，因而对畜禽产品的质量也提出了更高的要求。

A. 畜禽肉质量感官鉴别原则：

a. 看其外观、色泽、组织状态，特别应注意肉的表面和切口处的颜色和光泽，在看有无色泽灰暗、是否存在瘀血、水肿、囊肿和污染等情况。

b. 闻肉的气味，不仅要了解肉表面的气味，还应感知其切口时和试煮后的气味，注意是否有腥臭味。

c. 用手指按压、触摸，以感知其弹性和黏度，结合脂肪以及试煮后肉汤的情况。

B. 畜禽产品品级鉴别：见表 3-10 至表 3-12。

表 3-10　牛肉、羊肉、兔肉卫生感官指标

项目	鲜牛肉、羊肉、兔肉	冻牛肉、羊肉、兔肉
色泽	肌肉有光泽，红色均匀，脂肪乳白色或微黄色	肌肉有光泽，红色或稍暗，脂肪洁白或微黄色
组织状态	纤维清晰，有坚韧性	肉质紧密，坚实
黏度	外表微干或湿润，不粘手，切面湿润	外表微干或有风干膜或外表湿润不粘手，切面湿润不粘手
弹性	指压后凹陷立即恢复	解冻后指压凹陷恢复缓慢
气味	具有鲜牛肉、羊肉、兔肉固有的气味，无臭味，无异味	解冻后具有鲜牛肉、羊肉、兔肉固有的气味，无臭味
煮沸后肉汤	澄清透明，脂肪团聚于表面，具特有的香味	澄清透明或稍有浑浊，脂肪团聚于表面，具特有的香味

表 3-11 健康畜肉与病死、毒死畜肉感官鉴别

项目	健康畜肉	死畜肉
色泽	肌肉光泽鲜红，脂肪洁白（牛肉为黄色），具有光泽	肌肉光泽暗红或带有血迹，脂肪呈桃红色
组织状态	肌肉结实致密，不易撕开，肌肉有弹性，用手指按压后可立即复原	肌肉松软，肌纤维易撕开，肌肉弹性差
血管状况	全身血管中无凝结的血液，胸腹腔内无瘀血，浆膜光亮	全身血管充满了凝结的血液，尤其是毛细血管中更为明显，胸腹腔呈暗红色、无光泽

表 3-12 牛肉、羊肉、兔肉鲜度感官指标

项目	新鲜	次鲜	变质
色泽	肌肉呈均匀的红色，具有光泽，脂肪洁白或呈乳黄色	肌肉色泽稍转暗，切面尚有光泽，但脂肪无光泽	肌肉色泽呈暗红，无光泽，脂肪发暗直至呈绿色
气味	具有鲜牛肉、羊肉、兔肉的特有正常气味，如膻味或土	稍有氨气味或酸味	有腐臭味
黏度	表面微干或有风干膜，触摸时不粘手	表面干燥或粘手，新的切面湿润	表面极度干燥或发黏，新切面也粘手
弹性	指压后的凹陷能立即恢复	指压后的凹陷恢复，并且不能完全恢复	指压后的凹陷能不能恢复，并且留有明显的痕迹
肉汤	肉汤汁透明澄清，脂肪团聚浮于表面，具备特有的香味	汤汁稍有混浊，脂肪呈小滴浮于表面，香味差或无香味	肉汤汁混浊，有黄色或白色絮状物，浮于表面的脂肪极少，具有明显的腐臭味

(5)水产品。水产品是指水生的具有一定食用价值的动植物及其腌制、干制的各种初加工品。水产品，特别是鱼、虾、贝类等，自古以来一直是人们的重要食物之一。随着人们生活水平的不断提高和对蛋白质需求量的不断增长，水产品作为动物性蛋白质的来源，其重要性日益显著。水产业是以栖息、繁殖在海洋和内陆淡水水域的鱼类、虾蟹类、贝类藻类和海兽类等水产资源为开发对象，进行人工养殖、合理捕捞和加工利用的综合性社会生产部门。我国沿海渔场的总面积达 43.6 万千米^2（1994 年），占世界渔场总面积的 23.7%。我国海洋鱼类约有 1 700 种以上。我国淡水鱼类有 800 种以上，其中有经济价值的有 250 多种，体型较大、产量较高的有 50 多种。我国发展水产业的方针是以养殖为主，养殖、捕捞、加工并举，因地制宜，重在保护。近年来我国采取了积极有效的措施，严格采取休渔制度，使我国的

海水、淡水捕捞和海水、淡水养殖业持续稳定健康发展。

①水产品按生物学分类法可分为藻类植物（如海带、紫菜等）、腔肠动物（如海蜇等）、软体动物（如扇贝、鲍鱼、鱿鱼等）、甲壳动物（如对虾、河蟹等）、棘皮动物（如海参、海胆等）、鱼类（如带鱼、鲅鱼、鲤鱼、鲫鱼等）、爬行类（如中华鳖等）；按商业分类可分为活水产品（包括海水鱼、淡水鱼、鼋鱼、河蟹、贝类等）、鲜水产品（含冷冻品和冰鲜品，包括海水鱼、淡水鱼、虾、蟹等）、水产加工品（按加工方法分为水产腌制品和水产干制品：包括淡干品、盐干品、熟干品；按加工原料分为咸干鱼、虾蟹加工品、海藻加工品、其他水产加工品）。

②水产品感官质量标准：下面以鱼类为例说明水产品质量标准。

A. 淡水鱼卫生标准（GB 2736—1994）：体表——有光泽，鳞片较完整不易脱落，黏液无混浊，肌肉组织致密有弹性；鳃——鳃丝清晰，色鲜红或暗红，无异臭味；眼球——眼球饱满，角膜透明或稍有混浊；肛门——紧缩或稍有凸起。

B. 海水鱼卫生标准（GB 2736—1994）：体表——鳞片完整或较完整，不易脱落，体表黏液透明无异臭味，具有固有色泽；鳃——鳃丝较清晰，色鲜红或暗红，黏液不混浊，无异臭味；眼球——眼球饱满，角膜透明或稍有混浊；肌肉——组织有弹性，切面有光泽，肌纤维清晰。

(6)其他农副产品品级鉴别。其他农副产品主要是指除农产品的粮油、果蔬花卉、林产品、畜禽产品、水产品的主产品外的烟叶、茶叶、蜂蜜、棉花、麻、蚕茧、畜产品、生漆、干菜和调味品、中药材、野生植物原料等产品。

因为其他农副产品较多，下面以茶叶为例，说明农副产品品级鉴别。

①茶叶质量标准（GB 9679—1988）。

干评：条形、色泽、净度、匀度、干度、异味。

审评外形从毛茶的松紧、老嫩、整碎、净杂等因子来评定外形等级松紧指毛茶紧结程度。老嫩要看嫩度和芽毫的比重。整碎以条索或颗粒紧结完整，上中下三段茶匀称。净杂主要评梗、朴、籽等夹杂物含量。

②茶叶鉴评程序及内容。

A. 湿评：

a. 评香气：嗅香气一般以有新鲜的嫩香、清香、熟板栗香者为优，香低带粗老气为次。

b. 评汤色：汤色以嫩绿清澈明亮为好，深黄暗浊或泛红为差。

c. 评滋味：尝滋味是辨别汤味的浓度、醇涩、厚薄、鲜滞、强弱、甘苦、爽涩等。

d. 评叶底：毛茶收购审评主要评比叶底的嫩度与色泽。绿毛茶评叶底嫩度比芽梢幼嫩、芽头多少、叶子厚薄、软硬和匀度。评叶底色泽比色度和明亮度。

B. 新茶与旧茶:

a. 色泽:绿茶,青翠嫩绿变黄绿,茶汤由嫩绿变黄褐不清。红茶,乌润变灰褐。

b. 香气:清香变低浊。

c. 滋味:醇厚变淡薄,鲜爽变滞钝。

C. 真茶与假茶:

a. 香气:鉴别时,通常先用双手捧起一把茶叶,闻干茶的气味,凡具有茶叶固有的清香者,为真茶;凡带有青腥气或其他异味者,为假茶。

b. 滋味:真茶,甘醇鲜爽。假茶,异味。

c. 叶底:根据茶叶的叶型、叶脉、锯齿的特征辨别真茶与假茶。真茶的主脉显露,叶缘呈锯齿状,上部较密或较深,下部较疏或较浅,近叶柄基部平滑无锯齿,叶端呈凹形,茶梗扁圆。假茶无此特征或部分特征比真茶显露。

3. 农产品"三品一标"

"三品一标"指通过无公害农产品、绿色农产品、有机农产品认证和农产品地理标志登记的农产品或食品。三者从概念、生产标准、技术要求、认证形式和安全等级上具有明显的差异。那么不同农产品到底如何来界定?在农业生产过程中用药、用肥等环节有哪些要求?不同的农产品如何取得认证?

(1)无公害农产品。无公害农产品是指产地环境、生产过程和产品质量符合国家有关标准和规范的要求,经认证合格获得认证证书并允许使用无公害农产品标志的未经加工或者初加工的食用农产品。

广义上的无公害农产品,涵盖了有机食品(又叫生态食品)、绿色食品等无污染的安全营养类食品。但从安全成分和消费对象及运作方式上划分,有机食品、绿色食品和无公害农产品之间又有截然不同的区别。

无公害农产品认证标志图案由麦穗、对勾和无公害农产品字样组成,麦穗代表农产品,对勾表示合格,金色寓意成熟和丰收,绿色象征环保和安全。标志图案直观、简洁、易于识别,含义通俗易懂(图 3-1)。

图 3-1　无公害农产品标志

凡获得无公害农产品认证证书的单位和个人,均可以向农业部农产品质量安全中心申请无公害农产品标志。认证机构应当按照认证证书标明的产品品种和数量发放无公害农产品标志,并建立无公害农产品标志出入库登记制度。无公害农产品标志出入库时,应当清点数量,登记台账;无公害农产品标志出入库台账应当存档,保存时间为 5 年。获得无公害农产品认证证书的单位和个人,可以在证书规定的产品或者其包装上加无公害农产品标志,用以证明产品符合无公害农产品标准。使用无公害农产品标志的单位和个人，应当在无公害农产品认证证书规定的产品范围和有效期内使用，不得超范围和逾期使用，不得买卖和转让。使用无公害农产品标志的单位和个人，应当建立无公害农产品标志的使用管理制度，对无公害农产品标志的使用情况如实记录并存档。

无公害农产品认证是由农业部农产品质量安全中心依据无公害农产品认证认可规则和程序，按照无公害农产品质量安全标准，对未经加工或初加工的食用农产品产地环境、农业投入品、生产过程和产品质量等环节进行审查验证，向经评定合格的农产品颁发无公害农产品认证证书，并允许使用全国统一的无公害农产品标志的活动。

无公害农产品由产地认定和产品认证两个环节组成。无公害农产品认证是政府行为，采取逐级行政推动，认证不收费。产地认定由省级农业行政主管部门组织实施，产品认证由农业部农产品质量安全中心组织实施。无公害农产品生产过程中允许使用农药和化肥，但不能使用国家禁止使用的高毒、高残留农药。

(2)绿色农产品。绿色农产品是指遵循可持续发展原则，按照特定生产方式生产，经专门机构认定，许可使用绿色食品标志，无污染的安全、优质、营养农产品。

绿色农产品标准分为两个技术等级，即AA级绿色农产品标准和A级绿色农产品标准。其中，AA级绿色食品标准要求是生产地的环境质量符合《绿色食品产地环境质量标准》，生产过程中不使用化学合成的农药、肥料、食品添加剂、饲料添加剂、兽药及有害于环境和人体健康的生产资料，而是通过使用有机肥、种植绿肥、作物轮作、生物或物理方法等技术，培肥土壤、控制病虫草害、保护或提高产品品质，从而保证产品质量符合绿色食品产品标准要求。A级绿色食品标准要求是生产地的环境质量符合《绿色食品产地环境质量标准》，生产过程中严格按绿色食品生产资料使用准则和生产操作规程要求，限量使用限定的化学合成生产资料，并积极采用生物学技术和物理方法，保证产品质量符合绿色食品产品标准要求。

绿色食品标志图形(图3-2)由三部分构成：上方的太阳、下方的叶片和中间的蓓蕾，象征自然生态。标志图形为正圆形，意为保护、安全。颜色为绿色，象征着生命、农业、环保。AA级绿色食品标志与字体为绿色，底色为白色；A级绿色食品标志与字体为白色，底色为绿色。整个图形描绘了一幅明媚阳光照耀下的和谐生机，告

A级绿色食品标志　　AA级绿色食品标志

图 3-2　绿色食品标志

诉人们绿色食品是出自纯净、良好生态环境的安全、无污染食品，能给人们带来蓬勃的生命力。绿色食品标志还提醒人们要保护环境和防止污染，通过改善人与环境的关系，创造自然界新的和谐。

(3)有机农产品。有机农产品是纯天然、无污染、安全营养的食品，也可称为“生态食品”。它是根据有机农业原则和有机农产品生产方式及标准生产、加工出来的，并通过有机食品认证机构认证的农产品。

有机食品与其他优质食品的最显著差别是它在生产和加工过程中绝对禁止使用农药、化肥、激素等人工合成物质，而且生产过程要比其他食品难得多，需要建立全新的生产体系，采用相应的替代技术。其特点有以下几点：一是有机食品生产和加工过程中更多地考虑了生态环境保护和资源持续利用的内容，解决了常规农业生产中最严重的环境污染和生态破坏的问题，是可持续性的农作方式。二是有机食品没有污染或污染物尽可能低，有益于人类健康。三是有机食品的生产、加工等需要一系列基本的规范、标准。四是确认为纯天然、无污染、安全营养的食品。五是有机食品需要第三方组织机构的认证。

有机农产品必备条件是：一是有机食品在生产和加工过程中必须严格遵循有机食品生产、采集、加工、包装、贮藏、运输标准，禁止使用化学合成的农药、化肥、激素、抗生素、食品添加剂等，禁止使用基因工程技术及该技术的产物及其衍生物。二是有机食品生产和加工过程中必须建立严格的质量管理体系、生产过程控制体系和追踪体系，因此一般需要有转换期。三是有机食品必须通过合法的有机食品认证机构的认证。

有机食品标志是由两个同心圆、图案以及中英文文字组成(图 3-3)。内圆表示太阳，其中的既像青菜又像绵羊头的图案泛指自然界的动植物；外圆表示地球。以手掌和叶片为创意元素，包含两种景象，一是一只手向上持着一片绿叶，寓意人类对自然和生命的渴望；二是两只手一上一下握在一起，将绿叶拟人化为自然的手，寓意人类的生存离不开大自然的呵护，人与自然需要和谐美好的生存关系。图形外围绿色圆环上标明中英文“有机食品”。“有机食品”概念，是这种理念的实际体现。整个图案采用绿色，象征着有机产品是真正无污染、符合健康要求的产品以及有机农业给人类带来了优美、清洁的生态环境。

图 3-3 有机食品标志

有机产品认证是指认证机构按照《有机产品》国家标准和《有机产品认证管理办法》以及《有机产品认证实施规则》的规定对有机产品生产和加工过程进行评价

的活动。在中国境内销售的有机产品均需经国家认监委批准的认证机构认证。

(4)农产品地理标志。为了打造地方特色农产品品牌,国家推出了农产品地理标志保护和申请工作。农产品地理标志,是指标示农产品来源于特定地域,产品品质和相关特征主要取决于自然生态环境和历史人文因素,并以地域名称冠名的特有农产品标志。

目前有三个管理主体:①根据《中华人民共和国农业法》、《中华人民共和国农产品质量安全法》、《农产品地理标志管理办法》,农业部负责全国"农产品地理标志"的登记工作,农业部农产品质量安全中心负责"农产品地理标志"登记的审查和专家评审工作。②根据《中华人民共和国产品质量法》、《中华人民共和国标准化法》、《中华人民共和国进出口商品检验法》、《地理标志产品保护规定》由国家质量监督检验检疫总局批准实施保护的"中华人民共和国地理标志保护产品"。③根据《中华人民共和国商标法》、《中华人民共和国商标法实施条例》、《集体商标、证明商标注册和管理办法》由国家工商行政管理总局批准作为集体商标、证明商标注册的"地理标志"。

为了和国际接轨,更好地管理和监控整个农业生产加工环节,国家推出了良好农业规范认证。良好农业规范认证是国家认监委推出的一种自愿性产品认证,经国家认证认可监督管理委员会(CNCA)批准、中国合格评定国家认可中心(CNAS)认可的认证机构可以进行相关认证工作。目前有一级认证(GAP+)和二级认证(GAP)两个档次。

良好农业规范(good agricultural practice,以下简称 GAP),是一套主要针对初级农产品生产的操作规范。GAP 是以农产品生产过程质量控制为核心,以危害分析与关键控制点(HACCP)、可持续发展为基础,关注环境保护、员工健康、安全和福利,保证农产品生产安全的一套规范体系。它通过规范种植/养殖、采收、清洗、包装、贮藏和运输过程管理,鼓励减少农用化学品和药品的使用,实现保障初级农产品的质量安全、可持续发展、环境保护、员工健康安全以及动物福利等目标。GAP 强调从源头抓起解决农产品、食品安全问题,是提高农产品生产全过程质量安全管理水平的有效手段和工具。

(二)资料准备

(1)利用现有的图书馆或资料室以及报纸杂志,查找有关农产品鉴别及等级评定的信息资料。

(2)利用现有的电脑、网站、Wifi 等网络环境条件,查找有关农产品概念、分类、品质鉴别、等级评定等方面的信息资料。

(3)通过网络,查找如何对农产品进行鉴别与等级评定。

(4)教师准备的资料单,关于农产品概念、分类、品质鉴别、等级评定等相关文章。

二、项目设计与实施

(一)项目设计

见图 3-4。

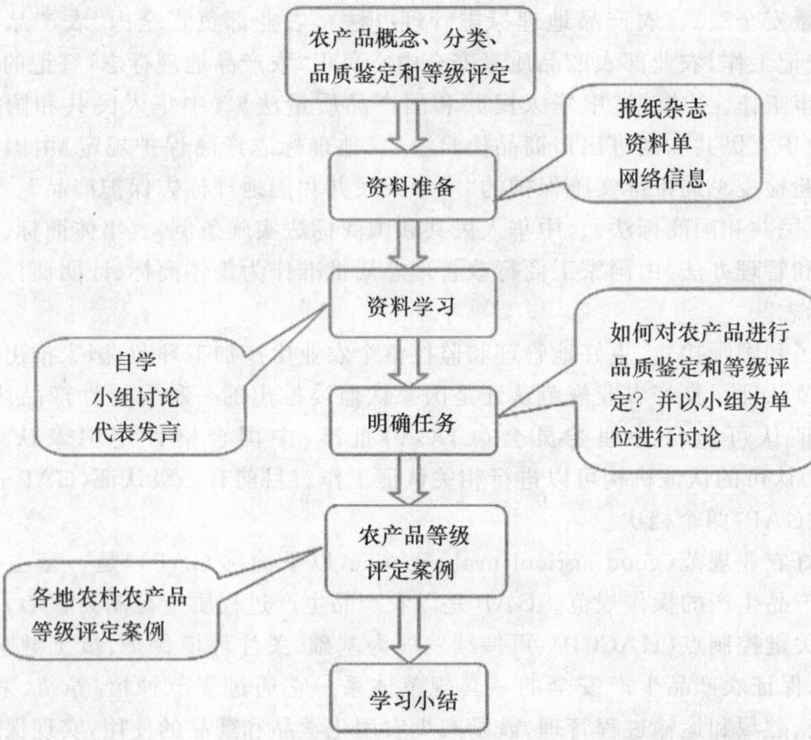

图 3-4 认知农产品及其鉴定和等级评定项目设计

(二)项目实施

(1)安排学生课前预习农产品的概念、分类、各种农产品品质鉴定与等级评定指标、农产品生产的国家标准。

(2)在教师的指导下,通过多种信息渠道查询资料。关键词有:农产品的概念、分类、各种农产品品质鉴定与等级评定指标、农产品生产的国家标准等。

(3)汇总查找的相关资料。

(4)每人写一份学习收获。

(5)以小组为单位，模拟进行一次农产品等级鉴定，并用集体的智慧完成一份较好的学习收获体会。

(6)每组选一个代表，在全班讲解小组的学习路径、学习收获，组员补充收获的内容。

(7)教师组织发动全班同学讨论、评价各小组的学习情况，达到全班同学共享学习资源和收获体会，巩固所学的知识内容。

三、学习拓展

【绿色食品标准体系】

绿色食品标准以全程质量控制为核心，由以下6个部分构成：

(1)绿色食品产地环境质量标准。规定了产地的空气质量标准、农田灌溉水质标准、渔业水质标准、畜禽养殖用水标准和土壤环境质量标准的各项指标以及浓度限值、监测和评价方法，提出了绿色食品产地土壤肥力分级和土壤质量综合评价方法。对于一个给定的污染物在全国范围内其标准是统一的，必要时可增设项目，适用于绿色食品(AA级和A级)生产的农田、菜地、果园、牧场、养殖场和加工厂。

(2)绿色食品生产技术标准。绿色食品生产过程的控制是绿色食品质量控制的关键环节。绿色食品生产技术标准是绿色食品标准体系的核心，它包括绿色食品生产资料使用准则和绿色食品生产技术操作规程两部分。

绿色食品生产资料使用准则是对生产绿色食品过程中物质投入的一个原则性规定，它包括生产绿色食品的农药、肥料、食品添加剂、饲料添加剂、兽药和水产养殖药的使用准则，对允许、限制和禁止使用的生产资料及其使用方法、使用剂量、使用次数和休药期等做出了明确规定。

绿色食品生产技术操作规程是以上述准则为依据，按作物种类、畜牧种类和不同农业区域的生产特性分别制定的，用于指导绿色食品生产活动，规范绿色食品生产技术的技术规定，包括农产品种植、畜禽饲养、水产养殖和食品加工等技术操作规程。

(3)绿色食品产品标准。该标准是衡量绿色食品最终产品质量的指标尺度。它虽然跟普通食品的国家标准一样，规定了食品的外观品质、营养品质和卫生品质等内容，但其卫生品质要求高于国家现行标准，主要表现在对农药残留和重金属的检测项目种类多、指标严，而且使用的主要原料必须是来自绿色食品产地的、按绿色食品生产技术操作规程生产出来的产品。绿色食品产品标准反映了绿色食品生产、管理和质量控制的先进水平，突出了绿色食品产品无污染、安全的卫生品质。

(4)绿色食品包装标签标准。该标准规定了进行绿色食品产品包装时应遵循的原则，包装材料选用的范围、种类，包装上的标识内容等。要求产品包装从原料、产品制造、使用、回收和废弃的整个过程都应有利于食品安全和环境保护，包括包装材料的安全、牢固性，节省资源、能源，减少或避免废弃物产生，易回收循环利用，可降解等具体要求和内容。

绿色食品产品标签，除要求符合国家《食品标签通用标准》外，还要求符合《中国绿色食品商标标志设计使用规范手册》规定，该《手册》对绿色食品的标准图形、标准字形、图形和字体的规范组合、标准色、广告用语以及在产品包装标签上的规范应用均做了具体规定。

(5)绿色食品贮藏、运输标准。该项标准对绿色食品贮运的条件、方法、时间做出规定，以保证绿色食品在贮运过程中不遭受污染、不改变品质，并有利于环保、节能。

(6)绿色食品其他相关标准。包括“绿色食品生产资料”认定标准、“绿色食品生产基地”认定标准等，这些标准都是促进绿色食品质量控制管理的辅助标准。

以上6项标准对绿色食品产前、产中和产后全过程质量控制技术和指标做了全面的规定，构成了一个科学的、完整的标准体系。

任务二 掌握农产品市场信息采集与分析

【任务导入案例】

辽宁省沈阳市苏家屯区民主街道红星村的曹东哲是个远近闻名的农村经纪人，从2001年利用电脑信息网络帮助韩国客商买15万千克大米挖得第一桶金开始，2004年创建了农民经纪人自己的网站——中国农村经纪人网，专门为经纪人和会员提供各类信息服务，开展农产品贸易合作和交流，几年来通过中介服务促成农产品交易额600多笔，到如今年贸易额已达到上亿元，目前网站发展国内外的会员、信息员达到了5 000多人，与2 000余名农民大户建立了稳定的信息交流联系，在全国发展了1 400余名经纪人合作伙伴，建立全国首家农村经纪人网站，还通过网站的5个外语版本直接把玉米、大豆、洋葱等数十种农产品销售到韩国、俄罗斯、日本、朝鲜等国，曹东哲也获得了另一个绰号“草根CIO”(首席信息官)。

【思考】

你认为农村经纪人曹东哲之所以取得如此丰厚的佣金靠的是什么？如何获得农村经纪人所需要的市场信息呢？对于农产品信息的真伪应该怎样处理呢？

一、学习准备

山东有一句民谣是这样说的:“在家养猪,外出打工,一块平地种大葱。”这里面道出了山东农民致富的多条途径。的确,在市场经济环境下,经济作物、特种养殖、外出务工都已经成为农民致富的多项选择。但是,为什么不是每一个农户都可以靠“养猪、打工、种大葱”的方式来致富呢?原因是致富只有技术、方法还远远不够,还必须掌握市场信息,否则就会出现生猪养的越多,亏得越多的情况。要学会跟着市场走,时刻掌握农产品市场信息及其变化趋势是农村经纪人必备的技能。

(一)知识准备

1. 认知农产品市场信息

市场信息是农村经纪人进行经纪活动的基础,更是农村经纪人经纪业务的生命。因此,如何获取市场信息对于农村经纪人来说至关重要。农村经纪人只有了解和掌握市场信息,才能做到“天时、地利、人和”,才能顺利地开展经纪业务。

(1)市场信息的含义。市场是社会分工和商品经济发展到一定程度的产物。市场有狭义和广义之分。狭义的市场是买卖双方进行商品交换的场所。如在当今的许多乡镇都存在的农贸市场,城市周边有农产品批发市场,城市里有大小超市,狭义的市场就是商店、集市、商场、批发站、交易所等等。广义的市场是指商品生产者与消费者之间的交换关系的总和。即市场一词不仅仅指交易场所,还包括了所有的交易行为。因此,市场不一定是有形的,也可以是无形的。占有一定空间场所的农贸市场或“早市”是市场,互联网上下单买一件上衣也是市场。

信息是对客观世界中各种事物的运动状态和变化的反映,是客观事物之间相互联系和相互作用的表征,表现的是客观事物运动状态和变化的实质内容。信息的载体可有如下诸多形式:消息、情报、数据、资料、知识、指令、图像等等。

市场信息是指对市场上各种经济关系和各种经济活动现状、经济活动的变化情况以及与市场营销有关的各种消息、情报、图表、数据资料的总称。市场信息一般通过文字、语言、数据、凭证、报表、符号、广告、商情等表现和传递,对农村经纪人的发展具有重要的作用。

(2)农产品市场信息的含义。农产品市场信息是指在农产品商品经济活动中,能客观描述农产品市场经营活动极其发展变化为特征,为解决农产品生产经营、管理和进行市场预测所提供的各种有针对性的,能产生经济效益的知识、消息、数据、情报和资料的总称。用科学的方法和手段收集、整理农产品商品信息,加强对信息的管理和利用,是农村经纪人的重要工作内容。

农产品市场信息的内容主要包括:农产品生产性信息、消费性信息、供给信息、需求信息、金融信息、销售信息、贮存信息等，还有特定信息。不论哪一方面内容的农产品市场信息，都具有以下几个基本特征：

①农产品市场信息必须产生于农产品市场。只有农产品市场经济活动所产生的信息才称之为农产品市场信息。

②农产品市场信息具有有效性、变动性和与载体的不可分性。

③农产品市场信息具有可扩散性和可分享性。

④农产品市场信息可替代性。

⑤农产品市场信息具有地域性和时间性。

(3)农产品市场信息的作用。市场信息在农村经纪人经纪活动中起着重要作用。主要表现在：

①农产品市场信息是农村经纪人经营的前提。

②农产品市场信息是农村经纪人进行市场预测的基础。

③农产品市场信息是农村经纪人进行经营决策的依据。

④农产品市场信息是农村经纪人进行市场营销管理有机组成部分。

2.农产品市场信息采集和处理

农村经纪人必须眼光敏锐，洞察市场变化，有意识的采集和处理农产品市场相关信息，并用数据、文字、符号等方式记载下来，作为日后决策参考的依据。

(1)农产品市场信息采集和处理的原则。

①实用性。收集、筛选信息的目的就是为了应用信息。因此，信息应具备实用性。它必须为信息拥有者带来明显的经济效益，否则就没有实用价值。

②价值性。构成效益的因素很多，同样的信息由于受到地区差异的影响，资源、成本、技术、销路等因素的限制，效益也不一样，应根据自己的实际条件衡量选择。

③时间性。时间是信息的生命，信息只能在一定时间内才能有价值。所以，搜集到有用的信息后应准确判断，迅速决策，方能充分发挥信息的作用及潜能。

④广泛性。收集信息时尽量全面，不仅收集直接反映市场交易活动的信息，还要收集与市场供求有关的信息。

⑤准确性。收集信息力求准确，能真实地反映事物本来面目，避免虚假信息造成决策的失误。

⑥针对性。收集信息要有针对性，紧紧围绕经销收集信息，节省收集信息的时间和耗费。

(2)农产品市场信息采集方法与途径。

①农产品市场信息采集方法——市场调查。市场调查就是指运用科学的方

法，有目的地、有系统地搜集、记录、整理有关市场信息和资料，分析市场情况，了解市场的现状及其发展趋势，为市场预测和经营决策提供客观的、正确的资料的过程。

市场调查的内容涉及市场营销活动的整个过程，主要包括有：

一是市场环境的调查。市场环境调查主要包括经济环境、政治环境、社会文化环境、科学环境和自然地理环境等。具体的调查内容可以是市场的购买力水平，经济结构，国家的方针，政策和法律法规，风俗习惯，科学发展动态，气候等各种影响市场营销的因素。

二是市场需求调查。市场需求调查主要包括消费者需求量调查、消费者收入调查、消费结构调查、消费者行为调查，包括消费者为什么购买、购买什么、购买数量、购买频率、购买时间、购买方式、购买习惯、购买偏好和购买后的评价等。

三是市场供给调查。市场供给调查主要包括产品生产能力调查、产品实体调查等。具体为某一产品市场可以提供的产品数量、质量、功能、型号、品牌等，生产供应企业的情况等。

四是市场营销因素调查。市场营销因素调查主要包括产品、价格、渠道和促销的调查。产品的调查主要有了解市场上新产品开发的情况、设计的情况、消费者使用的情况、消费者的评价、产品生命周期阶段、产品的组合情况等。产品的价格调查主要有了解消费者对价格的接受情况，对价格策略的反应等。渠道调查主要包括了解渠道的结构、中间商的情况、消费者对中间商的满意情况等。促销活动调查主要包括各种促销活动的效果，如广告实施的效果、人员推销的效果、营业推广的效果和对外宣传的市场反应等。

五是市场竞争情况调查。市场竞争情况调查主要包括对竞争企业的调查和分析，了解同类企业的产品、价格等方面的情况，他们采取了什么竞争手段和策略，做到知己知彼，通过调查帮助企业确定企业的竞争策略。

②农产品市场信息采集的途径。

一是实地调查。农村经纪人要亲自到那些可能存在市场机会的地方去进行实地考察，目的是获取第一手资料，然后进行综合分析，再采取相关的行动。当然，这样要花费很多的时间和精力，也需要有一定的经济实力，想做大生意的农村经纪人比较适合这种做法。

二是问卷调查。就是用书面问卷的形式进行调查。此种方式具有可送达性好，不受地区限制，问题拟定清楚，节省费用等特点。但是也有回收率低、时间长等缺点。农村经纪人要学会对问卷进行统计分析的技能，才能从中获取有用的信息。

三是通过互联网查找信息。随着计算机技术和网络技术的发展，我国各行各业都十分重视信息资源的开发与利用。目前最具权威的农业网站是农业部主办的“中国农业信息网”,专门设有“信息传播”、“供求热线”和“科技推广”等栏目,另外还与农药、种业、菜篮子、花卉、水产、绿色食品等行业网站有链接,与各省的农业信息网也有链接。这种通过互联网寻找信息的方式具有很多优点:一是便捷、经济;二是信息范围不受时间和地域的限制;三是可以直接进行交谈,最终达成交易。农村经纪人要养成上专业网站搜寻农产品相关信息的良好习惯,只有这样,才能做到先知先觉,占领先机。四是从广播电视、报纸杂志上获取信息。农业科技电视频道和广播上经常会提供一些宝贵的资料和信息。报纸杂志、产品样本、图书期刊等大众媒介中含有非常丰富的信息,农村经纪人要经常注意系统的搜索或订阅一些特定的公开出版物,也要随时留意接触到的各种资料与文件,提取有用的信息。五是从参加各种“会”上获得信息。各种“会”,是指农村经纪人参加的研讨会、农产品展销会、农产品生产和销售会、农产品信息发布会等。通过参加各种会议,在宣传自己经营项目的同时,一定会了解市场状况,或者借机找到生意伙伴,或者建立情报网,甚至直接签订合作协议。

(3)农产品市场信息的采集程序。

①明确信息采集的内容与目标。农村经纪人要根据所经营的农产品,确定要采集的信息及其范围,明确信息采集的目标。

②确定信息采集的方法。选择科学有效的信息采集方法,直接关系信息采集的效率,还能节约信息采集成本。信息采集的方法主要有收集第一手资料的专题讨论法、观察法、问询法和实验法,收集第二手资料的文案调研法等。

③采集信息。农村经纪人要按照既定的目标、内容与范围、方法进行具体的信息采集工作。信息采集过程中,要注意信息的准确性、及时性与有效性,同时要最大限度地节约信息采集成本。

④信息资料整理。农村经纪人要对所采集的各种原始信息进行整理、分类、细化、剔除虚假的、无价值的和过时的信息,然后建立档案,使之条理化、清晰化,便于查找、使用。

⑤信息资料分析。对整理后的信息资料进行客观的评价,对信息的现状、产生的原因以及可能的发展趋势进行分析,最终做出市场预测。

⑥撰写信息采集报告。通过对农产品市场信息的采集、整理与分析,编写信息采集报告,内容主要包括信息采集的目标、内容与方法,信息采集的时间与地点,问题分析、解决办法与策略建议等。

(4)农产品市场信息的处理。农产品市场信息的处理是指运用科学的方法和手段,对农产品生产和销售等活动中所反映的各种信息进行整理、分析、加工等活动，使之成为人们所需要的经济信息的过程。

农产品市场信息的处理的要求：

一是及时：适时收集（灵敏反馈），快速传递有关农产品市场变化发展的最新动态。

二是准确：快速收集有关农产品市场变化发展的客观情况，这是信息的生命。

三是适用：就是根据农村经纪人的需要，收集最有针对性和最有市场价值的信息，保证适用。

四是经济：就是农村经纪人在收集和处理信息时，用较低的费用获得最需要的信息。

3. 农产品市场信息分析

农产品市场信息分析强调对信息内容的综合归纳和深入研究，目的是使其针对性和功能性更强。

(1)农产品市场信息分析的含义。这里所讲的农产品市场信息分析是指在充分占有信息资料的基础上，对分散的信息进行综合、分析、比对、推理，通过深层次的加工和分析研究，最终形成有助于解决问题的信息新的过程。需要指出的是农村经纪人要养成分析信息的习惯，而不是拿到资料就信任，就应用，而是要通过自己的认真分析，得到有价值的新信息。

(2)农产品市场信息分析。

①辨别信息真伪的方法。信息有真有假，有虚有实，作为农村经纪人，通过分析，辨别信息的真伪是必须具备的技能。尤其是刚刚从事农村经纪业务的人，面对突如其来的"甜头"，一定要冷静，不要中了别人的下怀。

一是常理判断。任何信息都应该有一定的事实基础和客观道理，否则，只要细心一想就会不攻自破，如"一夜致富"这类信息，只要运用常理稍加分析判断，就不难识破它的欺骗性。

二是追踪调查。对于将信将疑的信息，正确的方法是及时跟踪信息的来源，从而做出进一步的判断，比如网站上说有优质农产品供应，可以直接联系货主，通过电话交谈，询问相关情况，通过对方的回答来判断是否属实。也可以联系当地的一些熟人或者权威机构，来进一步了解信息的真实性。

三是对比分析。对于同一条信息，有多个来源的可以进行对比分析，如果出现矛盾之处，就可以分析出信息的真假了，不能偏信偏听。

②信息价值的判断。对于多而广的信息，农村经纪人不仅要辨别信息的真伪，还要判断信息价值的大小，才能选择合适的信息。

一是把握信息的时效性。信息只有在一定的时间内才有应用的价值，过了时间，就没有价值了，甚至会产生反作用。农村经纪人在对信息的价值进行分析时，一定要抓住时效性的要求，否则会导致挫折会失败。

二是避免随波逐流。每个时期，市场上都会出现一些流行的信息，结果农民一哄而上，形成一股热潮，比如，养猪养鸡的情况。在流行的信息面前，农村经纪人应该科学、全面、客观地分析问题，这样才能审时度势，根据具体情况做出判断。

三是要有独到的眼光。在日常生活中，有一些信息是很容易被人们忽视的。但是，作为经纪人要独到的眼力去挖掘和发现这些信息的真正价值，并加以利用。

(二)资料准备

(1)利用现有的图书馆或资料室以及报纸杂志，查找有农产品信息采集与处理方面的资料。

(2)利用现有的电脑、网站、Wifi 等网络环境条件，查找有关农产品信息采集与处理等方面的信息资料。

(3)通过网络，查找如何进行一次农产品信息采集与处理？

(4)教师准备的资料单 关于农产品信息采集与处理等相关文章。

二、项目设计与实施

(一)项目设计

见图 3-5。

(二)项目实施

(1)组织学生课前预习农产品市场信息的概念、信息采集的途径、信息分析的过程等知识。

(2)在教师的指导下，通过多种信息渠道查找相关信息资料。

(3)汇总查找的相关资料。

(4)每人写一份信息采集报告。

(5)以小组为单位，模拟进行以“2015 年生猪价格”为主题的信息分析，并用总结完成一份学习收获体会。

(6)每组选一个代表，在全班讲解小组的学习路径、学习收获，组员可以补充收获的内容。

(7)教师组织发动全班同学评价各小组的学习情况，达到全体同学共享学习资源和收获体会的效果。

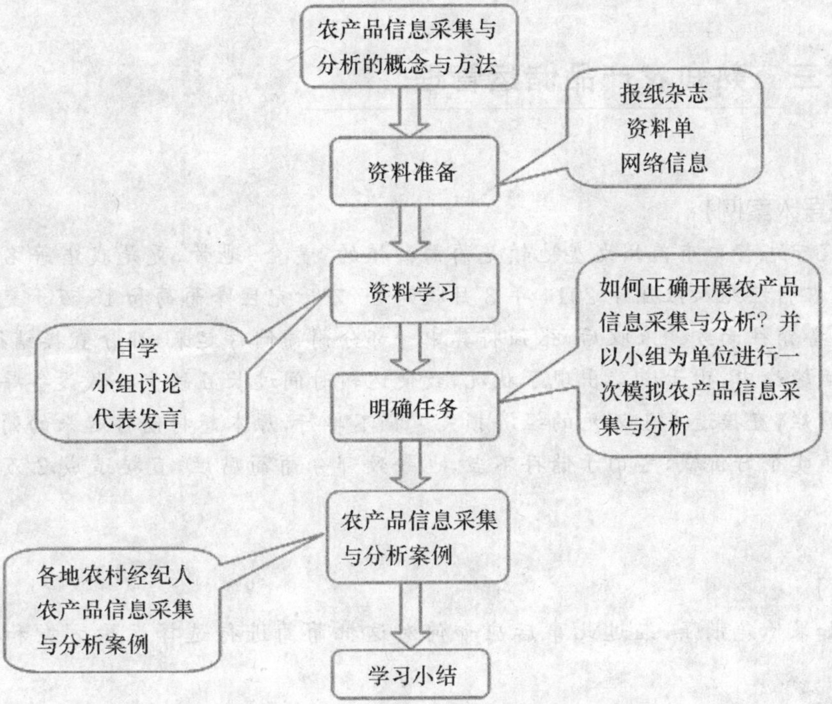

图 3-5 农产品信息采集项目设计

三、学习拓展

【农产品市场信息采集方法】

(1)询问法。询问法是指调查者通过口头、电讯或书面等方式，向被调查者了解情况、收集资料的调查方法。按调查者与被调查者接触方式的不同，可分为面谈调查、问卷调查、电话调查、留言调查和日记调查等。

(2)观察法。观察法是由调查人员在现场对调查对象的情况直接进行观察记录，取得第一手资料的调查方法。

(3)实践法。实践法是在给定条件下，对市场经济现象中某些变量之间的因果关系及其发展变化过程加以观察分析的调查方法。

(4)阅读法。阅读法是从报纸、杂志、广告、简报中收集自己需要的信息。

(5)收听、收看法。收听、收看法是指经常从听广播、看电视中有关经济栏目或商品广告节目，从中获取自己有用的信息。

(6)购买法。购买法是向信息单位和科研部门有偿索取信息，采取此法收集信息最为及时、准确、有效。

任务三 熟知农产品储运管理

【任务导入案例】

辽宁省营口市盖州九垄地镇是葡萄种植的"黄金"地带，更是我省著名的葡萄产区，农村经纪人张强于 2014 年 8 月收购 25 万千克巨峰葡萄和 15 万千克红提葡萄，准备销往南方。采收后，张强将其中一部分葡萄储存起来，部分直接销往南方。可在运输途中，由于道路出现了状况，致使运输时间过长且缺少冷藏设备导致部分葡萄腐烂，直接造成 1 万元的经济损失。祸不单行，原本想将储存起来的葡萄在新年上市卖个好价钱，可由于储存不当，也导致部分葡萄腐烂，直接造成 2 万元的经济损失。

【思考】

如果你是张强，经过此事后应如何对这批葡萄进行选择运输方案和储存方式呢？

一、学习准备

农业是国民经济的基础产业，农业和农村经济的健康发展事关国民经济全局。近年来，我国农业发展滞后，农民增收困难，究其原因有多种，但农产品流通不畅无疑是重要原因之一，集中表现为农产品流通效率低、成本高、损耗大，而农产品储运发展滞后又成为影响农产品流通的关键因素。2013 年，我国粮食连续十连增，再获丰收，粮食总量突破了 6 亿吨，肉类总产量 8 536 万吨，水产品产量 6 172 万吨，蔬菜总产量为 7.06 亿吨，水果总产量达 2 亿吨。但在农产品取得丰收后，由于处理不当，每年在运输、储藏、包装等环节造成的损失也是非常巨大的。根据农业部有关专家测算，我国粮食、水果、蔬菜的产后损失率分别为 7%～11%、15%～20% 和 20%～25%，远高于发达国家平均损失率，折算经济损失达 3 000 亿元以上，相当于 1 亿多亩耕地的投入和产出被浪费掉。而美国等发达国家的粮食产后损失率低于 3%，果蔬损失率为 1.7%～5%。那么如何对农产品的生产、采摘、分类、包装、加工、储藏、运输、到配送、销售等环节各环节进行有效的管理，以减少损失，特别是对农产品进行科学合理的运输和储存管理就显得十分重要了。

(一)知识准备

1.农产品运输

农产品流通是关乎人们生活质量和身体健康的“民生”大事,随着我国社会经济的发展和收入水平的提高,消费者对农产品的鲜活度和安全性的要求也在不断提高。农产品的运输源于农产品的生产、加工和销售,更是农产品营销必不可缺少的过程。

(1)农产品运输的含义与作用。农产品运输通是指用设备和工具,将农产品从一地点向另一地点运送的物流活动。其中包括集货、分配、搬运、中转、装入、卸下、分散等一系列操作。农产品与工业品不同,是有生命的动物性与植物性产品,容易腐烂变质,因此,与工业品运输相比,农产品运输的时效性更强,运输质量要求更高。

农产品运输在农产品流通中发挥着举足轻重的作用:一是农产品运输可以创造出商品的空间效用和时间效用。通过运输的这两种效用的发挥,才能够满足消费者消费农产品的需求,使整个农产品交易过程得以实现。二是农产品运输可以扩大农产品的市场范围。比如美国的苹果在国内超市就可以购买到。三是农产品运输可以促进农产品价格的稳定。由于各种农产品的地域不平衡性,会造成农产品供给的不平衡性。因此,农产品的价格可能会出现一定的波动。如果有一个顺畅的运输体系,就能保持供求的动态平衡和价格的相对稳定。四是农产品运输能够促进社会分工的发展。运输是农产品生产和销售之间不可缺少的联系纽带,有了它,才能真正实现生产和销售的分离,促进社会分工的发展。

(2)农产品运输原理。

①规模经济。规模经济是指随农产品装运规模的增长,使农产品单位重量的运输成本降低。例如整车(TL)的每单位成本低于零担运输(LTL)。运输规模经济的存在是因为与转移一批农产品有关的固定费用可以按整批货物的重量分摊。所以一批农产品越重就越能分摊费用。

②距离经济。距离经济指每单位距离的农产品运输成本随距离的增加而减少。如500千米的一次装运农产品成本一般要低于300千米二次装运。运输的距离经济也指递减原理,因为费率或费用随距离的增加而减少。运输工具装卸所发生的固定费用必须分摊到每单位距离的变动费用。距离越长每单位支付的费用越低。

(3)农产品物流运输方式。在农产品物流过程中,对运输方式和运输工具的选择,成为合理运输研究的重要内容。组织合理运输对提高物流系统的整体效益有重要的意义。农产品运输有五种基本方式,即铁路运输、公路运输、水路运输、航空运输和管道运输。另外,为了提高运输效果和效益,在五种基本运输方式的基础上,还形成了联合运输、散装运输、集装箱运输等具有特殊功能的运输方式。

①农产品公路运输。广义的农产品公路运输是指利用一定的载运工具(汽车、拖拉机、畜力车、人力车等)沿公路实现农产品空间位移的过程。狭义公路运输就是指农产品汽车运输。农产品公路运输一般主要担负中、短途的农产品运输,同时也是衔接其他运输方式的一种运输,其最大优点是空间和时间方面具有充分的自由性,投资少,机动灵活,农产品送达速度快,农产品无须换装就可直达指定地点,不受线路和停车站的约束,可以门到门运输、灵活性强。只要没有特别的障碍,汽车都可以到达。但其成本高、载运量小、耗能大、劳动生产率低等不利方面。公路运输的经济半径,一般在200千米以内。

公路运输的主要方式:长距离干线运输、近中距离"门到门"运输、配送运输、集配运输和联运。

公路运输工具主要是货运汽车,其主要有以下几种:

一是普通货车。普通货车按载重能力分为轻型、中型、重型三种;按货台构造分低货台、高货台两种;按有无车厢板分 平板车、标准档板车和高档板车三种。

二是厢式货车。厢式货车是有载货车厢的一类货车,由于本身有防雨和隔绝的功能,有的还具有冷藏功能,因而装车后无须再做苫盖等技术处理,且货物置于车厢中,能防散失、盗失,保鲜、安全性较好。但目前我国运用冷藏车进行农产品运输比例还很小。

②农产品铁路运输。铁路运输是我国国民经济的大动脉,是路地上长距离运输的主要方式。截至2014年底,全国铁路运营总里程已突破11万千米,其中高铁运营总里程超过1.5万千米。近几年以八纵八横铁路通道为路网主骨架得以重点建设(八纵为京哈、沿海、京沪、京广、京九、大湛、包柳、兰昆通道;八横为京兰·藏、煤运北、煤运南、陆桥、宁西、沿江、沪昆及西南出海通道)。

铁路运输的最大特点是适于长距离的大宗货物的集中运输,并且以集中整列为最佳,整车运输次之。其优点是运量大、速度快、可靠性高、风险小、连续性强、远距离运输费用低,以及一般不受气候因素的影响等。但是,由于铁路运输受线路、货站限制,不够灵活机动,不能实现"门到门"运输,通常要依靠其他运输方式配合,才能完成运输任务,除非托运人和收货人均有铁路专线;因铁路运输受运行时刻、配车、编列或中途编组等因素的影响,不能适应用户的紧急需要。同时,铁路运输需要铺设轨道、建造桥梁和隧道,建路工程艰巨复杂;需要消耗大量钢材、木材;占用土地,其初期投资大大超过其他运输方式。另外,近距离运输,其运输费用也较高。铁路运输经济里程一般在200千米以上。

铁路货物运输，按照货物的数量、性质、形状、运输条件可区分为整列运输、整车运输、集装箱运输、混装运输（零担货物运输）和行李货物运输及铁路的“大陆桥”运输等。另外还有营业性线路运输和专用线路运输等。

③农产品水路运输。农产品水路运输是利用船舶等水运工具，在江、河、湖、海及人工运河等水道运输农产品的一种运输方式。其是也我国农产品运输的一种重要方式。

水路运输的基础条件是从船、港、货、线四个方面反映出来的。其中：船舶是航运经营人从事运输服务的生产工具；港口是船货结合的集散地和衔接点；货物是运输服务的劳动对象；航线是船舶运行的活动场所。

水路运输又可分海运和内河运输，海运又有沿海和远洋运输两种。水路运输上有运载量大、运费低、耗能少、投资省，可不占或少占农田等优越性，但受自然条件限制，水路运输又有连续性差、速度慢，联运货物要中转换装等不利因素，延缓了货物的送到速度，也增加了货损、货差。水路运输适用于承担运量大、运距长的大宗货物。

④航空运输。航空运输又称为飞机运输，它是在具有航空线路和航空港（飞机场）的条件下，利用飞机运载工具进行农产品运输的一种运输方式。航空运输的运行速度最快，航线最直，但运费高、运量小、耗能大、受服务网点限制。同时，由于飞机运输对货物产生的振动和冲击力较小，因此货物只需要简单地打包即可运输，散包事故少。我国目前的航空运输线只能负担各大城市和国际交流，旅客运输、报刊邮件和急迫、鲜活贵重物资的运输。航空运输速度一般可达 800 左右千米/时，是陆上运输速度的 10 倍，海上运输速度的 20 倍左右。

(4)影响农产品运输质量的因素。农产品在运输过程中主要受运输环境的影响，运输环境是一个动态的储藏环境，除了温度、湿度、气体等环境条件外，还应考虑与运输有关的运输振动、产品包装、堆码和装卸等因素对产品品质的影响。

①运输振动。农产品在运输途中受到振动会引起农产品组织伤害，主要为机械损伤及导致生理失常两大类。

②温度。农产品运输可分为常温运输及冷藏运输两类。农产品的装箱、堆码方式以及外界气温，对农产品的常温运输影响较大；在冷藏运输中，预冷非常重要，尤其在长途运输中。一般而言苹果、桃、樱桃、梨，最适条件为 0℃；荔枝、柑橘、石榴，最适温度为 2～5℃；香蕉、杧果、黄瓜、青番茄，最适温度为 10～18℃；冷却肉类商品厢体内温度应保持 0～5℃；冷藏蛋（蛋液）厢体内温度应保持 0～5℃；新鲜水产品应装鱼箱，箱内放置碎冰或保温鱼箱运输，保持鱼体温度 0～5℃；活的禽畜类，活的家畜、家禽视品种、运输距离不同而异，厢体内温度在 1～24℃，运输途中

需要适当的通风；液体奶类（饮料），装车前将厢体内温度预冷到15℃，方可装货；运输途中，产品温度不高于10℃；洋葱、大蒜等适于常温运输。当然，最适运输温度的确定，还应考虑运输时间和产品种类。

③湿度。在低温运输条件下，由于车厢密封和产品密集堆积，运输环境的湿度可较快达到RH95%～100%，且在运输期间一直保持这个状态。

一般而言，由于运输时间相对较短，湿度较高不至于影响果蔬的品质和腐烂率。

④气体成分。在常温运输中，由于车厢相对敞开，环境中的气体成分变化不大。在低温运输中，车厢处于密闭状态，运输环境中有CO_2积累。但由于运输时间不长，CO_2积累到伤害浓度的可能性不大。由于运输的时间相对短暂，气调运输的效果不甚显著。仅有香蕉、草莓等极少数产品显现出明显的保鲜效果。注意：干冰可创造低温环境，但应注意勿使包装箱内CO_2浓度明显增高，避免造成CO_2中毒。

⑤包装。包装主要是提高和保持果蔬产品的商品价值，方便运输与储藏，减少流通过程的损耗，有利于销售。在果蔬产品运输过程中，包装的好坏直接影响运输的质量。包装必须具有一定的抗压强度，并可为产品提供适宜的环境条件。目前果蔬包装主要以纸箱和塑料箱为主。纸箱由于产品的蒸腾作用，处在高湿环境中易吸水而使抗压强度降低。因此，一般应使用隔水纸箱。为保护产品免受损伤，包装箱内应有衬垫、填充物或对产品进行包裹。

⑥装卸。装卸是果蔬产品流通中必不可少的重要环节。新鲜果蔬产品鲜嫩，含水量高，若装卸搬运中操作粗放、野蛮，就会造成机械损伤，加重腐烂。

一些大型公司、车站、码头已实现搬运装卸机械化，尤其是外销口岸普遍采用了传送带、叉车、起重吊车等设备，但短途搬运装卸和货物交接仍依靠手工人力。为了使装卸设备与国际贸易的各种运输工具接轨，必须采用标准货件制，以便使用通用的装卸运输工具，做到省工省时，减少损失。目前世界各国正逐步推行集装箱和托盘装卸。

⑦堆码。农产品的装车码垛方法正确与否，与农产品的运输质量十分相关。装车首先必须从保证产品质量的角度来考虑，在此基础上尽量兼顾车辆载重量和容积的充分利用。在冷藏运输时，必须使车内温度保持均匀，并使每件货物都可以接触到冷空气，以利于热交换的进行，防止货堆中心积热而四周又可能产生冷害、冻害的现象。产品装车堆码时每件产品不应直接接触车底板和车壁板，在货件与车底板和车壁板之间必须留有间隙。

(5)农产品运输基本要求。根据农产品的生物学特性，应尽量满足农产品在运输过程中所需要的条件，才能确保运输质量。

①农产品质量应符合运输标准,成熟度和包装应符合规定,并且产品新鲜、清洁且未受损伤;

②快装快运,尽可能缩短运输和送货时间:运输的最终目的地是销售市场、储藏库、包装厂以及加工厂。一般而言,运输过程中的环境条件较难控制,很难满足农产品保鲜的要求,特别是气候的变化和道路的颠簸,极易对农产品质量造成不良影响。因此,运输中的各个环节一定要快,使农产品迅速到达目的地。

③轻装轻卸。农产品装卸应避免撞击、挤压和跌落等,特别是鲜活农产品因粗放装卸极易受伤而导致腐烂。

④农产品运输时堆码应安全稳当,码垛不可过高,防止运输中移动或倾倒。垛间应留有适当空隙,以利通风。

⑤敞篷车船运输,农产品堆上应覆盖防水布、芦席或棉被,以防日晒雨淋或产品受冻。

⑥车船装载农产品之前应认真清扫,彻底消毒,确保卫生。

⑦不同种类的农产品最好不要混装。

⑧防热防冻:由于农产品在运输途中会受到温度变化的影响,温度过高,会加速农产品的衰老和品质劣变;温度过低,容易造成冷害或冻害。另外,温度波动也会影响产品的质量。一般而言,若运输距离在一天之内,可不配置制冷设备;对于长距离运输,最好用保温车船。采用保温车船运输果蔬产品,装载前应进行预冷。

(6)农产品运输合理化。农产品运输合理化指以最快的速度,走最短的里程,经历最少的费用,及时安全地把农产品运送到目的地的运输。

由于运输是物流中最重要的功能要素之一,物流合理化在很大程度上依赖于运输合理化。农产品运输合理化是指按照农产品流通规律、交通运输条件、货物合理流向、市场供需情况,走最少的路程、经最少的环节、用最少的运力、花最少的费用,以最短的时间把货物从生产地运到消费地。也就是用最少的劳动消耗,运输更多的货物,取得最佳的经济效益。

农产品运输合理化的标志主要有:运输距离最短、运输环节最少、运输时间最省、运输费用最低和运输质量最高。

影响农产品运输合理化的因素主要有:运输距离、运输环节、运输工具、运输时间和运输费用。

农产品不合理运输是在现有条件下可以达到的运输水平而未达到,从而造成了运力浪费、农产品质量发生变化、运输时间增加、运费超支等问题的运输形式。目前我国存在的不合理运输形式主要有以下几种:一是返程或起程空驶。空车无货载行驶,可以说是不合理运输最严重的形式。在实际运输组织中,有时候必须调运空车，从管理上不能将其看成不合理运输。但是，因调运不当，货源计划不周，不采用运输社会化而形成的空驶，是不合理运输的表现。二是对流运输。指同一种货物，或彼此间可以互相代用而又不影响管理、技术及效益的货物，在同一线路上或平行线路上作相对方向的运送，而与对方运程的全部或一部分发生重叠交错的运输称对流运输。三是迂回运输。其是舍近取远的一种运输。可以选取短距离进行运输而不办，却选择路程较长路线进行运输的一种不合理形式。迂回运输有一定复杂性，不能简单处之，只有当计划不周、地理不熟、组织不当而发生的迂回，才属于不合理运输，如果最短距离有交通阻塞、道路情况不好或有对噪声、排气等特殊限制而不能使用时发生的迂回，不能称不合理运输。四是重复运输。其有两种形式：一种是本来可以直接将货物运到目的地，但是在未达目的地之处，或目的地之外的其他场所将货卸下，再重复装运送达目的地；另一种是同品种货物在同一地点一面运进，同时又向外运出。五是倒流运输。是指货物从销地或中转地向产地或起运地回流的一种运输现象。六是过远运输。过远运输是指调运物资舍近求远，近处有资源不调而从远处调，这就造成可采取近程运输而未采取，拉长了货物运距的浪费现象。七是运力选择不当。运力选择不当是由于未选择各种运输工具优势而不正确地利用运输工具造成的不合理现象，常见有以下表现形式：弃水走陆；铁路、大型船舶的过近运输；运输工具承载能力选择不当。八是托运方式选择不当。指对于货主而言，在可以选择最好托运方式而未选择，造成运力浪费及费用支出加大的一种不合理运输。

农产品运输合理化措施：

①合理选择农产品运输方式、运输路线和运输工具。运输方式是指交通运输的性质(海、陆、空)，运输路线是指交通运输的地理途径，运输工具是指运输承载物。运输方式是运输路线和运输工具的表现形式，运输路线和运输工具是运输方式的载体。三者是不能孤立存在的，是影响农产品运输的 3 个密切相关的因素。

合理选择农产品运输方式、运输路线和运输工具，就是在组织农产品运输时，按照农产品运输的特点、要求及合理化原则，对所采用的运输路线和运输工具，就其运输的时间、里程、环节、费用等方面进行综合对比计算，消除增大运输时间、里程、环节、费用等各种不合理因素和现象，选择最经济、最合理的运输方式、运输路线和运输工具。

选择运输方式的判断标准主要包括如下的因素：货物的性质，运输时间，交货时间的适应性，运输成本，批量的适应性，运输的机动性和便利性，运输的安全性与准确性等。现阶段，我国交通运输的主要方式有铁路运输、公路运输、水路运输、航空运输、管道运输等，与这些运输方式相适应的运输工具是火车、汽车、轮船、飞机和管道。农产品运输除了现代化交通运输方式及其运输工具外。还大量使用一些民间运输工具,如拖拉机、帆船、驳船、畜力车、牲畜等。这些运输方式和运输工具各有特点,各自适应一定的自然地理条件或自然属性和产销状况不同的农产品的运输需要。只有区别情况,因地制宜,才能合理选择。对于大宗农产品远程运输,适宜选择火车。因为火车具有运量大、运费低、运行快、比较安全、准确性和连续性较高等特点。对于短途农产品运输,适宜选择汽车。因为汽车运输具有装卸便利、机动灵活、可直达仓库,对自然地理条件和性质不同的农产品适应性强等特点。对于鲜活农产品,可根据鲜活性、成熟度,选择具有相应保养条件的运输快的运输工具和运输方式。大宗耐储运农产品运输,适宜轮船。因为轮船运输运量大、运费低,但速度慢一些。那些特殊性急需的农产品运输,可利用飞机,因为飞机速度快。但由于运费太高,一般情况下不宜采用。液体农产品的特殊运输,可利用管道。管道运输虽然一次性投资大,但具有长期受益,综合效益高,自动化程度高,安全可靠,运输损耗少,免受污染等优点。

民间运输工具是我国农产品运输不可忽视的重要力量。民间的各种运输工具数量多、分布广、使用灵活方便,在某些情况下,是其他现代化运输工具所代替不了的。所以,在广大农村,特别是交通不便的边远地区,民间运输工具是不可缺少的,尤其适宜零星分散的小宗农产品的短途运输。

②采用直达、直线、直拨运输。直达运输是指将农产品从产地或供应地,直接运送到消费地区、销售单位或主要用户,中间不经过其他经营环节和转换运输工具的一种运输方式。采用这种运输方式运送农产品,能大大缩短商品待运和在途时间,减少在途损耗,节约运输费用。农产品尤其是易腐易损农产品的运输,应尽可能采用直达运输方式。有些农产品如粮食、棉花、麻、皮、烟叶等,虽然耐储运,但由于供销关系比较固定,而且一般购销数量多、运量大、品种单一,采用直达运输方式也很适宜。在组织农产品直达运输中,应当和"四就直拨"(就地、就厂、就站、就库直接调拨)的发运形式结合起来,灵活运用,其经济效益会更好。

直线运输是指在农产品运输过程中,从起运地至到达地有两条以上的运输路线时,应选择里程最短、运费最少的运输路线,以避免或减少迂回、绕道等不合理运输现象。直线运输和直达运输的主要区别在于:直线运输解决的主要是缩短运输里程问题,直达运输解决的主要是减少运输中间环节问题。在实际工作中,把二者结合在一起考虑,会收到双重效果。所以,通常合称直达直线运输。

直拨运输是指调出农产品直接在产地组织分拨各地,调进农产品直接在调进地组织分拨调运。直拨运输一般适用于品种规格比较简单、挑选不大的大宗农产品运输。

③中转运输。通常是指农产品集散地的批发机构，将农产品集中收购起来，然后再分运出去。中转运输也是组织农产品运输的一种必要方式，有许多功能：可以把分散收购的农产品集中起来，再根据市场需要转运各地，有利于农产品经营单位按计划组织调拨；可以根据农产品的收购、储存情况和市场需求的缓急程度，正确编制运输计划，提高农产品运输的计划性；便于选择合理的运输方式、运输路线和运输工具，开展直达、直线、直拨运输，使农产品运输更加合理化。

④大力开展联运。联运是指运用两种以上的运输工具的换装衔接，联合完成农产品从发运地到收货地的运输全过程。联运的最大特点是，农产品经营部门只办理一次手续即可完成全过程的托运。现阶段我国的联运主要是水陆、水水（江、河、湖、海）、陆陆（铁路、公路）联运和航空、铁路、公路三联运。

开展农产品联运，既适应我国交通运输的客观条件和运输能力，也综合农产品产销遍布全国、点多面广的特点。只要联运衔接合理，就可缩短待运时间，加速运输过程。

组织联运是一项复杂工作。在组织农产品联运时，购销双方要和交通运输部门密切配合，加强协作，提高联运的计划性、合理性。要通过签订联运合同，落实保证联运顺利进行的措施和责任，以提高联运效果。

⑤大力发展集装箱运输。集装箱是交通运输部门根据其运输工具的特点和要求，特制的装载商品的货箱。我国铁路运输集装箱有1～30吨的几种不同规格。选用时，要根据农产品的重量和用以装载的车型来确定，以求装满载足，减少亏吨。

集装箱运输过程机械化、自动化操作程度高，是现代高效运输形式。采用集装箱运输，有利于保证商品安全，简化节约包装，节约装载、搬运费，加快运输速度，便于开展直运和联运。集装箱运输适应农产品易腐易变的特点和运输要求，应大力发展这种运输方式。

⑥提高运输工具的使用效率和装载技术。运输工具的使用效率，是指实际装运重量与标记载重的比率。提高运输工具使用效率的要求是，既要装足吨位，又要装满容积。这就要求必须提高装载技术。

提高运输工具使用效率和装载技术可以挖掘运输工具潜力，运送更多的商品。降低运输成本，节约运费开支。

⑦推广“冷藏链”运输。“冷藏链”运输是指对鲜活农产品从始发地运送到接受地，每一环节的转运或换装都保持在规定的低温条件下进行。比如鲜鱼的运输，就应用冷藏船运到冷藏汽车，再运到冷藏火车，下站后再用冷藏汽车运到冷库。

“冷藏链”运输能抑制微生物繁殖和菌的活动，防止农产品腐变和减少在途损耗。如长距离运输蔬菜，采用一般运输，损耗率大于20%，有的高达50%，而采用

"冷藏链"运输，损耗率可控制在3%～5%。同时，还能延长其储存期，有利于调节其市场供求。可见，"冷藏链"运输对于保证农产品质量，减少农产品运输损耗，改进农产品经营很有好处，应该积极推广。特别是对易腐变的鲜活农产品运输，更应该创造条件采用。

⑧控制农产品运输成本。农产品运输成本是运输农产品过程中耗费的原材料、燃料、动力、固定资产等生产资料的价值和支付劳动者的劳动报酬及管理费用的货币表现。

影响运输成本的因素主要有以下几个：一是输送距离。它是影响运输成本的主要因素，因为它直接对劳动、燃料和维修保养等变动成本发生作用。二是载货量。载货量之所以会影响运输成本，是因为与其他许多物流活动一样，大多数运输活动中存在着规模经济。一般而言，每单位重量的运输成本随载货量的增加而减少。三是货物的疏密度。把重量和空间方面的因素结合起来考虑。一般而言，每单位重量的运输成本随货物的疏密度的增加而下降的关系。四是装载能力。这一因素是指产品的具体尺寸及其对运输工具（铁路车、拖车或集装箱）的空间利用程度的影响。由于有些产品具有古怪的尺寸形状，以及超重或超长等特征，通常不能很好地进行装载，并因此浪费运输工具的空间。五是装卸搬运。卡车、铁路车或船舶等的运输可能需要特别的装卸搬运设备。此外，产品在运输和储存时实际所采用成组方式（例如，用带子捆起来、装箱或装在托盘上等）也会影响到搬运成本。六是货物的易损性。七是运输供需因素。

农产品运输成本的控制主要从以下环节入手：一是减少运输环节，节约成本；二是合理选择运输工具；三是运用线性规划、非线性规划技术制定最优化运输计划，实现运输优化；四是注意运输方式；五是提高货物装载量，但不能超载。

另外，还要签订好农产品运输合同，明确托运人、承运人和收货人的权利与义务；同时做好农产品运输保险工作。

2. 农产品储藏

农产品采收后，在产品处理、运输、储藏过程中，继续进行着各种生理活动，成为一个利用自身已有储藏物质进行生命活动的独立个体。产品在储藏过程中进行一系列复杂的生理生化变化，其中最主要的有呼吸作用、蒸腾生理、成熟衰老生理、休眠生理等，这些生理活动影响着产品的耐贮性和抗病性，必须进行有效的调控，以最大限度地延长产品的成熟和衰老。农产品储藏的任务在于延缓衰老等进程，保持产品的鲜活品质。

(1)农产品储藏的概念与作用。农产品储藏是指根据农产品的生理特性，在特定场所采取物理和化学方法，抑制农产品的生命活动，降低其新陈代谢的水平，减少其病害损失，进行有效储存，并对农产品的数量、质量进行管理控制的活动。目的是达到延长供应期、保鲜增值。

农产品经过科学的储藏，可延长供应时间，调整产品的淡旺季，调节地区余缺，实现周年供应，满足人们对农产品结构调整的需要，提高营养水平。

(2)农产品储藏技术。

①常温储藏：是指利用自然温度变化和简易的场所来维持一定的储藏温度进行保藏的方法。

主要特点：储藏场所因地制宜，结构简单，建造容易，费用低廉；不能人为控制温度，只能尽量利用自然温度的变化来调节储藏环境内的温度，因而效果和使用上均受限制；形式多样，规格不一。

常温储藏形式主要有：

一是堆藏。这是指将农产品直接堆放在田间、空地或浅坑中，根据气温的变化，用土壤，草帘，秸秆等隔热材料分层加盖、维持适当的温度，以达到防冻、防热、防晒目的的一种储藏方法。

尺寸不定，一般宽 1.5～2 米，高 0.5～2 米，长度不限。

二是沟藏。这是将农产品堆放在沟或坑内，达到一定的厚度，面上一般只用土覆盖。沟藏的保温保湿性能比堆藏好，广泛运用于我国北方地区，多用来储藏根菜。沟藏要求：a. 场地——高燥、土质黏重、排水良好、地下水位低。b. 规格——北方以南北向开沟，河南省及山东省以东西向开沟为宜。c. 屏障——在沟的北面设风障(秸秆)。d. 覆盖——秸秆上覆盖适宜厚度的土层。

三是窖藏。这是在埋藏基础上发展起来的一种储藏农产品的方式。基于气候，地理条件的差别，窖的形式工样，有一定代表性的是棚窖、井窖和窑窖。棚窖是从地面竖直向下打坑；窑窖则沿山体按水平方向开凿；井窖则是先打井，达一定深度后再按水平方向向四周开挖成窖。

四是通风储藏。这是利用通风储藏库来保藏农产品的一种储藏方法。通风储藏库设置了隔热层和通风系统，可以利用气温的变化，根据库内农产品的需要，以通风换气的方式，获得相对适宜和稳定的温度，且操作方便，能大大提高降温效果。

②机械冷藏。这是指利用制冷机组和保温隔热性能良好的库房，保持恒定的低温来进行储藏。常规的机械冷藏温度可在零上十几度到零下 35℃间变动，包含了冷却储藏与冷冻储藏。但果蔬与粮油籽粒多不能进行冷冻储藏。

机械冷库的特点：有良好隔热性能的库房建筑结构；有一套制冷机组，可认为设定恒定的温度；造价高、耗能、为永久性建筑结构；保鲜效果好，通风性强，周年利用率高。

③气调储藏。又称CA储藏，其是指在机械冷藏的基础上，改变储藏环境中气体成分的储藏方法。一般指在特定气体环境中的冷藏法。

其原理是通常采用降低氧气浓度和提高二氧化碳浓度，来抑制所储藏果蔬的呼吸强度，减少果蔬体内物质消耗，从而达到延缓果蔬衰老，延长储藏期，使其更持久的保持新鲜和可食状态。CA储藏为国际上最有效最先进的果蔬保鲜方法。

④干燥储藏。其原理是收获后的粮粒、豆粒含有较多的水分，且正处高温季节，代谢旺盛，呼吸强度高，发热量大；粮粒颗粒很小，比表面巨大，创造了微生物的大量生长繁殖良好的条件，而微生物的产热反过来又进一步促进了粮温上升，这种恶性循环致使粮食发热霉变。在高温、潮湿的环境中，发热霉变更为迅速，严重、造成贮粮的巨大损失。粮食收获后，创造适合的条件，及时采用有效措施排除粮粒中过多的水分，并使其完成正常的后熟过程，积累大分子养分，完善组织结构，改善表皮透性，达到生理稳定，以干燥的状态进入储藏。储藏期中，调节环境温度、湿度、使粮粒含水量被有效地控制在安全水分范围内，尽可能减轻陈化变质，防止粮食霉烂，达到安全储藏的目的，这就是粮食的干燥储藏。

⑤药物处理保藏。多种化学物质可以对农产品本身的生理机制产生影响或通过改变环境条件而间接地影响到产品，在对此进行了大量研究和实践的基础上，逐渐形成了一种农产品的保藏方法，即所谓"化学保藏"。

这类药物的种类很多，可以从药物作用的角度将其粗分为两大类。一类在生理上可直接或间接地对农产品的代谢过程产生影响，使用后起到调节成熟衰老，延缓品质劣变的作用，其主要包括植物生长调节物质，乙烯合成抑制剂和乙烯清除剂，降氧剂，被膜剂等四类；另一类则具有一定的抑菌或杀菌作用，使用后可在一定时期内防止农产品的腐败，其主要包括新型无机杀菌剂、苯并咪唑类杀菌剂、新型有机杀菌剂、生物防腐剂、植物(中草药)提取物和常规的防腐剂。

(二)资料准备

(1)利用现有的图书馆或资料室以及报纸杂志，查找有关农产品运输业务的信息资料。

(2)利用现有的电脑、网站、Wifi等网络环境条件，查找有关农产品运输概念、要求、特征等方面的信息资料。

(3)通过网络，查找如何进行农产品的合理运输。

(4)教师准备的资料单 关于农产品运输概念与要求、农产品运输方式、运输路线和运输工具等相关文章。

二、项目设计与实施

(一)项目设计

见图 3-6。

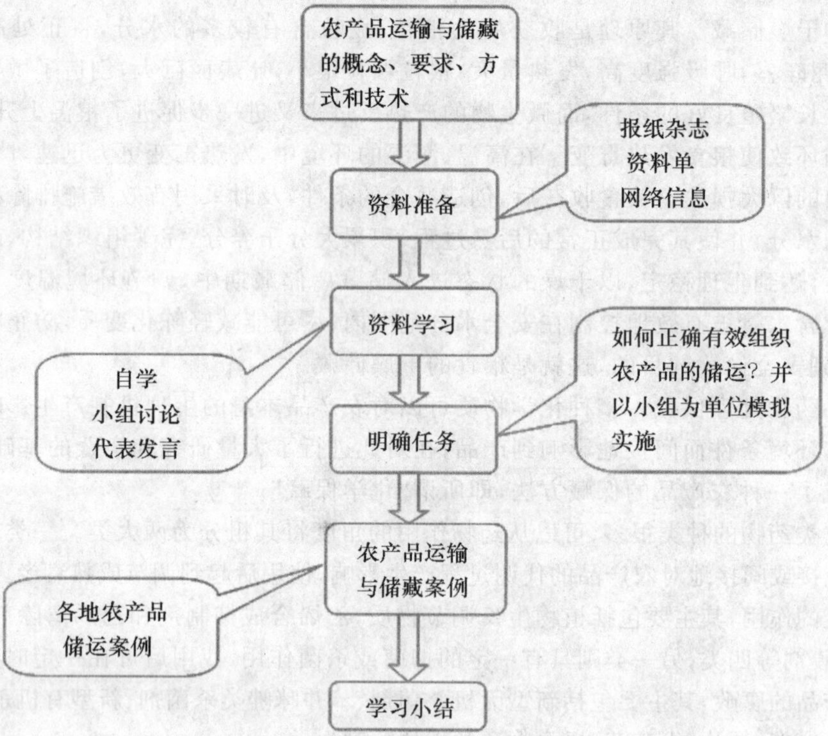

图 3-6 农产品运输与储藏项目设计

(二)项目实施

(1)安排学生课前预习农产品运输与储藏的概念、要求、方式、技术和农产品运输合理化以及实施。

(2)在教师的指导下,通过多种信息渠道查询资料。关键词有:农产品运输与储藏的概念、要求、方式、技术和农产品运输合理化以及实施等。

(3)汇总查找的相关资料。

(4)每人写一份学习收获。

(5)以小组为单位,模拟组织进行一次有效的农产品贮运,并用集体的智慧完成一份较好的学习收获体会。

(6)每组选一个代表，在全班讲解小组的学习路径、学习收获，组员补充收获的内容。

(7)教师组织发动全班同学讨论、评价各小组的学习情况，达到全班同学共享学习资源和收获体会，巩固所学的知识内容。

三、学习拓展

【关于进一步完善和落实鲜活农产品运输绿色通道政策的通知】

各省、自治区、直辖市、新疆生产建设兵团交通运输厅(局、委)、发展改革委、物价局，天津市市政公路管理局：

为贯彻落实《中共中央国务院关于2009年促进农业稳定发展农民持续增收的若干意见》(中发〔2009〕1号)确定的“长期实行并逐步完善鲜活农产品运销绿色通道政策，推进在全国范围内免收整车合法装载鲜活农产品车辆的通行费”政策，为农村改革发展创造良好的政策环境，经研究，现就鲜活农产品运输“绿色通道”政策有关问题通知如下：

一、进一步优化和完善鲜活农产品运输“绿色通道”网络

对《全国高效率鲜活农产品流通“绿色通道”建设实施方案》(交公路发〔2005〕20号)中确定的国家“五纵二横”鲜活农产品运输“绿色通道”，各地要坚决落实各项相关政策，免收整车合法装载运输鲜活农产品车辆的车辆通行费。同时，各省、自治区、直辖市要按照中央一号文件精神，结合本地实际，加快构建区域性“绿色通道”，建立由国家和区域性“绿色通道”共同组成的、覆盖全国的鲜活农产品运输“绿色通道”网络，并在全国范围内对整车合法装载运输鲜活农产品的车辆免收车辆通行费。

二、明确界定“绿色通道”政策中鲜活农产品的范围

按照交公路发〔2005〕20号文件的有关规定，享受“绿色通道”政策的鲜活农产品是指新鲜蔬菜、水果，鲜活水产品，活的畜禽，新鲜的肉、蛋、奶。为统一政策、便于操作，交通运输部、国家发展改革委经商有关部门，对鲜活农产品具体品种进行了进一步界定，制定了《鲜活农产品品种目录》(附后)。各地应严格按照《鲜活农产品品种目录》，落实“绿色通道”车辆通行费减免政策。

畜禽、水产品、瓜果、蔬菜、肉、蛋、奶等的深加工产品，以及花、草、苗木、粮食等不属于鲜活农产品范围，不适用“绿色通道”运输政策。

三、落实配套措施，强化监管手段

(一)整车装载的含义。整车装载，是指享受“绿色通道”政策的车辆，装载鲜活农产品应占车辆核定载质量或车厢容积的80%以上，且没有与非鲜活农产品混装等行为。未达到上述装载标准,或与其他货物混装的运输车辆,不享受"绿色通道"政策。

(二)规范操作程序,提高通行效率。各地交通运输主管部门要加强收费人员特别是新增"绿色通道"收费站人员的培训,进一步提高一线收费人员对"绿色通道"政策的认知和执行能力。要积极探索研究快速鉴别鲜活农产品运输车辆的方法,充分利用高科技手段,或者综合利用配货单以及农业等有关部门出具的农产品检验检疫证作为鲜活农产品运输车辆的辅助查验手段,尽量缩短鲜活农产品运输车辆查验和通过收费站的时间。

(三)规范路面执法管理,保障鲜活农产品运输车辆的通行安全。路面执法人员在执法中,对鲜活农产品运输车辆轻微违法的,应以教育为主;对严重违法的,要严格依法处罚,努力为鲜活农产品运输创造安全畅通的道路交通环境。

(四)严厉打击假冒鲜活农产品、超限超载运输鲜活农产品等违法行为。对假冒、违法超限超载运输鲜活农产品的车辆,以及有其他违法行为、拒绝通过指定车道或拒不接受查验的鲜活农产品运输车辆,可不给予"绿色通道"免收车辆通行费的优惠政策;对有故意堵塞收费道口等扰乱收费秩序行为的车辆,应按照《收费公路管理条例》等有关规定依法予以处罚。

(五)对经营性收费公路企业的影响进行研究。各地交通运输、价格等部门要对"绿色通道"政策调整对收费公路带来的影响进行认真研究和评估。对于影响较大的经营性收费公路企业,视情给予补偿。新批收费公路项目时,要充分考虑鲜活农产品运输车辆的影响,合理确定其交通流量。

四、做好相关服务工作

(一)加强养护管理,保证道路畅通。各地交通运输主管部门和公路管理机构要切实加强公路日常养护管理,及时修复路面病害,做到路况良好、路容整齐、标志明显、绿化美化、安全畅通。要着力提高公路出行信息服务水平和应急保障能力,保障公路畅通,减少交通延误,提高鲜活农产品运输效率。

(二)规范标志设置,方便驾驶人员识认。为确保鲜活农产品运输车辆能够方便快捷地通过收费站,各收费站点应尽可能开辟"绿色通道"专用道口,并按照《关于规范鲜活农产品流通"绿色通道"标识设置工作的通知》(交公路发〔2007〕24号)的有关要求,在专用道口上方设置统一的"绿色通道"专用道口指路标志,引导鲜活农产品运输车辆迅速通过专用收费道口;同时,在收费站公示牌旁以及通道沿线的醒目位置,设置政策公示牌,向驾驶人员公布"绿色通道"的有关政策规定及监督电话。

(三)广泛开展宣传,营造良好氛围。各地要通过电视、电台、网络、报纸、杂志,以及发放宣传资料、设置公告牌等多种方式进行广泛宣传,力争使"绿色通道"政策的基本内容家喻户晓、深入人心；要深入鲜活农产品生产基地、批发市场、货运集散地，加强对货主单位、承运单位和人员进行政策法规方面的宣传和教育，进一步增强从业人员依法装载、合法运营的意识，为“绿色通道”政策的实施营造良好的社会氛围。

以上，自2010年1月1日起实行。

附件：鲜活农产品品种目录

中华人民共和国交通运输部（章）

中华人民共和国国家发展和改革委员会（章）

二〇〇九年十二月二十二日

附件：鲜活农产品品种目录（表3-13）

表3-13　鲜活农产品品种目录

类别		常见品种示例
新鲜蔬菜	白菜类	大白菜、普通白菜（油菜、小青菜）、菜薹
	甘蓝类	菜花、芥蓝、西兰花、结球甘蓝
	根菜类	萝卜、胡萝卜、芜菁
	绿叶菜类	芹菜、菠菜、莴笋、生菜、空心菜、香菜、茼蒿、茴香、苋菜、木耳菜
	葱蒜类	洋葱、大葱、香葱、蒜苗、蒜薹、韭菜、大蒜、生姜
	茄果类	茄子、青椒、辣椒、西红柿
	豆类	扁豆、荚豆、豇豆、豌豆、四季豆、毛豆、蚕豆、豆芽、豌豆苗、四棱豆
	瓜类	黄瓜、丝瓜、冬瓜、西葫芦、苦瓜、南瓜、佛手瓜、蛇瓜、节瓜、瓠瓜
	水生蔬菜	莲藕、荸荠、水芹、茭白
	新鲜食用菌	平菇、原菇、金针菇、滑菇、蘑菇、木耳（不含干木耳）
	多年生和杂类蔬菜	竹笋、芦笋、金针菜（黄花菜）、香椿
新鲜水果	仁果类	苹果、梨、海棠、山楂
	核果类	桃、李、杏、杨梅、樱桃
	浆果类	葡萄、提子、草莓、猕猴桃、石榴、桑葚
	柑橘类	橙、橘、柑、柚、柠檬

续表 3-13

<table>
<tr><th colspan="2">类 别</th><th>常见品种示例</th></tr>
<tr><td rowspan="3">新鲜水果</td><td>热带及亚热带水果</td><td>香蕉、菠萝、龙眼、荔枝、橄榄、枇杷、椰子、杧果、杨桃、木瓜、火龙果、番石榴、莲雾</td></tr>
<tr><td>什果类</td><td>枣、柿子、无花果</td></tr>
<tr><td>瓜果类</td><td>西瓜、甜瓜、哈密瓜、香瓜、伊丽莎白瓜、华莱士瓜</td></tr>
<tr><td rowspan="2">鲜活水产品(仅指活的、新鲜的)</td><td></td><td>鱼类、虾类、贝类、蟹类</td></tr>
<tr><td>其他水产品</td><td>海带、紫菜、海蜇、海参</td></tr>
<tr><td rowspan="3">活的畜禽</td><td>家畜</td><td>猪、牛、羊、马、驴(骡)</td></tr>
<tr><td>家禽</td><td>鸡、鸭、鹅、家兔、食用蛙类</td></tr>
<tr><td>其他</td><td>蜜蜂(转地放蜂)</td></tr>
<tr><td>新鲜的肉、蛋、奶</td><td></td><td>新鲜的鸡蛋、鸭蛋、鹅蛋、鹌鹑蛋、新鲜的家畜肉和家禽肉、新鲜奶</td></tr>
<tr><td>备 注</td><td colspan="2">交公路发〔2010〕715 号文件将马铃薯、甘薯(红薯、白薯、山药、芋头)、鲜玉米、鲜花生列入该目录</td></tr>
</table>

任务四 掌握农村经纪人成本核算与支付结算

【任务导入案例】

2012 年 10 月,山东王海是当地有名的农村经纪人,他头脑灵活,了解市场,信息灵,交往能力强。在他刚刚从事经纪工作时,他认为只要有较为丰富的农业生产领域的经验,了解市场,能完成客户的委托就可以了,其实这是远远不够的。有次在经纪完成的一笔大生意——300 吨大菜销往韩国后,由于忽视了成本核算和支付结算环节,费用没有完全收回来,幸好及时采取了补救措施,才没有损失太多。

【思考】

如果你是农村经纪人,应如何进行农产品成本核算与支付结算呢?

一、学习准备

农村经纪人在从事具体的经纪业务过程中，必然要面对一定的财务知识，如收购农产品时，必然涉及价格，那么价格是如何形成的呢？了解农产品成本核算有利于理解价格的形成。收购完农产品，要支付货款，怎样进行货款结算呢？作为农村经纪人，必须学习一点必要的财务知识，以便于得心应手的工作。

(一)知识准备

1. 农产品成本核算

农产品成本核算是指农业生产经营实体在一定时期内发生的、用货币表现的生产耗费，并按它们的用途进行汇集、分配，计算出不同产品的总成本和单位成本的过程。

农产品成本核算是农村经纪人成本管理工作的重要组成部分，农产品成本核算的正确与否，直接影响农村经纪人的成本预测、计划、分析、考核和改进等控制工作，同时也对农村经纪人的成本决策和经营决策的正确与否产生重大影响。成本核算过程是对农村经纪人经纪过程中各种耗费如实反映的过程，也是为更好地实施成本管理进行成本信息反馈的过程，因此，成本核算对农村经纪人成本计划的实施、成本水平的控制和目标成本的实现起着至关重要的作用。

(1)农产品成本核算主要原则。

①合法性原则。指计入农村经纪人经纪活动成本的费用都必须符合法律、法令、制度等的规定。不合规定的费用不能计入成本。

②可靠性原则。包括真实性和可核实性。真实性就是农村经纪人所提供的成本信息与客观的经济事项相一致，不应掺假，或人为地提高、降低成本。可核实性指成本核算资料按一定的原则由不同的会计人员加以核算，都能得到相同的结果。真实性和可核实性是为了保证成本核算信息的正确可靠。

③相关性原则。包括成本信息的有用性和及时性。有用性是指成本核算要为农村经纪人提供有用的信息，为成本管理、预测、决策服务。及时性是强调信息取得的时间性。

④分期核算原则。农村经纪人为了取得一定期间经纪农产品的成本，必须将其经纪活动按一定阶段(如月、季、年)划分为各个时期，分别计算各期产品的成本。

⑤权责发生制原则。应由本期成本负担的费用，不论是否已经支付，都要计入本期成本；不应由本期成本负担的费用(即已计入以前各期的成本，或应由以后各期成本负担的费用)，虽然在本期支付，也不应归入本期成本，以便正确提供各项的成本信息。

⑥实际成本计价原则。农村经纪人经纪过程中所耗用的原材料、燃料、动力要按实际耗用数量的实际单位成本计算、完工产品成本的计算要按实际发生的成本计算。

⑦一致性原则。农村经纪人成本核算所采用的方法，前后各期必须一致，以使各期的成本资料有统一的口径，前后连贯，互相可比。

(2)农产品成本费用项目。

①农产品生产成本费用项目。要正确核算农产品的成本，就应该明确农产品的成本是由哪些费用项目构成的。不同的农产品其成本费用的项目构成是不同的，但都包括以下内容。如表 3-14 所示。

其中：直接费用是指生产农产品和提供劳务过程中所发生的直接材料耗费、直接人工工资和其他直接费用。间接费用是指应由产品生产成本负担的、不能直接计入各产品成本的有关费用，主要包括经营实体各生产单位为组织和管理生产而发生的各项间接费用。间接费用应当按一定的程序和方法进行分配，计入相关产品的生产成本。期间费用是指农业生产经营实体当期发生的必须从当期收入得到补偿的费用。正是由于它仅与当期实现的收入相关，必须计入当期损益，所以称其为期间费用。期间费用主要包括管理费用、财务费用和销售费用。

表 3-14　农产品成本费用项目构成

生产成本	直接费用	直接材料：消耗的各种生产资料，如农药、种子、种苗、饲料等 直接人工：生产工人工资、奖金、津贴、福利等 其他直接费用：水电费、排灌费用等
	间接费用	房屋、设备折旧费、租赁费、修理费、包装物、低值易耗品摊销等 间接人工费：辅助生产人员的工资、福利、补贴等 生产中的保险费、设计制图费、试验检验费等 其他间接费用
期间费用		管理费用：办公费、差旅费、房屋折旧费、租赁费、管理人员工资、奖金、福利等 财务费用：生产经营实体为筹集资金发生的手续费、借款利息等 销售费用：生产经营实体为销售产品而发生的广告费、展览费、运输费等

②农产品经纪成本费用项目。农村经纪人在从事农产品经纪过程中的成本费用项目主要有：农产品买价、收购产品时发生的成本、仓储和运输成本、寻找市场或者开拓市场的费用、经纪人自己的人工成本、各种可能的税费和损耗费。

(3)农产品成本核算的步骤。

①确定成本计算对象。为了适应成本管理的要求和简化核算手续，在进行农

产品成本核算时，主要作物以每种作物为成本计算对象，单独核算其产品成本；次要作物可以以每类作物作为成本计算对象，先计算出各类作物的产品总成本，再按一定标准确定每类中各种作物的产品成本。不同收获期的同一种作物成本，必须分别核算。主要农产品一般确定为小麦、水稻、大豆、玉米、棉花、糖料、烟叶等。需要补充主要农产品目录的，由经营实体自行确定。

②设置成本计算账户。农业生产费用是指经营实体在农作物生产过程中发生的全部费用，包括当年生作物和多年生作物的生产费用。经营实体为了归集农业生产费用和计算产品成本，应设置"农业生产成本"账户，并按照成本计算对象（按作物或作物组）设置明细账。在明细账中，还应按规定的成本项目设置专栏。"农业生产成本"账户的借方归集为进行农业生产所发生的一切费用，贷方计算出产品的实际成本，年末借方余额表示结转下年的在产品成本。

③确定成本计算期。在种植业中，由于大田农作物的生产周期往往较长，产品一般较单一，收获期比较集中，在年度中间各项费用和用工发生又不均匀，故农产品的成本计算期，一般规定一年计算一次。

④确定成本计算项目。农产品成本计算项目包括直接材料、直接人工、其他直接费用和制造费用。

⑤归集和分配农产品生产费用。这一步的工作是按照有关要求，将成本费用通过"成本明细账"等归集并分摊到有关具体的产品上去。

⑥计算农产品成本。生产经营实体通过生产费用的核算在"农业生产成本"账户各个明细账中，归集了各作物的全部生产费用，期末结合各种作物的面积、产量等有关资料，即可计算农产品的成本。

(4)农产品成本核算的方法。

①农作物产品成本核算。核算农作物的产品成本，是在明确成本核算对象的前提下，首先进行费用的核算，然后再进行农产品成本的核算。

a. 成本费用的核算。构成农作物产品成本的费用主要有以下几项：种子费，肥料费，农药费，人工费用，机械作业费，排灌作业费，畜力作业费，其他直接费，农业共同费，管理费和其他支出等。

b. 产品成本的计算。各项费用核算出来以后，就可以结合各种作物的种植面积和产量计算其产品成本。各项成本指标的计算公式如下。

某农作物的总成本＝直接生产资料费用＋直接人工费用＋间接生产费用

$$某农作物的单位面积(亩)成本=\frac{某农作物总成本}{某农作物播种面积(亩)}$$

$$某农作物主产品单位成本=\frac{某农作物总成本-副产品价值}{某农作物主产品产量(\mathrm{kg})}$$

农作物生产一般可以产出主产品和副产品两种产品。主产品是主要目的产品，如小麦、水稻。副产品是在生产过程中随主产品而附带获得的产品，如麦秸、稻草。由于主、副产品是同一个生产过程的结果，所以它们的各种费用是联系在一起。因此，必须将费用在主、副产品之间进行分配，以分别确定其成本。分配方法一般有以下两种：

一种方法是估价法。这种方法是对副产品按市场价格进行估价，以此作为副产品成本。从生产费用总额中减去副产品价值，就是主产品总成本。

另一种方法是比率法。它是按照一定比率把生产费用总额在主、副产品之间进行分配。

若副产品不能利用或不能出售，则可不予计价，其生产费用全部由主产品成本负担。

②畜禽产品成本核算。

a.生产费用核算。饲养畜禽的生产费用一般包括人工费、草料费、燃料动力费、固定资产折旧费及修理费、其他费用等。

b.畜禽产品成本核算。反映畜禽产品成本的指标主要有以下几项。

$$\text{畜禽产品单位成本}=\frac{\text{生产总成本}-\text{副产品价值}}{\text{产品产量}}$$

$$\text{某畜禽(群)增重单位成本}=\frac{\text{该畜禽(群)饲养费用}-\text{副产品价值}}{\text{该畜禽(群)增重量}}$$

$$\begin{aligned}\text{该畜禽(群)增重量}=&\text{期末存栏活量}+\text{本期离群活量(包括死禽重量)}\\&-\text{期初结存及期内购入和转入的活量}\end{aligned}$$

$$\text{某畜禽(群)活重单位成本}=\frac{\begin{matrix}\text{期初活重}\\\text{总成本}\end{matrix}+\begin{matrix}\text{本期增重}\\\text{总成本}\end{matrix}+\begin{matrix}\text{转入购入}\\\text{总成本}\end{matrix}-\begin{matrix}\text{副产品}\\\text{价值}\end{matrix}-\begin{matrix}\text{死畜禽}\\\text{残值}\end{matrix}}{\text{该畜禽(群)活重量}}$$

2.农产品支付结算

(1)支付结算的含义与原则。支付结算是指单位、个人在社会经济活动中使用现金、票据、信用卡和结算凭证进行货币给付及其资金清算的行为。其主要功能是完成资金从一方当事人向另一方当事人的转移。

支付结算的基本原则：

①恪守信用，履约付款。按规定及时付款，不得无故拖延或拒绝支付。

②谁的钱进谁的账，由谁支配。对存款人的资金，除国家法律另有规定外，必须由其自由支配。

③银行不垫款。即银行在办理结算过程中，只负责办理结算当事人之间的款项划拨，不承担垫付任何款项的责任。

(2)支付结算的分类。

①依结算使用的工具不同,分为票据结算和非票据结算两类。其中:票据结算是以票据(汇票、本票和支票)作为支付工具来清结货币收付双方的债权债务关系的行为;非票据结算是客户间以结算凭证为依据来清结债权债务关系的行为,如现金、汇兑、托收收款、承付和异地托收承付、信用卡、信用证、电子支付方式等。票据是出票人允诺或者委托他人见票时或在约定的日期支付确定的金额给持票人的有价证券。我国票据法上的票据是指汇票、本票和支票。

②依结算采用的形式不同,结算可分为现金结算和非现金结算两种。其中,现金结算是指当事人直接用现金进行货币收付,了结其债权债务的行为。在我国,现金结算受现金管理制度的制约,限于个人之间和单位之间结算起点以下的零星收支以及单位对个人的有关开支。非现金结算是指当事人通过银行将款项从付款单位的账户划转到收款单位的账户来完成货币收付以清结债权债务的行为,故又称为转账结算或银行结算。

(3)支付结算的主要支付工具。

①现金结算。现金结算是指在商品交易、劳务供应等经济往来中直接使用现金进行应收应付款结算的行为,是货币结算的形式之一。在我国主要适用于单位与个人之间的款项收付以及在转账结算起点金额以下的零星小额收付。现金结算的特点有:

一是直接和便利。在现金结算方式下,买卖双方一手交钱,一手交货,当面钱货两清,无须通过中介,因而对买卖双方来说是最为直接和便利的。

二是不安全性。由于现金使用极为广泛和便利,很容易被偷盗、贪污、挪用。在现实经济生活中,大多数的经济犯罪活动都和现金有关。此外,现金还容易因火灾、虫蛀、鼠咬等发生损失。

三是不易宏观控制和管理。由于现金结算大部分不通过银行进行,因而使国家很难对其进行控制。过多的现金结算会使流通中的现钞过多,从而容易造成通货膨胀,增大对物价的压力。

四是费用较高。使用现金结算虽然可以减少银行的手续费用,但其清点、运送、保管的费用很大。因此国家实行现金管理,限制现金结算的范围。

②转账结算。转账结算是指不使用现金,通过银行将款项从付款单位(或个人)的银行账户直接划转到收款单位(或个人)的银行账户的货币资金结算方式。转账结算具有调节流通、加速资金周转、有利监督等特点。常用的转账结算有银行汇票结算、银行本票结算、支票结算和汇兑结算等。正确使用各种结算方式,需要理解不同的结算方式的特点。

a.银行汇票。银行汇票是汇款人将款项交存当地银行，由银行签发给汇款人持往异地办理转账结算或支取现金的票据。具有如下特点：

第一，适用范围广。银行汇票是目前异地结算中较为广泛采用的一种结算方式。这种结算方式不仅适用于在银行开户的单位、个体经济户和个人，而且适用于未在银行开立账户的个体经济户和个人。凡是各单位、个体经济户和个人需要在异地进行商品交易、劳务供应和其他经济活动及债权债务的结算，都可以使用银行汇票。并且银行汇票既可以用于转账结算，也可以支取现金。

第二，票随人走，钱货两清。实行银行汇票结算，购货单位交款，银行开票，票随人走；购货单位购货给票，销售单位验票发货，一手交票，一手交钱；银行见票付款，这样可以减少结算环节，缩短结算资金在途时间，方便购销活动。

第三，信用度高，安全可靠。银行汇票是银行在收到汇款人款项后签发的支付凭证，因而具有较高的信誉，银行保证支付，收款人持有票据，可以安全及时地到银行支取款项。而且，银行内部有一套严密的处理程序和防范措施，只要汇款人和银行认真按照汇票结算的规定办理，汇款就能保证安全。一旦汇票丢失，如果确属现金汇票，汇款人可以向银行办理挂失，填明收款单位和个人，银行可以协助防止款项被他人冒领。

第四，使用灵活，适应性强。实行银行汇票结算，持票人可以将汇票背书转让给销货单位，也可以通过银行办理分次支取或转让，另外还可以使用信汇、电汇或重新办理汇票转汇款项，因而有利于购货单位在市场上灵活地采购物资。

第五，结算准确，余款自动退回。一般来讲，购货单位很难准确确定具体购货金额，因而出现汇多用少的情况是不可避免的。在有些情况下，多余款项往往长时间得不到清算从而给购货单位带来不便和损失。而使用银行汇票结算则不会出现这种情况，单位持银行汇票购货，凡在汇票的汇款金额之内的，可根据实际采购金额办理支付，多余款项将由银行自动退回。

b.银行本票。银行本票是申请人将款项交存银行，由银行签发的承诺自己在见票时无条件支付确定的金额给收款人或者持票人的票据。银行本票按照其金额是否固定可分为不定额和定额两种。不定额银行本票是指凭证上金额栏是空白的，签发时根据实际需要填写金额，并用压数机压印金额的银行本票；定额银行本票是指凭证上预先印有固定面额的银行本票。定额银行本票面额为 1 000 元、5 000 元、10 000 元和 50 000 元。与其他银行结算方式相比，银行本票结算具有如下特点：

第一，使用方便。我国现行的银行本票使用方便灵活。单位、个体经济户和个人不管其是否在银行开户，他们之间在同城范围内的所有商品交易、劳务供应以及其他款项的结算都可以使用银行本票。收款单位和个人持银行本票可以办理转账结算，也可以支取现金，同样也可以背书转让。银行本票见票即付，结算迅速。

第二，信誉度高，支付能力强。银行本票是由银行签发，并于指定到期日由签发银行无条件支付，因而信誉度很高，一般不存在得不到正常支付的问题。其中定额银行本票由中国人民银行发行，各大国有商业银行代理签发，不存在票款得不到兑付的问题。不定额银行本票由各大国有商业银行签发，由于其资金力量雄厚，因而一般也不存在票款得不到兑付的问题。

c. 支票。支票是出票人签发的，委托办理支票存款业务的银行机构在见票时无条件支付的凭证。支票分为现金支票、转账支票和普通支票三种。现金支票只能用于支取现金，转账支票只能用于转账，普通支票可以用于支取现金，也可以用于转账。支票结算的特点有：

第一，使用方便，手续简便、灵活。收款人将手里的转账支票和进账单送交银行，一般当天或是次日即可入账用款。支票既可由付款人签发直接办理结算，又可由付款人出票委托开户银行主动付款给收款人，这也更加强了支票结算的灵活性。

第二，支票可以背书转让，但用于自取现金的支票不得背书转让。

d. 汇兑结算。汇兑结算方式是汇款人委托银行将其款项支付给收款人的结算方式。汇兑结算适用范围广，手续简便易行，灵活方便，因而是目前一种应用极为广泛的结算方式。汇兑分为信汇、电汇两种。信汇是指汇款人委托银行通过邮寄方式将款项划给收款人，电汇是指汇款人委托银行通过电讯手段将款项划转给收款人，两种方式可由汇款人根据需要选择使用。汇兑结算的特点有：

第一，无论是信汇还是电汇，都没有金额起点的限制，不管款多款少都可使用。

第二，汇兑结算属于汇款人向异地主动付款的一种结算方式。它对于异地上下级单位之间的资金调剂、清理旧欠以及往来款项的结算等都十分方便。汇兑结算方式还广泛地用于先汇款后发货的交易结算方式。如果销货单位对购货单位的资信情况缺乏了解或者商品较为紧俏的情况下，可以让购货单位先汇款，等收到货款后再发货以免收不回货款。当然购货单位采用先汇款后发货的交易方式时，应详尽了解销货单位资信情况和供货能力，以免盲目地将款项汇出却收不到货物。如果对销货单位的资信情况和供货能力缺乏了解，可将款项汇到采购地，在采购地开立临时存款户，派人监督支付。

第三，汇兑结算方式除了适用于单位之间的款项划拨外，也可用于单位对异地的个人支付有关款项，如退休工资、医药费、各种劳务费、稿酬等，还可适用个人对异地单位所支付的有关款项，如邮购商品、书刊等。

第四，汇兑结算手续简便易行，单位或个人很容易办理。

e.托收承付。又叫异地托收承付，是指根据购销合同由收款人发货后委托银行向异地付款人收取款项，由付款人向银行承认付款的结算方式。

f.委托收款。委托收款是收款人委托银行向付款人收取款项的结算方式。委托收款无论是同城还是异地都可使用。

g.信用卡。信用卡是指商业银行向个人和单位发行的，凭以向特约单位购物、消费和向银行存取现金，且具有消费信用的特制载体卡片。

(二)资料准备

(1)利用现有的图书馆或资料室以及报纸杂志，查找农产品成本核算与农产品支付结算的相关资料。

(2)利用现有的网络，查找有关农产品成本核算与农产品支付结算等方面的信息资料。

(3)自己完成有关农产品成本核算和资金结算的方法和技巧。

(4)教师准备案例材料，并结合具体案例讲解相关知识点。

(5)通过网络，查找农村经纪人如何进行经纪成本核算与支付结算及其技巧与策略。

(6)教师准备的资料单，关于农产品成本核算与农产品支付结算等相关文章。

二、项目设计与实施

(一)项目设计

见图 3-7。

(二)项目实施

(1)安排学生课前预习农产品成本核算以及农产品结算的相关知识。

(2)在教师的指导下，通过多种信息渠道查询资料。关键词有：农产品成本核算和农产品结算等相关知识。

(3)汇总查找的相关资料。

(4)每人写一份学习收获。

(5)以小组为单位，模拟进行一次经纪过程的成本核算与支付，并用集体的智慧完成一份较好的学习收获体会。

(6)每组选一个代表，在全班讲解小组的学习路径、学习收获，组员补充收获的内容。

(7)教师组织发动全班同学讨论、评价各小组的学习情况，达到全班同学共享学习资源和收获体会，巩固所学的知识内容。

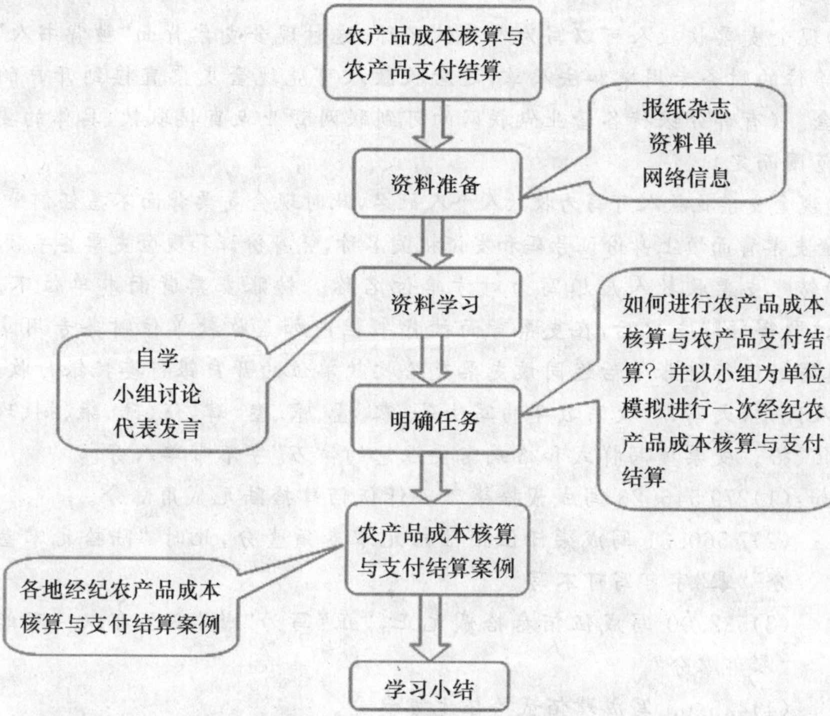

图 3-7　农产品核算项目设计

三、学习拓展

【现金支票和转账支票的填写注意事项】

1. 出票的日期(大写)　数字规定必须大写，数字大写的写法是：零、壹、贰、叁、肆、伍、陆、柒、捌、玖、拾。例如：2002 年 1 月 1 日：贰零零贰年零壹月零壹日。

(1)壹月贰月前零字必写，叁月至玖月前零字可写可不写。拾月至拾贰月必须写成壹拾月、壹拾壹月、壹拾贰月(前面多写了“零”字也认可，如零壹拾月)。

(2)壹日至玖日前零字必写，拾日至拾玖日必须写成壹拾日及壹拾×日(前面多写了“零”字也认可，如零壹拾伍日，下同)，贰拾日至贰拾玖日必须写成贰拾日及贰拾×日，叁拾日至叁拾壹日必须写成叁拾日及叁拾壹日。

2. 付款行名称、出票人账号。即为本单位开户银行名称及银行账号(账号是小写的阿拉伯数字)例如，付款行名称：农行科技城分理处。出票人账号：32409102980102089。

3.收款人

(1)现金支票收款人可以写为本单位名称,这时现金支票背面"被背书人"栏内加盖本单位的财务专用章和法人章,之后收款人可凭现金支票直接到开户的银行领取现金。(有部分银行各营业点联网的可到联网营业点直接取款,具体的要看联网覆盖范围而定)

(2)现金支票收款人可写为收款人个人姓名,此时现金支票背面不盖任何章,收款人在现金支票背面填上身份证号码和发证机关名称,凭身份证和现金支票签字领款。

(3)转账支票收款人应填写为对方单位名称。转账支票背面本单位不盖章。收款单位取得转账支票后,在支票背面被背书栏内加盖收款单位财务专用章和法人章,填写好银行进账单后连同该支票交给收款单位的开户银行委托银行收款。

4.人民币(大写) 大写数字的写法是:零、壹、贰、叁、肆、伍、陆、柒、捌、玖、亿、万、仟、佰、拾。支票填写样式和格式需要注意的:"万"字不带单人旁。

例如:(1)279 546.26 写成贰拾柒万玖仟伍佰肆拾陆元贰角陆分。

(2)7 560.31 写成柒仟伍佰陆拾元零叁角壹分,此时"陆拾元零叁角壹分""零"字可写可不写。

(3)532.00 写成伍佰叁拾贰元正,"正"写为"整"字也可以。不能写为"零角零分"。

(4)425.03 写成肆佰贰拾伍元零叁分。

(5)325.20 写成叁佰贰拾伍元贰角。角字后面可加"正"字,但不能写"零分",比较特殊。正字可以写成整字,两个都可以。

5.用途

(1)现金支票有一定限制,一般填写"备用金"、"差旅费"、"工资"、"劳务费"等。

(2)转账支票没有具体规定,可填写如"货款"、"代理费"等等。

6.人民币小写 最高金额的前一位空白格用"¥"字头打掉,数字填写要求完整清楚。

7.盖章 支票正面盖财务专用章和法人章,缺一不可,印泥为红色,印章必须清晰可见,印章模糊只能将本张支票作废,换一张重新填写重新盖章。反面盖章与否见"3.收款人"。

8.支票常识

(1)支票正面不能有涂改痕迹,否则本支票作废。

(2)受票人如果发现支票填写不全,可以补记,但不能涂改。

(3)本支票付款期限十天,就是说从你支票开票日开始到第 10 天这段时间要到银行柜台转账或者支取现金,如果超过了 10 天就无效。

任务五　认知我国农产品产区与农产品地理标志

【任务导入案例】

每当桃子收获的季节，在山东省德州市黄河涯镇万亩桃园基地，都可以看到这样的景象：一辆辆挂着各地牌照的货车等在桃林边，桃农和商贩们有说有笑地把刚摘下来的鲜桃往车上搬运。像这样在地头卖产品的农民，在黄河涯镇不算少数。现在，该镇大多数农民不用出村，“蹲”在地头就可以轻松卖掉农产品，过去那种人拉车运到市场交易的场景，在当地已成为历史。

“有了工商部门的大力支持和保护，经纪人是越来越好干，提供的经纪服务也越来越好，客户都愿意到我们这里来收购。”黄河涯镇郭家沟村种桃大户李大力如是说。

近两年，德州市工商局德城分局为使当地的特色农产品远销外地，不断加大对农村经纪人的扶持力度。该分局先后举办了 5 期农村经纪人培训班，积极引导黄河涯镇特色农产品申请注册商标，发挥品牌效应，为黄河涯镇万亩桃园的桃子申请注册了齐鲁黄河涯、农艺源等商标，同时，还积极帮助果农对果子进行无公害、绿色、有机农产品和农产品地理标志的认证咨询服务，如今这里的鲜桃已通过有机食品认证和农产品地理标志认证，成为果品市场的“香饽饽”。同时，加上农村经纪人及时发布供求信息，引领外地客户可以直接把车开到田间地头交易，田间地头变成了“市场”。

【思考】

我国地域广大，农产品丰富，那么我国各地方都盛产哪些农产品？有哪些农产品获得了农产品地理标志呢？

一、学习准备

从因地制宜，适当集中的农业发展原则出发，我国建成了大面积的商品性生产基地，或者说是农产品的主产区。作为农村经纪人，为了更好地从事经纪业务，必须对我国的农产品产区以及农产品地理标志有一定的了解。本学习任务主要是介绍我国主要的农产品产区分布、农产品地理标志等相关内容。

(一)知识准备

1.主要粮食作物生产与分布

中国粮食作物种类多、分布广、地域差异大,生产水平不平衡而发展潜力大。中国栽培比较普遍的粮食作物共有20多种,世界上各种主要粮食作物几乎都见于中国。

(1)稻谷。中国是世界种稻最早、产稻谷最多的国家。稻谷在各种粮食作物中平均单产最高,2013年占粮食播种面积的27.2%,占产量的36.8%。全国绝大多数的稻谷集中于淮河、秦岭以南地区。稻谷在北方地区种植少,且零星分散,近几年有所发展,以东北三省稍多,面积约占北方稻谷的40%。我国稻谷的产销量大,2013年产量在20 361.2万t,稻谷的商品化程度高、用途广,价格波动较为明显,受季节性影响较大。

按自然条件和稻谷栽培制度及品种类型。我国主要有以下几个稻谷生产区。

①东北半湿润早熟单季稻作区。位于辽东半岛西北,长城以北,大兴安岭以东地区。包括黑龙江省东部,吉林省,辽宁省的中北部。稻田面积约占全国稻田面积的2.5%,稻谷产量约占全国稻谷总产的3.0%。本区单产较高,米质优良,是商品优质米产区之一。本区属中温带和寒温带半湿润季风气候,夏季温和湿润,冬季严寒漫长。种植制度均为一年一熟的单季早粳稻。栽培方法已由播种育苗移栽演变。品种为早熟早粳稻,南部为中、迟熟类型;北部为特早熟类型。稻作期一般在4月中下旬至9月上旬。

②西北干旱单季稻作区。位于大兴安岭以西,长城、祁连山、青藏高原以北地区。包括黑龙江省大兴安岭以西,内蒙古自治区,甘肃省西北部,宁夏回族自治区的大部,陕西省北部,河北省北部,新疆维吾尔自治区。稻田面积只占中国稻田面积的0.5%左右,稻谷产量占中国稻谷总产的0.4%左右。本区属中温带大陆性干燥气候,降水稀少,气温变化剧烈,但日照充足,光能资源丰富。品种主要是早熟早粳、中粳。稻作期一般在4～10月。

③华北半湿润单季稻作区。位于秦岭、淮河以北,长城以南。包括辽宁省的辽东半岛,北京、天津两市,河北省的张家口至内蒙古自治区多伦一线以南部分,山西省全部,陕西省秦岭以北的东南大部分,宁夏回族自治区的固原以南的黄土高原,甘肃省兰州以东,河南省中北部,山东省全部,以及江苏、安徽两省的淮北地区。稻田面积约占中国稻田面积的8%,稻谷产量约占中国稻谷总产量的8%。本区属暖温带半湿润季风气候,春季温度回升缓慢,秋季气温下降较快。种植制度以单季稻为主,淮北平原、海河地区多以一熟稻和麦稻两熟搭配种植,辽东半岛以一季中粳为主。品种在北部以早熟或中熟中粳为主;南部地区采用中籼、杂交籼稻。

④西南湿润单季稻作区。位于中国大陆西南部。包括贵州省大部，云南省中、北部，四川省北部的甘孜、阿坝，青海省以及西藏自治区的零星稻区。稻田面积约占中国稻田面积的6.5%，稻谷产量约占中国稻谷总产的6.6%。本区属亚热带和温带湿润和半湿润高原气候。水稻垂直分布明显，低海拔以籼稻为主。高海拔以粳稻为主，中间地带籼粳混栽。稻作期3月下旬至10月。

⑤长江流域湿润单双季稻作区。位于淮河、秦岭以南，南岭以北。包括江苏、安徽省的中、南部，河南、陕西省的南缘，四川省东半部，浙江、湖南、湖北、江西诸省及上海市的全部，广东省和广西壮族自治区北部，福建省的中、北部。本区稻田约占中国稻田面积的65.5%，稻谷产量约占中国稻谷总产的66%，均居全国首位。本区属中亚热带和北亚热带湿润季风气候，温暖湿润，四季分明。早稻品种多是籼稻，中稻品种多为籼型杂交稻，连作晚稻和单季晚稻以粳稻为主。

⑥华南湿润双季稻作区。南岭以南，包括云南西南部、广东、广西、福建、海南和台湾等省(区)。种植品种以籼稻为主，山区也种粳稻。

(2)小麦。小麦是我国主要的粮食作物之一，我国北方和南方，春季和冬季均可以种植。小麦品种多，适应性强，能耐寒耐旱，按照播种期的不同，可分为冬小麦和春小麦两种。我国以栽培冬小麦为主，约占小麦总面积的80%以上。春小麦于春天播种，秋季收割，生长期平均为85～105天；冬小麦则在秋季播种，次年初夏收割，生长期的长短因品种和栽培地区不同而有很大变化。一般纬度、海拔愈高，生长期愈长。

①春小麦区。主要分布在长城以北、岷山、大雪山以西地区。这些地区大部分处在高寒或干冷地带，冬季严寒，冬小麦不能安全越冬，故种植春小麦；因无霜期短促，常在200天以下，栽培制度绝大部分是一年一熟。近年来，我国北方地区培育了一批抗逆性强、适应性广、丰产性高的春麦良种，现已在各地推广，获得显著增产，对改变春小麦低产的作用很大。

②北方冬小麦区。主要在长城以南，六盘山以东，秦岭、淮河以北的地区。这是全国最大的小麦集中产区和消费区，小麦播种面积和产量约占全国2/3左右。一般实行一年两熟或两年三熟耕作制度，仅北部长城沿线两侧地带为冬、春麦混合的过渡地带。由于冬小麦是越冬作物，种植冬麦与其他粮食作物矛盾较少，可以减少冬闲地面积，扩大夏种面积，增加粮食总产量。

③南方冬小麦区。在秦岭淮河以南、折多山以东，播种面积和总产量约占全国30%左右。由于本区人民多以稻米为主要口粮，因此，小麦的商品率较高，是我国商品小麦重要产区。

(3)玉米。玉米在我国种植分布并不均衡，主要集中在东北、华北和西南地区，大致形成一个从东北到西南的斜长形玉米栽培带。其中黑龙江、吉林、辽宁、河北、山东、山西、河南、陕西、四川、贵州、云南、广西等是主要省区。东北是我国玉米的主要产区,其中吉林是我国的第一大玉米生产省,年产量近2 000万吨;其次是山东省和黑龙江省,年产量在1 500万吨左右;河北、河南两省年产量也在千万吨以上。

①北方春播玉米区。包括黑龙江、吉林、辽宁、宁夏和内蒙古的全部,山西的大部分,河北、陕西和甘肃的一部分,是我国主要的玉米产区之一,占全国玉米面积的30%。总产量的35%左右。

②黄淮海平原夏播玉米区。包括黄河、淮河、海河流域中下游的山东、河南全部,河北大部,晋中南、关中和徐淮地区,是我国玉米最大集中产区,玉米播种面积约为1.3亿亩,占全国玉米总面积的40%以上。

③西南山地玉米区。包括四川、云南、贵州全部,陕西南部和广西、湖南、湖北的西部丘陵地区以及甘肃的一小部分,玉米种植面积约为6 000万亩,约占全国玉米面积的20%。

④南方丘陵玉米区。北区北界与黄淮海平原夏播玉米区向量,西接西南山地套种玉米区,东部和南部濒临东海和南海。包括广东、福建、江西、台湾等省全部,江苏、安徽的南部。广西、湖南、湖北的东部,约占全国玉米总面积的5%。

⑤西北灌溉玉米区。本区包括新疆全部和甘肃的河西走廊,占全国玉米面积的2%~3%。

⑥青藏高原玉米区。本区包括青海省的西藏自治区以及四川西部、云南西北部和甘肃的甘南自治州。

2.主要经济作物生产与分布

(1)棉花。棉花是重要的经济作物,其种植面积居经济作物之首,约占经济作物播种面积的1/3左右。棉花是纺织工业的重要原料,国防、化工、医药等工业也离不开棉花,棉秆可造纸,棉籽可榨油,棉籽饼是优质饲料。所以棉花生产在国家建设和人民生活等方面都有重要意义。我国棉花产地分布广泛,按照自然条件、栽培管理水平和种植的历史条件,将全国划分为三个主要棉区。

①黄河流域棉区。包括秦岭—淮河以北、长城以南、六盘山以东的山东、河北、河南、山西、陕西及北京、天津七省市。棉花产量以山东、河南、河北三省最多。本区植棉历史悠久,自然条件优越,区内地势平坦,秋雨少,日照充足,有利于棉花的生长,成为我国最大的棉花产区,其种植面积占全国棉田面积的1/2。

②长江流域棉区。本区包括上海、浙江、江苏、安徽、江西、湖南、湖北等省、市,湖北、江苏两省产量最多。本区植棉历史悠久,技术水平较高,劳动力充足,区内纺

织业发达，运输条件便利，使该区成为全国棉花单产和商品率最高的棉区，也是我国第二大产棉区。但秋天雨多，湿度大，日照较少，影响棉花吐絮，棉花质量不如黄河流域棉区。

③西北内陆棉区。包括新疆和甘肃河西走廊地区。本区地处于旱地区，降水少，光照条件优越，温差大，病虫害少，棉花品质好，是我国第三大产棉区，也是我国优质长绒棉产区。

(2)油菜。油菜是我国播种面积最大，地区分布最广的油料作物之一。我国是世界上生产油菜籽最多的国家。油菜是喜凉作物，对热量要求不高，对土壤要求不严。根据播种期的不同，可分为春、冬油菜，我国以种植冬油菜为主。

①冬油菜区：分布于长江流域，包括长江中下游地区、四川盆地、云贵高原、华南沿海诸省、陕西省关中平原和渭北高原、甘肃省东南及武都以南以及新疆的南部地区，其面积约占全国油菜总面积的85%左右，产量则占全国油菜总产量的90%以上。

②春油菜区：分布于我国冬季气候寒冷，油菜不能安全越冬的西北高原、青藏高原、华北长城一带及东北地区。栽培面积约占全国的15%，产量仅占10%左右。

(3)花生。在各种油料作物中，花生的单产高，含油率高，是喜温耐瘠作物，对土壤要求不严，以排水良好的沙质土壤为最好。花生生产分布广泛，除西藏、青海外全国各地都有种植，主要集中在山东、广东、河南、河北、江苏、安徽、广西、辽宁、四川、福建等省区，其中山东的产量居全国首位，其次是广东。目前，全国花生要集中在两个地区：一是渤海湾周围的丘陵地及沿河沙土地区，是我国最大的花生生产基地和出口基地；二是华南福建、广东、广西、台湾等地的丘陵及沿海地区。

3.畜牧业生产与分布

(1)牧区畜牧业。主要分布在我国北部的内蒙古高原、西部的新疆和西南部的青藏高原，从东向西呈明显的地域性变化。区内地广人稀，草原草场广布。耕地资源极少，散布于一些河谷、绿洲地带，所以纯农户所占比例极少。牧区畜牧业主要有牛、马、羊、骆驼等食草的大牲畜，其中骆驼、马、绵羊、牛总头数分别占全国的87.1%、53.9%、76.1%、28%。

(2)农区畜牧业。该区向来从属于种植业，并带有副业性质的舍饲畜牧业为特点，主要畜禽种类有猪、牛、羊和各种家禽，以舍饲为主，是中国畜产品的主要来源地。

(3)半农半牧区畜牧业。半农半牧区介于农区和牧区之间，自然形成一个农区和牧区的过渡地带，它以大兴安岭斜向内蒙古高原的南侧，连接黄土高原，再斜向康藏高原的东侧。这一地区兼有农区和牧区的某些特点，既有一定的天然草场，又有相当数量的耕地；既放牧较多的牛、羊等牲畜，又饲养一定数量的猪、禽；在收入上种植业和畜牧业都占有相当比重。

(4)城市郊区畜牧业。城市郊区畜牧业是伴随城市经济发展，从农区畜牧业分化出来，而集约化程度较高的畜牧业。城市郊区畜牧业主要是为城市提供新鲜的乳、蛋、肉等畜产品，一般以饲养奶牛、羊、养鸡或养猪为主。

4.农产品地理标志

(1)农产品地理标志的含义。农产品地理标志是指标示农产品来源于特定地域，产品品质和相关特征主要取决于自然生态环境和历史人文因素，并以地域名称冠名的特有农产品标志。所称农产品是指来源于农业的初级产品，即在农业活动中获得的植物、动物、微生物及其产品。

(2)农产品地理标志登记管理。农产品地理标志登记管理是一项服务广大农产品生产者的公益行为，主要依托政府推动，登记不收取费用。

①登记管理机构。农业部负责全国农产品地理标志的登记工作，农业部农产品质量安全中心负责农产品地理标志登记的审查和专家评审工作。省级人民政府农业行政主管部门负责本行政区域内农产品地理标志登记申请的受理和初审工作。农业部设立的农产品地理标志登记专家评审委员会，负责专家评审。农产品地理标志登记专家评审委员会由种植业、畜牧业、渔业和农产品质量安全等方面的专家组成。

②申请地理标志登记的农产品，应当符合的条件。称谓由地理区域名称和农产品通用名称构成；产品有独特的品质特性或者特定的生产方式；产品品质和特色主要取决于独特的自然生态环境和人文历史因素；产品有限定的生产区域范围；产地环境、产品质量符合国家强制性技术规范要求。

③登记申请人。农产品地理标志登记申请人为县级以上地方人民政府根据下列条件择优确定的农民专业合作经济组织、行业协会等组织。具有监督和管理农产品地理标志及其产品的能力；具有为地理标志农产品生产、加工、营销提供指导服务的能力；具有独立承担民事责任的能力。

④提交的申请材料。主要有《农产品地理标志登记申请书》、申请人资质证明、《农产品地理标志产品品质鉴定报告》、质量控制技术规范、地域范围确定性文件和生产地域分布图、产品实物样品或者样品图片、其他必要的说明性或者证明性材料、《农产品地理标志现场核查报告》、《农产品地理标志登记审查报告》。其中前材料七项由申请人提供，后两项由省级农产品地理标志工作机构提供。

(3)农产品地理标志登记审查的流程。省级人民政府农业行政主管部门自受理农产品地理标志登记申请之日起，应当在45个工作日内完成申请材料的初审和现场核查，并提出初审意见。符合条件的，将申请材料和初审意见报送农业部农产品质量安全中心；不符合条件的，应当在提出初审意见之日起10个工作日内将相关意见和建议通知申请人。

农业部农产品质量安全中心应当自收到申请材料和初审意见之日起20个工作日内，对申请材料进行审查，提出审查意见，并组织专家评审。经专家评审通过的，由农业部农产品质量安全中心代表农业部对社会公示。有关单位和个人有异议的，应当自公示之日起20日内向农业部农产品质量安全中心提出。公示无异议的，由农业部做出登记决定并公告，颁发《中华人民共和国农产品地理标志登记证书》，公布登记产品相关技术规范和标准。专家评审没有通过的，由农业部做出不予登记的决定，书面通知申请人，并说明理由。

(4)对于农产品地理标志使用人资质的要求。符合下列条件的单位和个人，可以向登记证书持有人申请使用农产品地理标志：生产经营的农产品产自登记确定的地域范围；已取得登记农产品相关的生产经营资质；能够严格按照规定的质量技术规范组织开展生产经营活动；具有地理标志农产品市场开发经营能力。

使用农产品地理标志，应当按照生产经营年度与登记证书持有人签订农产品地理标志使用协议，在协议中载明使用的数量、范围及相关的责任义务。

(5)农产品地理标志使用人权利和义务。农产品地理标志使用人享有以下权利：可以在产品及其包装上使用农产品地理标志；可以使用登记的农产品地理标志进行宣传和参加展览、展示及展销。

农产品地理标志使用人应当履行以下义务：自觉接受登记证书持有人的监督检查；保证地理标志农产品的品质和信誉；正确规范地使用农产品地理标志。

(二)资料准备

(1)利用现有的图书馆或资料室以及报纸杂志，查找有农产品产区分布及农产品地理标志的相关资料。

(2)利用现有的网络环境条件，查找有关农产品产区某一主要农产品的产区分布情况。

(3)通过网络，查找农产品地理标志的实际案例资料。

(4)教师做好相关资料的准备。

二、项目设计与实施

(一)项目设计

见图3-8。

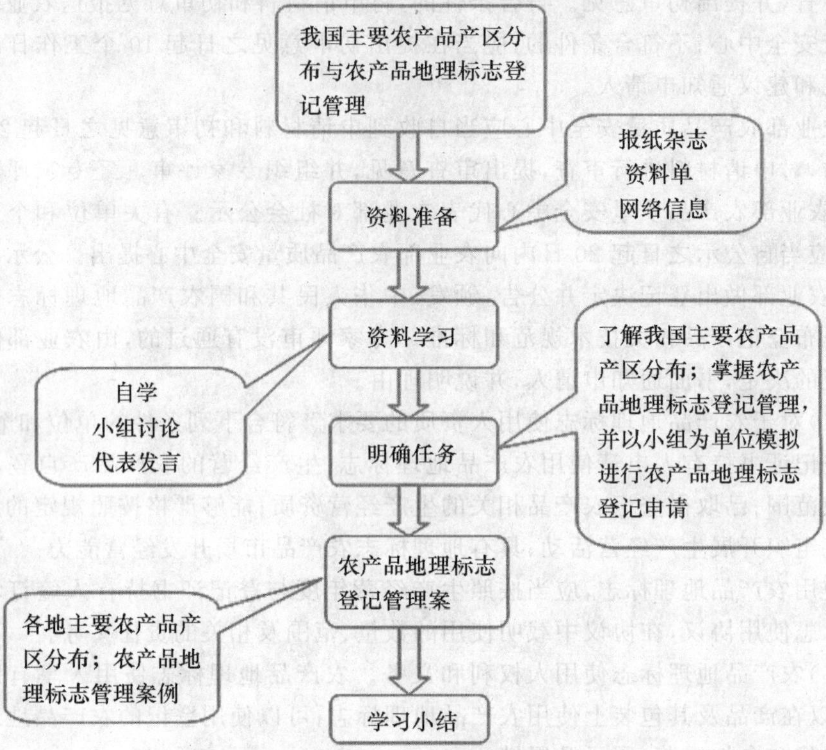

图 3-8　认知我国农产品产区与地设标志项目设计

(二)项目实施

(1)安排学生课前预习有关我国农产品产区分布及农产品地理标志登记管理的相关知识。

(2)在教师的指导下,通过多种信息渠道查询资料。关键词有:我国农产品产区分布及农产品地理标志登记管理等。

(3)汇总查找的相关资料,形成总结材料。

(4)每人写一份学习收获和制作一份 PPT。

(5)以小组为单位,模拟进行一次农产品地理标志登记申请,并用集体的智慧完成一份较好的学习收获体会。

(6)每组选一个代表,在全班讲解小组的学习路径、学习收获,组员补充收获的内容。

(7)教师组织发动全班同学讨论、评价各小组的学习情况,达到全班同学共享学习资源和收获体会，巩固所学的知识内容。

三、学习拓展

【农产品地理标志产品品质鉴定规范】

第一条 为规范农产品地理标志产品品质鉴定工作，保证农产品地理标志产品品质鉴定的科学性、公正性和一致性，依据《农产品地理标志管理办法》和《农产品地理标志登记程序》，制定本规范。

第二条 农产品地理标志登记申请人在进行登记申请时，应当提交产品品质鉴定报告。鉴定名称包括：

（一）外在感官特征：是指通过人的感官（视觉、味觉、嗅觉、触觉等）能够感知、感受到的特殊品质及风味特征。

（二）内在品质指标：是指需要通过仪器检测的可量化的独特理化指标。

第三条 农产品地理标志产品品质鉴定报告由鉴评报告和检测报告组成。鉴定报告提交形式如下：

（一）产品外在感官特征显著，而内在品质指标不显著的，提交鉴评报告；

（二）产品外在感官特征不显著，而内在品质指标显著的，提交检测报告；

（三）产品外在感官特征和内在品质指标均显著的，同时提交鉴评报告和检测报告。

第四条 对于外在感官特征，由申请人提请省级农产品地理标志工作机构组织专家进行鉴评，给出鉴评意见。对于内在品质指标，由农业部农产品质量安全中心委托的具有相应资质的检测机构出具检测报告。

第五条 省级工作机构接到品质鉴评申请后，应当及时组织相关专家成立品质鉴评组，对外在感官特征进行鉴评。

第六条 产品品质鉴评实行专家组组长负责制。品质鉴评组一般由5～7名专家组成，按照农产品地理标志质量控制技术规范进行鉴评，出具《农产品地理标志产品品质鉴评报告》，报告一式三份。

第七条 检测机构接到申请人委托任务后，应当按照规定要求和农产品地理标志质量控制技术规范进行抽样、检测，出具《农产品地理标志产品品质检测报告》，报告一式三份。

第八条 申请人对品质鉴评报告或者检测结果有异议的，应当在15个工作日内向省级工作机构或者检测机构提出书面意见。省级工作机构或者检测机构接到申请人书面异议后，应当及时进行复查，并在规定时间内将复查结果通知申请人。

逾期未提出异议的，视为认同鉴评、检测结果。

第九条 品质鉴评组专家和检测机构工作人员必须遵纪守法，廉洁奉公，在负责农产品地理标志登记鉴评、检测任务过程中，不得从事有碍公正性的活动。

第十条 承担农产品地理标志检测的机构由农业部农产品质量安全中心从农业部考核合格或者其他符合资质的检测机构中择优进行委托。

第十一条 农产品地理标志品质鉴评和检测所需费用由申请人按照国家有关标准承担。

第十二条 本规范由农业部农产品质量安全中心负责解释，自印发之日起施行。

四、项目评价反馈

(一)自我评价

(1)为了完成本学习任务，你都做了哪些准备？

①查找了哪些资料？

②你有什么收获？

(2)运用所学的知识和技能，挑选你最感兴趣的内容，制定一种农产品的等级评定方案、市场调查的方案和农产品储运方案；说说农村经纪人成本核算与支付结算的方法以及我国农产品产区与农产品地理标志。

(3)通过自学、讨论和调研，你有什么收获？

(二)小组评价

从学习态度、学习方法、团队合作和学习能力的提升等方面评价。

序号	评价项目	评价情况
1	与其他同学口头交流学习内容是否流畅	
2	是否尊重他人，是否达到全勤	
3	学习态度是否积极主动	
4	是否服从教师的教学安排	
5	着装是否符合标准	
6	是否能保持学习环境的干净整洁	
7	是否遵守学习场所的规章制度	
8	是否有工作岗位的责任心	
9	团队学习中主动与合作的情况如何	
10	能否主动参与教学场所的清洁和整理工作	

参与评价的同学签名________________________________

(三)综合评价

1.教师评价

(1)对整个学习内容的小结归纳。

(2)对学习过程的总体评价。

教师签名________________

2.学生评价

(1)对教师授课效果的评价。

(2)对学习效果的评价。

学生签名________________

项目四　农村经纪人的经纪业务运作

【项目目标】

完成本学习任务后，你应该能

1. 寻找到属于自己的经纪客户并接受委托；
2. 正确开展农村经纪人经纪业务谈判并签订经纪合同；
3. 顺利完成农村经纪业务并获取佣金；
4. 发现此次经纪过程中存在的问题与不足，提出解决的办法。

【项目任务描述】

农村经纪人由于缺乏有序引导和规范管理，特别是农村经纪人素质较低，主要反映在法制观念淡薄，不知道怎么建立客户关系，签订的经纪合同不规范等，导致无法正常获取佣金。那么，要想成为一名合格的农村经纪人，需要了解和掌握哪些农村经纪人经纪业务技能呢？

任务一　掌握寻找客户技巧

【任务导入案例】

"农产品销售如何，且不说农民的收入增长与减少，它还直接关系到经纪人的兴衰。那么农村经纪人必须为农产品销售'把好脉'。"这是凤阳县府城镇大王府科技村官、大棚蔬菜经纪人时全近日发自内心的感慨。

凤阳县常年种植蔬菜都在5万亩以上，西红柿、黄瓜、辣椒、莴苣、萝卜、菊花芯等是该县的冬季蔬菜主导产业，在销售过程中，各类经济人也应运而生。谁率先占领市场，在菜农与市场之间赢得信誉是农村经纪人最为关注的话题。去年入冬以来，凤阳县、镇、村三级一些“颇有心计”的经纪人不再甘当甩手经纪人，而是利用农村远程电教、互联网等现代传媒，针对涨涨跌跌的农产品价格，以及部分农民对市场“脉搏”把握不准的事实，争相利用冬闲时段为自己“充电”，有的还建立起了自己的网络，在网上发布和索取大量的信息，然后把农产品的信息收集起来，并形成资料汇编，及时向农民进行传播，争当起农产品产销的“把脉先生”。大溪河镇七里村原来种植模式单一、村民收入低，选派干部高传祥利用4万元专项资金，培养了蔬菜经纪人，吸纳20多万元建立了无公害大棚蔬菜种植示范园，种植园年纯利润8万余元，带动全村200余户种植大青豆、甜叶菊等，增加了村集体和农民收入。目前，该县已有2 000多名农民经纪人主动当起了菜农、粮农、畜农、禽农的“把脉先生”，向广大农户无偿发布有关信息30 000余条，带动数万农户发家致富。

【思考】

如果你是农产品经纪人，如何当好农产品的“把脉先生”，为你经营的农产品寻找客户？

一、学习准备

农村经纪人最基本的工作是通过中介业务来促成交易，农村经纪人要想在市场竞争中求得生存和发展，卓有成效地开展经纪活动，除了努力学习专业知识，完善自己的知识结构外，必须熟练掌握农村经纪业务运作程序与经纪技巧，收集相关的信息，并进行整理和分析，最终促成交易成功。而农村经纪业务运作是从寻找客户开始的，即寻找客户—接受委托—农村经纪业务谈判—签订经纪合同—促成交易—获取佣金。

（一）知识准备

农村经纪人为了完成一单生意，一头牵着市场（客户），一头连着农民，活跃在希望的田野上。一方面农村经纪人可接受农产品生产者的委托帮助其销售农产品；另一方面农村经纪人可接受农产品的意向购买者的委托帮助其购买其需要的农产品。而农产品生产者和农产品生产者都是农村经纪的客户。那么农村经纪人如何寻找客户并建立稳定的关系呢？

1. 认知客户

（1）客户含义。客户是指任何接受产品或服务和可能接受产品或服务的个人与群体。没有客户，就没有生意，也就没有利润。客户是经纪的利润源泉。农村经纪人的客户包括农产品的生产者与农产品的意向购买者。

(2)客户的分类。

根据客户的特征,可以将客户划分为以下几种。

第一类型理智型客户:这类客户办事情比较理智,有原则,有规律,这类客户不会因为关系的好与坏而选择信息商或供货商,更不会因为个人的感情选择合作对象,这类客户大部分工作比较细心,比较负责任,他们在选择合作对象之前都会做适当的心理考核比较,得出理智的选择。

第二类型任务型客户:这类客户一般在公司的职务不会是股东级的,他们只是在接受上级给予的任务,而且这个任务也不是自己的工作职责范围之内的,所以这样的客户一般对任务只是抱有完成到比上不足比下有余的效果就可以了,不会有太多的要求,也不会有太多的奢望。

第三类型贪婪性客户:这类型的客户一般在自身公司的关系比较复杂,做事的目的性比较强,对价格压得比较厉害,对质量和服务也要求比较高,但这类型的客户很容易稳定,只要和对方的关系发展到一定程度就很容易把握住对方需求。这类客户时常也会主动要求和接受贿赂。

第四类型主人翁型客户:这类型客户大部分是企业的老板,或者非常正直的员工,这样的客户只在乎追求价格、质量、服务的最佳结合体,尤其价格最为关注,所以对于这样的客户首先要在价格上给予适当的满足,再根据质量回升价格的战略。要让对方感觉你做的东西就是价格最便宜的,质量最好的。对于这样的客户可以适当地玩些隐蔽性的花样。

第五类型抢功型客户:这类型的客户一般不会是公司的大领导,也不会有很大的权利,但是这样的客户有潜力,地位一般是处于上升趋势。这样的客户眼光重点定位在质量上。在价格只要适当就可以了。这样的客户有的时候会出现自己掏钱为公司办事情的情况。在公司为了表现经常自己吃哑巴亏。

第六类型吝啬型客户:这样的客户一般比较小气,想赚这样客户的钱不容易,这样的客户不会因为稳定、因为信任、因为关系而选择一个固定的供应商。他们会首先比较价格,而且比较的结果是让你没有利润,然后在要求质量。这样的客户经常会隐瞒事实,夸大自己,很多时候还会选择货比货,搞一些根本就不需要招投标的招投标形式,以此来压价满足自己的虚伪的吝啬心理。

第七类型刁蛮型客户:这样的客户在第一次交往中会表现得很好,显示自己是很好很有信誉很有实力的公司。有时甚至会出现你开 800 元他给你 1 000 元价格的情况,这样的客户在和我们交谈的过程中基本上是不会准备好资料的,希望所有的资料有我们来为之准备,也不会在价格上和我们斤斤计较,在质量上也不会告诉你苛刻要求。他们会想方设法设置自己的陷阱,找借口说时间非常着急,其实真正等你做完了，他一点也不着急了，经常是想通过一些莫须有的问题干扰你视线，使我们操作出现些问题，到时候好抓把柄找麻烦。

第八类型关系型客户：这样的客户是在先有朋友关系后成业务交往，这样的客户操作如果不把握好一个介于朋友和客户之间的度，就很容易导致业务没有做好，朋友关系搞砸了，客户关系也丢失了。尤其在服务行业，朋友介绍朋友，朋友需要帮忙等等的业务时常会出现。

第九类型综合型客户：这样的客户在交往中没有一定性格模式，特定的环境下会演变成特定类型的客户，这样的客户一般非常老道，社会经验非常丰富，关系网也比较复杂，他的生活轨迹也不容易把握，思想活动很难搞清。

2. 农村经纪人寻找客户的途径

(1)通过报纸、杂志、电视、广播等渠道收集有关客户的信息和资料；或者是在这些媒体上做广告，为农产品寻找客户。

对于农产品经纪人来讲，进行经营的资本就是可靠的信息，经纪人和客户之间实际上交换的是信息商品和咨询服务。信息的价值和质量是决定经纪收益的重要因素。所以，农村经纪人应成为"百眼巨人"，时时刻刻留心、细心研究各种文字媒介透露的有关信息，从中发现经纪机会。农产品有时间上的限制、地域上的差别、价格上的多变，做到及时、准确地了解各方面的信息尤为重要。农产品经纪人可以通过接触各种媒体、查阅文献资料、调查了解实际情况、咨询相关部门等方式来获取信息，为农产品寻找客户。

例如，海南省有关部门从报纸上看到广东省压缩冬菜面积的报道，就组织菜农扩大北运菜的生产，由此增加了农民冬季的收入。

辽宁阜新太平区水泉镇的农民徐先生，2002 年的时候，他从《辽宁农民报》上获得信息，得知沈阳农科院培育的"辽春 13"小麦产量高，市场前景好，他主动上门，并与沈阳农科院签订回收合同，然后从沈阳农科院购进 2000 公斤小麦种，同农户签订订单进行繁育，夏收时亩产达到 800 多斤。不但自己赚到了钱，也帮助解决了农产品的销路问题。

安徽天长市的农村经纪人，在附近的大中城市设立广告牌的方式来促销产品。

当然至于具体选择哪种媒体或者几种媒体来做广告，主要考虑几个具体因素：一是农村经纪人自己的资金实力。在各种媒体中，电视广告收费要高一些，广播广告收费相对低廉，量力而行，这是选择广告媒体的出发点。

二要考虑产品的特性。电视和广播都比较适合做形象性的广告，杂志和期刊比较适合做解释性的广告。所以要根据产品的特性来选择合适的媒体。

三是要考虑目标消费者以及目标客户。农村经纪人生产和经销的产品都有自己的主要客户和目标群体，因此要考虑目标客户的特点及其习惯，才能有针对性地选择目标客户会经常选择的媒体，提高广告的针对性。

(2)通过同学、朋友、老客户等关系结识新朋友，发展潜在客户。

农村经纪人可以通过同学聚会、朋友介绍、老客户带新客户的办法，为推销农产品寻找潜在客户。

2007 年，柳城县共计有 5 万吨蜜橘销往区外的广东、四川、重庆等地区，还有 2 万吨销到了越南、马来西亚、泰国等东盟国家，总产值达到了 2.7 亿元，成为享誉内外的一大优势产业。这得益于该县培育诚信农村经纪人，做大"柳城蜜橘"品牌产业的重要举措。柳城"诚信农村经纪人"的诚信赢得了客商老板的信任，他们不仅自己与柳城县的经纪人保持了稳固的合作关系，还介绍自己的朋友一起来到柳城批发收购蜜橘，使柳城蜜橘的外销量连年攀升。2007 年，在蜜橘旺销季节，全县每天发成箱蜜橘几十车，重量为 1 000 吨左右，全年对外销售蜜橘总量达到了 7 万吨，占全县总产量的 60%。

(3)利用一定的手段和形式对自己的经纪活动进行宣传，寻找客户。

①集市叫卖。我们在集市上总会听见有人高声叫卖自己的产品，突出自己产品的特色，有的是说明产品的新鲜，比如说叫卖"快来买呀，新鲜的草莓"；有的是说明产品价格的低廉，比如说叫卖"便宜了，白梨 10 块钱 4 斤"。其实农民朋友在不自觉中就已经在对产品进行促销了。

②上门推销。农村经纪人结合自己经销产品的特点，选择合适的渠道去推销。充分调动自己的积极性，认真分析产品特性和潜在的客户，尽量拓展现有产品的客户群，达到增加销售的目的。例如，蔬菜水果经纪人不仅可以去饭店、超市推销自己的产品，还可以去生产果酒的酒厂、罐头厂、生产脱水蔬菜的厂家去推销；粮食经纪人可以去大学、中学、面粉厂、酒厂、饲料厂等地方推销自己的产品；药材经纪人可以去药店、中药厂等地方推销自己的产品；而畜禽经纪人也可以去超市、饭店、酒店、熟食店、肉类加工厂上门推销。

(4)参加各种展览会、交易会。农村经纪人可以通过参加农产品展销会、农村经纪人研讨会、农产品信息发布会等和农产品生产和销售有关的会，来为自己经营的农产品寻找客户。

2014 年 10 月 25～28 日，第十二届中国国际农产品交易会在山东省青岛国际会展中心隆重举办，第三届中国山东国际农产品交易会同期举办。按照"突出企业和产品，方便洽谈和销售"的要求，本届农交会各展团组织和举办的现场推介和对接活动达 27 场，场面异常火爆，贸易洽谈成效显著，现场贸易额达 467.03 亿元、现场销售额达 3.3 亿元。湖北星翔农产品专业合作社生产的"夷陵红柑橘"，现场签下了 12.5 万吨、2.33 亿元的销售订单，安徽同福碗粥股份有限公司现场达成 3 亿多元的销售协议。甘肃省靖远县御液泉兴隆香梨种植销售农民专业合作社 2015 年全年梨产品已全部订单售出。吉林长白工坊科贸公司销售的人参、蓝莓等系列产品，现场销售额达 30 多万元，安徽砀山宇通果业有限公司现场达成销售酥梨 4 100 箱。展会现场购销两旺，喜气洋洋，青岛市民现场享受了一次名特优新农产品的盛宴。

在第十二届中国国际农产品交易会上，农村经纪人朋友可以向全国乃至全世界展示自己的产品，更为重要的是，通过参加展览会更加清楚自己的产品处在什么样的市场地位，而市场上对什么产品需求量最大，在搜集到最新的市场信息后，及时地调整经营方式和目标。例如在展会期间，黑龙江稻花香大米、新疆和田玉枣、洛川苹果、光明乳制品、广东茗皇茶、河套雪花粉、天津沙窝萝卜、章丘大葱等品牌农产品云集，琳琅满目，深受消费者喜爱，争相购买。因为农业生产和农产品消费向多样化、品牌化方向发展，那么农村经纪人就可以考虑发展采用“公司＋基地＋农户”的方式生产品牌农产品以及如何去发展，做好这些，就可以为下一次来交易会促销自己的产品，寻找客户奠定了良好的基础。

如果想了解每年中国国际农产品交易会的详细情况以及相关信息，可以从中国农业信息网的“网上促销”栏目里面看到详细的报道。但是参加这样的大型交易会的资格要求很高，往往要求以企业的身份参加。对于我们个体性质的农村经纪人来说，参加地方举办的交易会更加现实。

(5)利用互联网络进行促销，寻找客户。农村经纪人可以利用网络发布的信息，为自己经营的农产品寻找客户。

河南省杞县高阳镇人张先生，常年从事大蒜以及时令鲜蒜、蒜苗、蒜薹、土豆等农副产品的库存、批发业务。自从 2002 年上半年在河南兴农网上发布大蒜的供求信息后，大量的客商前来洽谈业务。所以，他们继续在兴农网上分布信息，并且留下了联系电话。

“邱老板，我家的 2 000 多只鸭月底就可以出售了，麻烦你帮我联系一下买家……”钟山县英家镇的农村经纪人邱仲海每天都会接到这样的电话，他会仔细地把这些信息记录下来，再通过互联网发布信息。邱仲海坦言，自己常驻广州，为来自家乡的农副产品联系销路，年经纪销售额近 250 万元。据悉，目前在钟山县像邱仲海这样的农民经纪人还有很多，当地的农副产品通过他们销往全国各地。

虽然网络营销比传统营销具有多方面的优越性，但并不意味着网络营销可以脱离或者完全替代传统营销，事实上，由于互联网只是人们生活中的一部分内容，而且大部分人并没有上网，即使对于经常上网者来说，也并没有达到只接受互联网信息而忽略其他传统媒体信息的地步，因此，网络营销只是企业营销中的一部分，网络营销只有于传统营销相结合才能发挥更大效果。

(6)通过树立自己的品牌来进一步促进销售。江苏无锡惠山区的鸽子经纪人，在取得几百万元销售收入的同时，注册了“太湖王鸽”系列商标，以保证市场认准自己的产品，并且扩大了产品的影响。大连市的红富士苹果经纪人于先生，组建了省内唯一的万亩红富士苹果生产基地，以“驼峰”牌对生产的苹果进行了注册，并且按照绿色食品操作规程进行管理，使“驼峰”牌苹果达到了国家绿色食品标准，2001年被认定为大连市十大绿色食品基地之一，2002年在福州全国绿色食品博览会上获得了畅销产品奖。去年销售出去2 100吨，比上年净增700吨，为农户增收近百万元。

平凉市柳湖乡赵堡村的菜农们纷纷走出菜棚，来到村委会大院，共同迎接“平凉市知名商标”这块响亮的牌子。近年来，赵堡人积极调整产业结构，大力推进蔬菜规模化、产业化发展，成立果菜种植专业合作社，农村经纪人协会，吸纳会员140多户，开始走科学化的蔬菜种植路子。“赵铺”蔬菜知名商标是平凉市第一家果菜类知名商标，该注册商标包括苹果、辣子、豆角、西红柿、黄瓜等十多类新鲜蔬菜。

所以，通过创造品牌，提高声誉和知名度也是促销的有效手段。

3.农村经纪人如何接近客户

在发现了客户源后，面临的是如何接近客户并建立起友好的合作关系。接近是农村经纪人正式接触客户的一个步骤，是经纪面谈的前奏，更是经纪过程的必要环节。成功的接近是成功经纪的第一步，接近不了客户，便无法开展经纪活动。

在日常生活中，人们已经发现，第一印象非常重要。可以说第一印象是沟通的开始，人们对某个人的第一印象往往影响着以后对此人的看法及感情。对于农村经纪人来说，给客户留下什么样的第一印象对于将来是否顺利完成经纪业务会产生非常大的影响。

(1)从客户的兴趣、角度出发，进行谈话，明确你的主题。

在接近客户时，农村经纪人要做好充分的准备，并让客户了解到：你可以为他们做些什么？同时，想好接近话语。一般而言接近话语的步骤如下：

步骤1，称呼对方的名。直接叫出对方的姓名及职称——每个人都喜欢自己的名字从别人的口中说出。

步骤2，自我介绍。清晰地说出自己的名字和自己经纪的产品名称。

步骤3，感谢对方的接见。诚恳地感谢对方能抽出时间接见您。

步骤4，寒暄。根据事前对客户的准备资料，表达对客户的赞美或能配合客户的状况，选一些对方能容易谈论及感兴趣的话题。

步骤5，表达拜访的理由。以自信的态度，清晰地表达出拜访的理由，让客户感觉您的专业及可信赖。

步骤 6，赞美及询问。每一个人都希望被赞美，可在赞美后，接着询问的方式，引导客户的注意、兴趣及需求。

(2)选择接近客户的方式。农村经纪人接近客户主要有三种方式：

一是电话。即通过电话沟通的方式接近客户。打电话前应做好四项准备工作：收集客户的资料、了解客户可能的需求、找出关键的人物以及理解客户的选择。

电话接近客户的通话过程是：说明身份——说明目的及约请面谈——克服异议。

二是直接拜访。即通过直接与客户见面的方式与接近客户。直接拜访接近客户的过程是：电话预约—访前充分准备—营造良好氛围—有效开场—有效提问—积极聆听。

三是信函。通过信函或电子邮件方式与接近客户。

(3)与客户分享你的成功案例。

当客户说，“那你要经纪什么农产品呢”，或者表现出怀疑，那是因为有太多农村经纪人对这位客户了解甚少，客户还没有开始信任他们，就向他们经纪产品了。

解决这一问题的一种方法就是与客户分享你的成功案例，你如何通过经纪的产品和服务为他们带来了收益。

接近客户要注意：

第一，打开潜在客户的“心防”。曾任美国总统的里根，不仅是位卓越的总统，也是一位伟大的沟通家，他说：“您在游说别人之前，一定要先减除对方的戒心。”

第二，经纪商品或信息前，先销售自己。接近客户技巧的第一个目标就是先将自己销售出去。

(二)资料准备

(1)利用现有的图书馆或资料室以及报纸杂志，查找有关农村经纪人如何寻找和接近客户等信息资料。

(2)利用现有的电脑、网站、Wifi 等网络环境条件，查找有关农村经纪人如何寻找和接近客户。

(3)通过网络，查找农村经纪人寻找和接近客户的技巧与策略。

(4)教师准备的资料单，关于农村经纪人如何寻找和接近客户等相关文章。

二、项目设计与实施

(一)项目设计

见图 4-1。

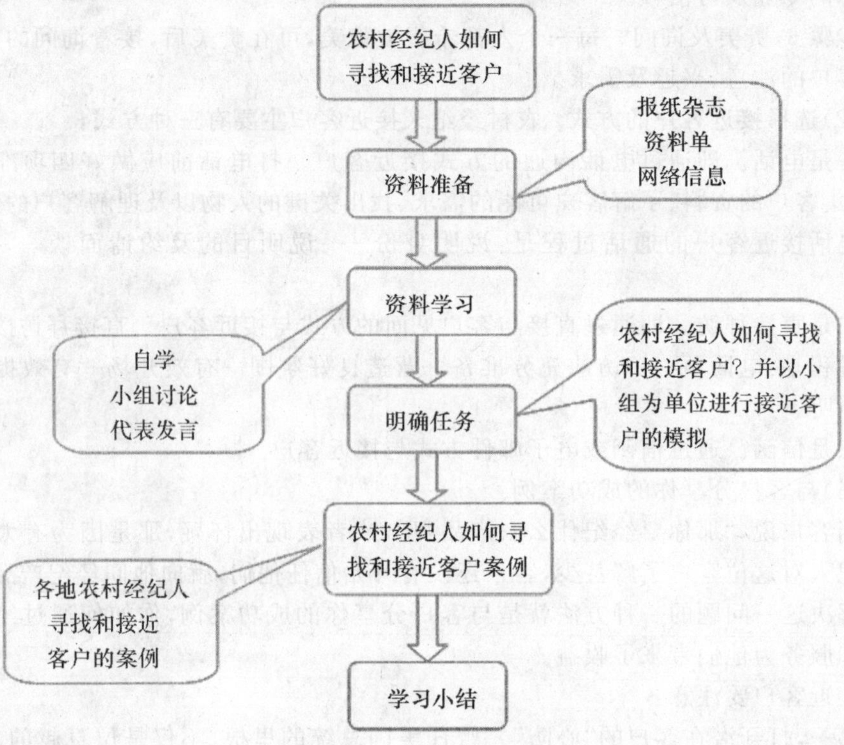

图 4-1 掌握寻找客户项目设计

(二)项目实施

(1)安排学生课前预习农村经纪人如何寻找和接近客户。

(2)在教师的指导下,通过多种信息渠道查询资料。关键词有:农村经纪人如何组织货源,寻找客户的途径等。

(3)汇总查找的相关资料。

(4)每人写一份学习收获。

(5)以小组为单位,模拟进行一次寻找和接近客户,并用集体的智慧完成一份较好的学习收获体会。

(6)每组选一个代表,在全班讲解小组的学习路径、学习收获,组员补充收获的内容。

(7)教师组织发动全班同学讨论、评价各小组的学习情况,达到全班同学共享学习资源和收获体会,巩固所学的知识内容。

三、学习拓展

【如何发现你的潜在客户？——衡量潜在客户的三大因素】

可以用“MAN”法则来判断哪些客户是潜在客户。

M：代表“MONEY(金钱)”，就是说此人有一定的购买力。

A：代表“AUTHORITY(决定权)”，就是说此人对购买行为有决定的权力。

N：代表“NEED(需求)”，就是说此人有对产品或服务的需求。

对于不同的客户，农村经纪人应采取不同的对待方法：三大因素都具备的客户，毫无疑问是理想的服务对象；具备一种或一种以上因素的客户，是潜在客户，但需要注意采取适当的策略；三大因素都不具备的客户，不是潜在客户，可以放弃。

任务二 学会接受委托

【任务导入案例】

“我今年收获的白莲全部卖给了邓老板，他在种白莲前就给我下了订单。”今年，石城县龙岗乡村民赖兴华种了10亩白莲，在家门口就把白莲卖出去了。他告诉记者，过去，白莲要经过采摘、去壳、去皮、通芯、烘干加工成干莲再拿到市场上卖，或者出售给“二贩子”，既辛苦，又麻烦。如今，订单式的收购让赖兴华直接把鲜莲卖出去，省了不少心，种得也放心。被赖兴华称为邓老板的邓金平其实也是龙岗乡农民，不过他还有个身份，那就是鲜莲合作社理事长，名副其实的农村经纪人。

在邓金平的小型包装厂里，记者见到五六名工人正在将冷库内存储的鲜莲过秤、包装、装箱，然后抬上一辆辆准备外运的大货车。“在白莲丰收季节，每天向外运鲜莲近2万多千克，成品鲜莲卖到了40元1千克，半成品20元1千克，比石城同期单价高出4元多。”邓金平指着大货车很是欣喜，他告诉记者，他做白莲收购已经有十多个年头了，熟悉沿海发达城市市场，在外面不但价格卖得更高，而且供不应求。

如今，石城县像邓金平这样的农村经纪人已遍布10个乡镇。据有关部门初步统计，该县共有农村经纪机构190多家，2 000多名农村经纪人活跃在种植、养殖、加工等领域，以“穿针引线”的方式组织农副产品进入市场，带动2万多户农户增收。

【思考】

如果你是农村经纪人,如何接受客户委托圆满完成此项经纪业务呢?

一、学习准备

农村经纪人开展经纪业务时,需要寻找到委托其进行经纪业务的对象——客户,并接受客户委托,这表明是农村经纪人经纪运作已经开始。接受客户委托是依客户和农村经纪人双方约定,客户为委托(委任)人,农村经纪人为受托(受任)人,农村经纪人接受委托人的委托。这是经纪运作程序的关键一步,没有委托就没有经纪中介服务。同时,农村经纪人要想获得客户的委托,就要与客户建立良好的关系,并促成交易。

(一)知识准备

1.农村经纪人与客户建立良好关系

农村经纪人开展经纪活动的前提是拥有很好的客户基础,因此与客户建立良好的关系就显得尤为重要了。农村经纪人与客户建立良好关系能够让客户有兴趣了解农村经纪人经纪的产品,从而对农村经纪人接受委托的竞争优势有更大的了解,让客户充分相信农村经纪人经纪的产品,及时委托,从而缩短成交周期,以便获得佣金。

对农村经纪人来说一切的目的就是要接受客户委托,完成经纪业务,因此,对农村经纪人在于客户交往过程中要求:自信、大胆、专业性、包容心、良好的反应能力与进攻能力、多赞美、多剖析自己,展现自身魅力!

农村经纪人如何在工作中与客户建立良好的客户关系呢?

(1)一般情况的主要做法。

①发邮件。发一些客户感兴趣的专业知识、农产品生产与营销知识或经验文章,最新的时势论点,一个笑话等,但不能流于低俗、庸俗。

②建立平台。可以为客户自己或客户的朋友带来商机,并加以推荐。

③发节假日贺卡。在节假日即将到来时发一下贺卡,进行问候,关心客户及其家人,让客户感觉你们是很好的朋友。

④经常拜访客户。主动与客户联系,培养共同的爱好,聊聊天或请客户吃饭,送客户一些小礼物,并帮助客户解决一些力所能及的困难,以增加彼此之间的了解、信任与感情。

(2)在沟通中建立客户关系。

第一,判断客户目前的年龄,学历、工作情况,目前的生活需要状况。

第二,判断客户的喜好,成长背景。

第三，确定自身在每一个客户面前的定位，如装大、装小，装请教，装大方，有时要示弱，有时要示强。

第四，赞美 要恰到好处，不要过分，让客户多了解我们，我们多剖析自己，告诉客户你目前的状况（大的方面很好，小的方面有问题）。

第五，要非常老道，非常知趣，知道我们什么事情都为他去想，觉得我们是个可以信任的人。

第六，要选择很合适的时候去建立关系，同时要见缝插针地让客户多笑。

第七，不要总是去谈业务的问题，完全可以找个单独的时候给客户电话说自己有些事情很难处理，需要出谋划策，也可以说平时大家都很忙，总是谈工作今天我们就不谈工作，只谈个人情况。

第八，要学会有技巧的听客户说话，引导客户多说话，可以去争执一个非业务的问题。

2.老客户维护

在当下的市场中，争取一个新客户的成本是保留一个老客户成本的5倍；如果客户流失率降低5%，其利润就能增加25%～85%；向新客户经纪农产品或农业生产资料的成功率是15%，而向老客户经纪农产品或农业生产资料的成功率是50%；60%的新客户来自老客户的推荐。因此，如何维护客户关系正在成为经纪人生存的核心竞争力。

①检查客户对自己经纪工作的满意程度；并要为客户给你带来一笔生意表示感谢；与客户建立与保持经常联系。

②建立客户档案。（基本资料、教育背景、家庭背景、人际关系、生活情报和经营状况）

③在平等互利的基础上想客户所想，不为难客户。当客户有为难之处时，一定要体谅客户，不要让客户为难。

④尊重客户，欣赏客户，少承诺多做事。诚实守信，答应的事一定要做到。

⑤坚持双赢，提供个性化、优质的经纪服务。与客户合作一定要追求双赢。

⑥平时与客户多沟通，投其所好，增加感情。

⑦不要忽视让每笔生意来个漂亮的收尾。

3.接受客户委托

农村经纪人接受客户委托是经纪业务运作中关键的一步，没有客户的委托便没有经纪中介业务。委托又称委任，是指客户在自己经营范围内，将某项业务委托给农村经纪人来办理的行为。其中，客户为委托人，农村经纪人为受托（受任）人。农村经纪人可受卖方委托向第三方推销其产品，宣传、介绍交易的数量、质量、性能特征、适应范围和经济效益等，为其选择需求并且具有较强实力的买家；也可受买方委托为其选择急需的、质量上乘的农产品。

农村经纪人在接受委托时，首先应通过各种手段弄清委托人的意图，是买方，就要搞清其可能接受的最高价；是卖方，应掌握其最低卖出价。另外，还要弄清经纪商品的质量、付款方式、交货条件、交货期限、标的物目前的状态、性能、信用证等。只有搞清上述情况，农村经纪人在接受委托时才会心中有数。

农村经纪人在接受委托人的委托后，必须承担以下义务：

①农村经纪人所处理的事项，应是委托人所委托的经纪事务。农村经纪人应按照委托人的要求处理，不得违背委托人的意愿。

②农村经纪人在经纪运作中必须事必躬亲。委托人委托农村经纪人是建立在对其能力信任的基础上的，因此农村经纪人接受委托后，应当亲自处理各项事务，不得将委托的事务转托其他人。如果需要转托其他人，必须事先征得委托人的同意。

③及时报告处理事项的情况。农村经纪人在经纪活动过程中，应随时向委托人报告事务处理的进展情况、存在的问题等，以使委托人及时了解情况；找到合适的合作伙伴后，农村经纪人应及时向委托人汇报最终结果，促成交易。

④妥善保管委托人交付的样品、预付款、保证金。在经纪活动结束后，应及时退还给委托人。

⑤农村经纪人由于自己的过错，给委托人造成损失，应当依约履行赔偿责任。

4.促成交易

农村经纪人通过对客户与交易伙伴资信和履约能力的调查了解后，就可及时撮合交易成交，这是经纪活动的最终目的，也是经纪程序的最后过程。一般地，促成交易要经历3个步骤：

① 根据委托方要求，寻找交易方。通过调查了解后，确信对方资信情况良好，履约能力强，就可选择恰当的时间和较好的环境，代表委托方与对方洽谈或撮合撮合交易双方洽谈。这个环节很重要，一定要把握时机，不可匆忙。

②业务洽谈，引导委托方和相对方顺利成交。农村经纪人在双方洽谈中必须始终保持中立地位，充分发挥农村经纪人应有的应变能力和协调能力，促成交易。在此步骤中，农村经纪人要确保卖家的货能够按时、按要求发放到指定的买家场所，同时保证买方能够按照规定的时间及时付款，使双方受益。

③收取佣金。按照经纪合同及时结清的特点，佣金数额由农村经纪人和委托人通过合同约定，其约定标准可依国内、国际的惯例，也可双方协商确定。佣金的提取可采用比例提成法和总额承包法获得。

(二)资料准备

(1)利用现有的图书馆或资料室以及报纸杂志,查找有关经纪业务内容和经纪业务流程的信息资料。

(2)利用现有的电脑、网站、Wifi 等网络环境条件,查找有关经纪业务内容、要约和承诺的内涵、经纪业务流程等方面的信息资料。

(3)通过网络,查找经纪人接受委托后的业务流程以及相关义务。

(4)教师准备的资料单,关于经纪业务内容和经纪业务流程等相关文章。

二、项目设计与实施

(一)项目设计

见图 4-2。

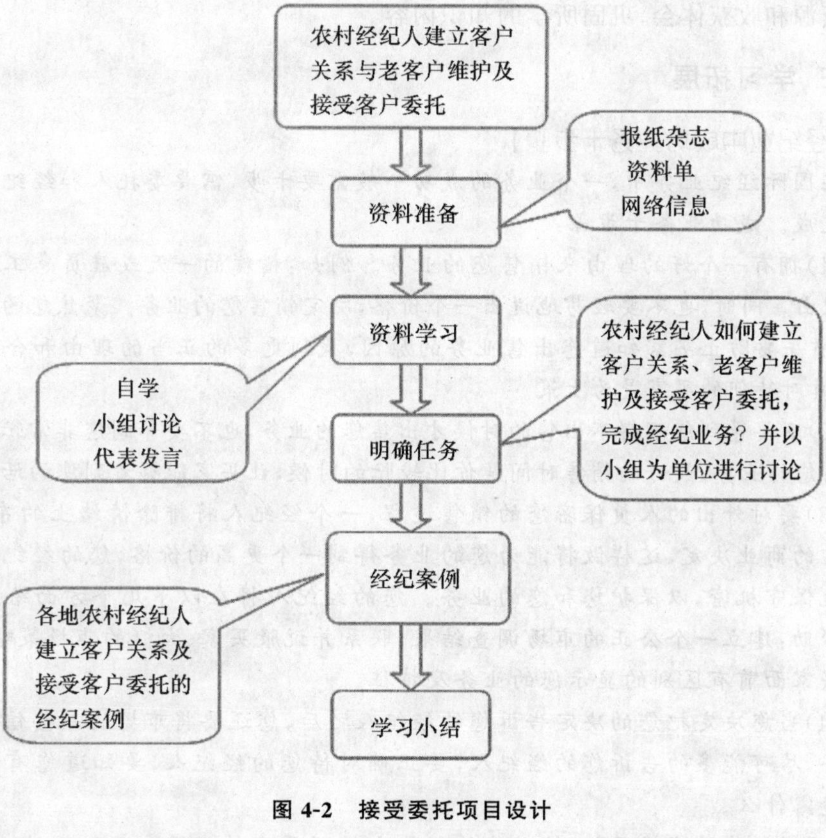

图 4-2　接受委托项目设计

(二)项目实施

(1)安排学生课前预习农村经纪人建立客户关系与老客户维护及接受客户委托等内容。

(2)在教师的指导下,通过多种信息渠道查询资料。关键词有:农村经纪人建立客户关系与老客户维护及接受客户委托等

(3)汇总查找的相关资料。

(4)每人写一份学习收获。

(5)以小组为单位,模拟农村经纪人建立客户关系并接受委托完成相关经纪业务,并用集体的智慧完成一份较好的学习收获体会。

(6)每组选一个代表,在全班讲解小组的学习路径、学习收获,组员补充收获的内容。

(7)教师组织发动全班同学讨论、评价各小组的学习情况,达到全班同学共享学习资源和收获体会,巩固所学的知识内容。

三、学习拓展

【国际经纪业中成功业务十步骤】

在国际经纪业务中,一个业务的成功一般需要十步,需要委托人和经纪人共同合作完成。成功业务十步骤:

(1)拥有一个好的理由来销售您的业务。例如:糟糕的一天或雇员怠工并不是好的理由。同时,也不要轻易地说出一个价格,决定销售您的业务。聚焦您的真正的目的,首先要防止买家知道您出售业务的原因,找到更多的正当的理由和合理的原因,认真对待您的买家是为上策。

(2)不要等到您不得不出售的时候才出售您的业务,也不要等到您非常忙的时候来销售您的业务,最好的销售时间是你比较忙的时候,让买家能够看到您的活力。

(3)要对外出的人员保密您的销售过程,一个经纪人将排除情绪上的东西,做出可靠的商业决定,这样做将能为您的业务得到一个更高的价格,您的经纪人也将坚决地保守机密,以保护您和您的业务。您的经纪人将在以下几个方面给以您最大的帮助:建立一个公正的市场调查结果、联系并说服买家、大概的市场策略、在不同的买家面前有区别的显示您的业务及特征。

(4)当您决定把您的决定告诉您的经纪人之后,您还要将市场的一些信息和您的业务,尽可能多的告诉您的经纪人,要正确对待您的经纪人,要知道您有什么和将要透露什么。

(5)牢记您的市场目标,协助您的经纪人按照原有的步骤一天一天地去实现,

并及时的回答您的经纪人的问题。

(6)工作当中要精诚合作,在买家面前保守好商业机密。

(7)要经常以一个旁观者的身份出现在您的场所,这将有利于您的销售目标的实现。

(8)尽可能地将您要出售的业务包装得更好一些。

(9)价格是最敏感的,一个机敏的买家通常会以一个更低的价格和出价更低的卖家来为他自己获得一个更低的价格,此时您千万不要去刺激出价低的卖家,您应该学会如何接近他。

(10)记住最成功的交易是创造了一个双赢的局面,交易的任何一方都感到满意才是成功的交易。

任务三 学会经纪业务谈判

【任务导入案例】

宁夏葡萄产业主要集中在贺兰山东麓地区。该地区位于北纬 37°43′～39°23′,东经 105°45′～106°47′,处于世界葡萄种植的“黄金”地带。这里种植的葡萄具有香气发育完全,色素形成良好,含糖量高,含酸量适中,无病虫害,无污染,品质优良的自然优势,是世界上少有的几个能生产高端葡萄酒的绝佳产区之一,是比煤炭更宝贵、更难得、更有开发潜力的优质、绿色、稀缺资源。2003 年,贺兰山东麓通过“葡萄酒国家地理标志产品”保护区认证;贺兰山东麓成为葡萄酒国家地理标志产品保护区,成为继河北昌黎、山东烟台之后第三个获葡萄酒原产地保护认证的产区。近年来,贺兰山东麓地区酿造的葡萄美酒,已获百余项国际、国内葡萄酒大奖,已成为世界上名副其实的生产高端葡萄酒的明星产区之一,引起全世界葡萄与葡萄酒业界的广泛关注。2012 年,全区建成葡萄基地 44 万亩,其中酿酒葡萄 37 万亩,葡萄总产量 17.2 万 t,实现产值 20 亿元;已建成葡萄酒厂、酒庄 34 家,生产能力 15 万吨。为此更是吸引了不少葡萄酒厂到这里来建厂或大量采购优质葡萄。李某是这一地区的有名的葡萄经纪人,每年经他销售的葡萄就能达到 2 200 t。2013 年 7 月的一天,某葡萄酒厂采购经理找到李某,让他帮助采购葡萄 500 t。

【思考】

如果你是李某,你如何与农户及采购经理进行的此项经纪业务谈判并圆满完成此项经纪业务。

一、学习准备

随着我国全面建成小康社会进程的加快,我国农村涌现了一批以从事农产品及其相关中介业务为主的农村经纪人,他们为农产品生产者与购买者之间牵线搭桥,促成交易,实现其自身的价值。在此过程中,农村经纪人要与农产品生产者与购买者进行一系列的谈判活动,那么,农村经纪人如何能正确开展经纪谈判并能获得双赢呢?

(一)知识准备

1.认知经纪谈判

开展经纪业务谈判,促成交易是农村经纪人经纪过程的重要一环,也是农村经纪人员对此前长时间接触客户,与客户沟通、提案并谈判之后希望获得的一个结果,更是农村经纪人员将潜在客户转变为现实客户的一个重要过程,因此对农村经纪人员来说,能否有效地与客户进行谈判,促成交易直接关系到其业绩的好坏。

(1)经纪谈判含义。经纪谈判是经纪人为了达成经纪业务,满足各方的需要,通过协商而争取达到意见一致的行为和过程。经纪谈判具有目的性、相互性和协商性的特征。

经纪谈判的基本要素是指构成经纪谈判活动的必要因素。没有这些要素,谈判就无从进行。其主要包括:

一是经纪谈判当事人。其是指经纪谈判活动中有关各方的所有参与者。二是经纪谈判议题。是指经纪谈判需商议的具体问题。三是经纪谈判背景。其是指经纪谈判所处的客观条件。

影响经纪谈判的重要因素:谈判者的目标;谈判者的权力;谈判者掌握的信息;谈判的时间限制;面临的压力;谈判者的素质、风格。

(2)农村经纪人谈判原则。农村经纪人谈判原则是经纪谈判中谈判各方应当遵循的指导思想和基本准则。是农村经纪谈判过程中的实践总结和制胜规律。因此,认识和把握农村经纪人谈判原则,有助于维护谈判各方的权益、提高谈判的成功率和指导谈判策略的运用。

①自愿和友好协商原则。农村经纪人的谈判是在矛盾冲突中寻求双方共同认可的目标,因此,双方必须自愿和以友好协商的态度作为基调。任何违背友好协商的态度,如欺骗、强制等,都会使谈判失败。

②平等互利原则。农村经纪人双方身份上的平等、经济和政治上的互利。因此,双方虽组织有大小、实力有强弱,但是在谈判桌上地位是平等的。

③合法性原则。农村经纪人的谈判过程和内容都必须符合法律的要求。凡是

不合法的谈判过程和内容,都是无效的。

④时效性原则。农村经纪人在谈判中讲求省时和高效。在相对短的时间内达到谈判的目标。谈判中忌讳马拉松式谈判。五是最低目标原则。在不违背总体利益的前提下,制定谈判的最低目标。农村经纪人在谈判中最忌讳向对方提出过高的要求和苛刻的条件,因此,多为对方着想,双方各退一步,是谈判成功的基础前提。

(3)农村经纪人谈判准备和过程。

①农村经纪人谈判准备。

第一是谈判前市场调查。产品销售情况,产品竞争情况,产品分销渠道等。

第二是了解谈判对手的基本情况。常言道"知已知彼,百战百胜",尽量收集对手的资料,了解对手,这是谈判成功的前提。在谈判准备过程中,农村经纪人要在对自身情况作全面分析的同时,设法全面了解谈判对手的情况,主要有对手的产品情况、经营状况、资信情况、谈判的最后期限、对方对已方的信任程度等。

第三是谈判前的有关资料的掌握。有关技术资料;有关价格资料;有关法律条款资料;有关货单、样品的准备。

第四是准备货单、样品。做好货单、样品等准备,也是谈判一项必不可少的工作。尤其是在国内外商品博览会或是在海外市场的推销、谈判中,货单必须做得具体、正确,这是家底,每个谈判人员对自已的家底必须心中有数。

第五是制定谈判方案。制定一个简明、具体而又灵活的谈判方案,是谈判准备阶段的中心工作。谈判方案通常包括谈判规划和谈判执行计划两部分内容。

第六是明确谈判角色。谈判角色首席代表、白脸、红脸、强硬派、清道夫。

②农村经纪人谈判过程。

第一阶段,谈判前计划的制定阶段。主要包括:确立谈判的具体目标;分析各方的优势和劣势;收集相关信息;认识对方的需要;识别实际问题和情况;为每一个问题设定一个成交位置;制定谈判策略;向其他人员简要介绍谈判内容;谈判预演。

第二阶段,农村经纪人谈判过程阶段。主要包括:双方互做介绍,商议谈判议程和程序规则;探讨谈判所涉及的范围,即双方希望在谈判中解决的事宜;要谈判成功,双方需要达成一致意见的共同目标;在可能的情况下,双方需要确定并解决阻碍谈判达成共同目标的分歧;达成协议,谈判结束。

第三阶段,农村经纪人谈判后的阶段。主要包括:签署协议或合同,尽可能清楚地详述双方已经达成一致的内容,并将其呈送到谈判各方以便提出自己的意见并签名;执行协议;在谈判结束后和对方举行一场宴会是必不可少的,在激烈交锋后,这种方式可以消除谈判过程中的紧张气氛,有利于维持双方的关系。

(4)农村经纪人谈判的基本内容。

①农产品买卖谈判的内容。主要包括：

一是农产品的品质、数量和包装。

农产品的品质指农产品的内在质量和外观形态。其中内在质量包括农产品的物理和机械性能、化学成分的构成、生物学特征等；外观形态表现为农产品的造型、色泽、味觉等。

农产品的数量指按照一定的度量衡表示出农产品的重量、个数、容积等的量。

农产品包装是指为在流通过程中保护农产品、方便运输、促进销售，按照一定技术方法而采用的容器、材料及辅助物等操作活动的总称。

二是装运、保险和检验。

农产品装运主要指农产品装运涉及运输方式、运输费用、装运与交货的时间、地点等问题，这是谈判的重要内容。谈判的具体内容包括：运输方式的选择(公路、铁路、水路、航空、管道)；运费的计算(依据重量、体积、价格)；装运时间与交货时间(注明在某年某月某日之前为宜)的确定。

保险主要是指农产品在运输、装卸、储存过程中可能会遇到各种风险，为了保障在农产品受损时可以获得经济上的补偿，有必要对商品进行保险。

在谈判时，双方要明确风险的划分，确定由谁办理保险手续和支付保险费用以及双方与保险公司的关系等事宜(在对外贸易中要争取在我国保险)。

商品检验是对交易农产品的品质、数量、包装等项目按照合同规定的标准进行检查和鉴定。在谈判中，双方必须明确：规定商品检验的具体内容和方法；确定商品检验的时间和地点；确定商品检验机构和检验证明。

三是农产品价格和支付。

农产品价格是商品价值的货币表现，是谈判中最重要的内容。价格由单价和总值构成。单价由以下四部分构成：

计量单位，即计算农产品数量的单位。

计价货币：即计算农产品价格时使用的标准货币。

单位金额：即农产品每一计量单位以计价货币表示的金额。

支付是在谈判中应该确定货物结算方式及结算使用的货币、结算时间、地点等事项。结算方式分为现金结算和转账结算。转账结算分为同城结算和异地结算。异地结算分为托收、汇兑和信用证等方式。

四是保证条款。

保证条款指在谈判中对卖方所做保证进行检查和制约的一种条款形式。其主重要内容是担保，包括保证人、定金、留置权三种形式。

五是索赔、仲裁和不可抗力。

索赔是一方认为对方未能全部或部分履行合同责任时提出要求对方赔偿。在谈判中要确定索赔依据(包括证据和出证机构)、索赔期限(向违约一方提出索赔的有效期限)、索赔金额(包括违约金和赔偿金)。

仲裁是指双方商定,在发生争议时自愿到第三方进行裁决。在谈判中要确定仲裁机构、明确仲裁决定是否为最终裁决、仲裁费用等。

不可抗力是指合同签订以后,由于发生了当事人不可预见的、无法预防的意外事故,造成合同无法履行。不可抗力包括自然力量引起的和社会力量引起的两种。谈判中应该确定不可抗力事故的范围、发生后双方的责任、出具事故证明的机构。

②技术贸易谈判。

技术贸易谈判是指有关的技术转让等问题进行的谈判。其一般包括三个方面:技术部分的谈判、商务部分的谈判和法律部分的谈判。

一是技术部分的主要谈判内容包括:标的;技术性能;技术资料的交付;技术咨询和人员培训;技术考核与验收;技术的改进和交换。

二是商务部分的主要谈判内容包括:技术使用的范围和许可的程度;价格;支付;保证、索赔和罚款。

三是法律部分的主要谈判内容包括:侵权和保密、不可抗力、仲裁与法律适用等项。其中,不可抗力、仲裁等与货物买卖谈判涉及的问题相似,而侵权和保密是技术贸易谈判中的特殊内容。

2.农村经纪人谈判的实施

(1)农村经纪人谈判开局阶段。谈判开局对整个谈判过程起着至关重要的作用,它往往关系到双方谈判的诚意和积极性,关系到谈判的格调和发展趋势,一个良好的开局将为谈判成功奠定良好基础。这一阶段的目标主要是对谈判程序和相关问题达成共识;双方人员互相交流,创造友好合作的谈判气氛;分别表明己方的意愿和交易条件,摸清对方情况和态度,为实质性磋商阶段打下基础。

①开局阶段的基本任务。具体问题的说明;建立适当的谈判气氛;开场陈述和报价。

②农村经纪人谈判开局气氛的营造。

谈判气氛的营造应该服务于谈判的方针和策略,服务于谈判各阶段的任务。一般来说,开局气氛如果是冷淡的、对立的、紧张的,或者是松懈的,都不利于谈判的成功。但谈判开局气氛也不大可能一下子就变成热烈的、积极的、友好的。什么样的开局气氛是比较合理的呢?根据开局阶段的性质、地位,根据进一步磋商的需要,开局气氛应该有以下几个特点:礼貌、尊重的气氛;自然、轻松的气氛;友好、合作的气氛和积极进取的气氛。

③农村经纪人谈判开局策略。谈判开局策略是谈判者谋求谈判开局有利形势和实现对谈判开局的控制而采取的行动方式或手段。营造适当的谈判气氛实质上就是为实施谈判开局策略打下基础。谈判开局策略一般包括以下几个方面：

一是协商式开局策略。协商式开局策略是指以协商、肯定的语言进行陈述，使对方对己方产生好感，创造双方对谈判的理解充满“一致性”的感觉，从而使谈判双方在友好、愉快的气氛中展开谈判工作。

二是坦诚式开局策略。坦诚式开局策略是指以开诚布公的方式向谈判对手陈述自己的观点或意愿，尽快打开谈判局面。

三是慎重式开局策略。慎重式开局策略是指以严谨、凝重的语言进行陈述，表达出对谈判的高度重视和鲜明的态度，目的在于使对方放弃某些不适当的意图，以达到把握谈判的目的。

四是进攻式开局策略。进攻式开局策略是指通过语言或行为来表达己方强硬的姿态，从而获得谈判对手必要的尊重，并借以制造心理优势，使谈判顺利进行下去。

(2)农村经纪人谈判磋商阶段。在双方或多方谈判开局完成后，就进入了农村经纪人谈判的磋商阶段，这是谈判的实质性阶段。

①农村经纪人谈判磋商准则。为使谈判各方达到其谈判的目的，我们在谈判过程中应把握以下准则：把握气氛的准则、次序逻辑准则、掌握节奏准则和沟通说服准则。

②合理地报价与还价。一是报价又称提出条件，其是指谈判磋商阶段开始时提出讨论的基本条件。其不仅仅指产品在价格方面的要价，而是泛指谈判一方向对方提出自己的所有要求，或者谈判双方提出各自的要求，包括商品的质量、数量、包装、价格、装运、保险、支付、商检、索赔、仲裁交易条件。其中价格条件具有重要的位置。报价应遵循如下原则：第一，对卖方来讲，报价必须是“最高的”。相应地，对买方而言，报价必须是“最低的”这是报价的首要原则。第二，报价必须合乎情理。第三，综合性原则。第四，艺术性原则。报价还应正确地掌握表达的技巧与艺术性。第五、“利益最大化”原则。

二是谈判的还价。还价，即卖、买双方在报价后，期望对方重新给出价格的意见表示。还价起点受制于三个因素：双方价格差距、交易物的客观成本及还价次数。

还价的基本原则：第一，做好还价前的各项准备工作。还价不是一种简单的压低价格的行为，它必须建立在市场调查与“货比三家”的基础之上。第二，澄清对方报价的确切含义。有经验的谈判人员在接到对方报价后，不是急于要求对方解释为什么如此报价，而是要澄清对方报价的事实，使自己确切明白对方报价究竟是什么含义，而且要准确无误。第三，澄清对方报价的确切含义。有经验的谈判人员在接到对方报价后，不是急于要求对方解释为什么如此报价，而是要澄清对方报价的事实，使自己确切明白对方报价究竟是什么含义，而且要准确无误。第四、统筹兼顾。还价不能只把目光集中在价格上，应当把价格与技术、商务等各方面的数字、条件和资料联系起来，并把所有的条件作为还价的进退交换的筹码。这样，会使还价更富有实际意义，也会缓解还价的难度与矛盾。

③农村经纪人谈判让步策略。在农村经纪人谈判磋商阶段，对己方条件做一定的让步是双方必然的行为。如果谈判双方都坚持自己的阵线而不后退半步的话，谈判永远也达不成协议，谈判追求的目标也就无法实现。谈判者都要明确他们要求的最终目标，同时他们还必须明确为达到这个目标可以或愿意做出哪些让步，做多大的让步。让步本身就是一种策略，它体现谈判者用主动满足对方需要的方式来换取己方需要的精神实质。

让步策略主要有：

一是于己无损策略。所谓于己无损策略是指己方所做出的让步不给己方造成任何损失，同时还能满足对方一些要求或形成一种心理影响，产生诱导力。

二是以攻对攻策略。以攻对攻策略是指己方让步之前向对方提出某些让步要求，将让步作为进攻手段，变被动为主动。

三是强硬式让步策略。强硬式让步策略是指一开始态度强硬，坚持寸步不让的态度，到了最后时刻一次让步到位，促成交易。

四是坦率式让步策略。坦率式让步策略是指以诚恳、务实、坦率的态度，在谈判进入让步阶段后一开始就亮出底牌，让出全部可让利益，以达到以诚制胜的目的。

五是稳健式让步策略。稳健式让步策略是指以稳健的姿态和缓慢的让步速度，根据谈判进展情况分段做出让步，争取较为理想的结果。谈判者既不坚持强硬的态度寸利不让，也不过于坦率，一下子让出全部可让利益。既有坚定的原则立场又给对方一定的希望，谈判多数情况习惯运用这种策略。

④农村经纪人谈判僵局的处理。谈判僵局是经纪谈判过程中出现难以再顺利进行下去的僵持局面。在谈判中谈判双方各自对利益的期望或对某一问题的立场和观点存在分歧，很难达成共识，而又都不愿做出妥协向对方让步时，谈判进程就会出现停顿，谈判即进入僵持状态。

谈判僵局产生的原因：一是立场观点的争执。双方各自坚持自己的立场观点而排斥对方的立场观点，形成僵持不下的局面。二是面对强迫的反抗。一方向另一方施加强迫条件，被强迫一方越是受到逼迫，就越不退让，从而形成僵局。三是信息沟通的障碍。谈判过程是一个信息沟通的过程，只有双方信息实现正确、全面、顺畅的沟通，才能互相深入了解，才能正确把握和理解对方的利益和条件。但是实际上双方的信息沟通会遇到种种障碍，造成信息沟通受阻或失真，使双方产生对立，从而陷入僵局。四是谈判者行为的失误。谈判者行为的失误常常会引起对方的不满，使其产生抵触情绪和强烈的对抗，使谈判陷入僵局。五是偶发因素的干扰。在谈判所经历的一段时间内有可能出现一些偶然发生的情况。当这些情况涉及谈判某一方的利益得失时，谈判就会由于这些偶发因素的干扰而陷入僵局。

谈判中出现僵局是很自然的事情，不要惊慌失措或情绪沮丧，更不要一味指责对方没有诚意，要弄清楚僵局产生的真实原因是什么，分歧点究竟是什么，谈判的形势怎样，然后运用有效的策略技巧突破僵局，使谈判顺利进行下去。

打破谈判僵局的策略与技巧主要有：

一是回避分歧，转移议题。当双方对某一议题产生严重分歧都不愿意让步而陷入僵局时，一味地争辩并解决不了问题，可以采用回避有分歧的议题，换一个新的议题与对方谈判或应马上休会。

二是尊重客观，关注利益。由于谈判双方各自坚持己方的立场观点，使谈判陷入僵局。这时候处于激烈争辩中的谈判者容易脱离客观实际，忘掉大家的共同利益是什么。所以，当谈判者陷入僵局时，首先要克服主观偏见，从尊重客观的角度看问题，关注企业的整体利益和长远目标，而不要一味追求论辩的胜负。

三是多种方案，选择替代。实际上谈判中往往存在多种满足双方利益的方案。在谈判准备期间就应该准备出多种可供选择的方案。一旦一种方案遇到障碍，就可以提供其他的备用方案供对方选择，使“山重水复疑无路”的局面转变成“柳暗花明又一村”的好形势。

四是尊重对方，有效退让。当谈判双方各持己见互不相让而陷入僵局时，谈判人员应该明白，坐到谈判桌上的目的是为了达成协议实现双方共同利益，如果促使合作成功所带来的利益要大于固守己方立场导致谈判破裂的收获，那么退让就是聪明有效的做法。

五是以硬碰硬，据理力争。当对方提出不合理条件，制造僵局，给己方施加压力时，特别是在一些原则问题上表现得蛮横无理时，要以坚决的态度据理力争。因为这时如果做出损害原则的退让和妥协，不仅损害己方利益和尊严，而且会助长对方的气焰。

六是孤注一掷，背水一战。当谈判陷入僵局时，己方认为自己的条件是合理的，无法再做让步，而且又没有其他可以选择的方案，可以采用孤注一掷，背水一战的策略。将己方条件摆在谈判桌上，明确表示自己已无退路，希望对方能做出让步，否则情愿接受谈判破裂的结局。

(3)农村经纪人谈判结束阶段。

①农村经纪人谈判终结的判定。农村经纪人谈判何时终结？是否已到终结的时机？这是农村经纪人谈判结束阶段极为重要的问题。谈判者必须正确判定谈判终结的时机，才能运用好结束阶段的策略。错误的判定可能会使谈判变成一锅夹生饭，已付出的大量劳动付之东流。错误的判定也可能毫无意义地拖延谈判成交，丧失成交机遇。谈判终结可以从以下三个方面判定：一是从谈判涉及的交易条件来判定。其是指从谈判所涉及的交易条件解决状况来分析判定整个谈判是否进入终结。二是从谈判时间来判定。谈判的过程必须在一定时间内终结，当谈判时间即将结束，自然就进入终结阶段。三是从谈判策略来判定。谈判过程中有多种多样的策略，如果谈判策略实施后决定谈判必然进入终结，这种策略就叫终结策略。

②经纪谈判结束的方式。谈判结束的方式不外乎三种：成交、破裂、中止。

一是成交。成交即谈判双方达成协议，交易得到实现。成交的前提是双方对交易条件经过多次磋商达成共识，对全部或绝大部分问题没有实质上的分歧。成交方式是双方签订具有高度约束力和可操作性的协议书，为双方的商务交易活动提供操作原则和方式。由于谈判内容、形式、地点的不同，因此成交的具体做法也是有区别的。

二是中止。中止谈判是谈判双方因为某种原因未能达成全部或部分成交协议而由双方约定或单方要求暂时终结谈判的方式。

三是破裂谈判。破裂是指双方经过最后的努力仍然不能达成共识和签订协议，交易不成，或友好而别，或愤然而去，从而结束谈判。

(二)资料准备

(1)利用现有的图书馆或资料室以及报纸杂志，查找有关经纪业务谈判的信息资料。

(2)利用现有的电脑、网站、Wifi 等网络环境条件，查找有关谈判概念、内涵、特征等方面的信息资料。

(3)通过网络，查找如何进行经纪业务谈判及其技巧与策略。

(4)教师准备的资料单 关于经纪谈判概念、原则、内容、过程等相关文章。

二、项目设计与实施

(一)项目设计

见图 4-3。

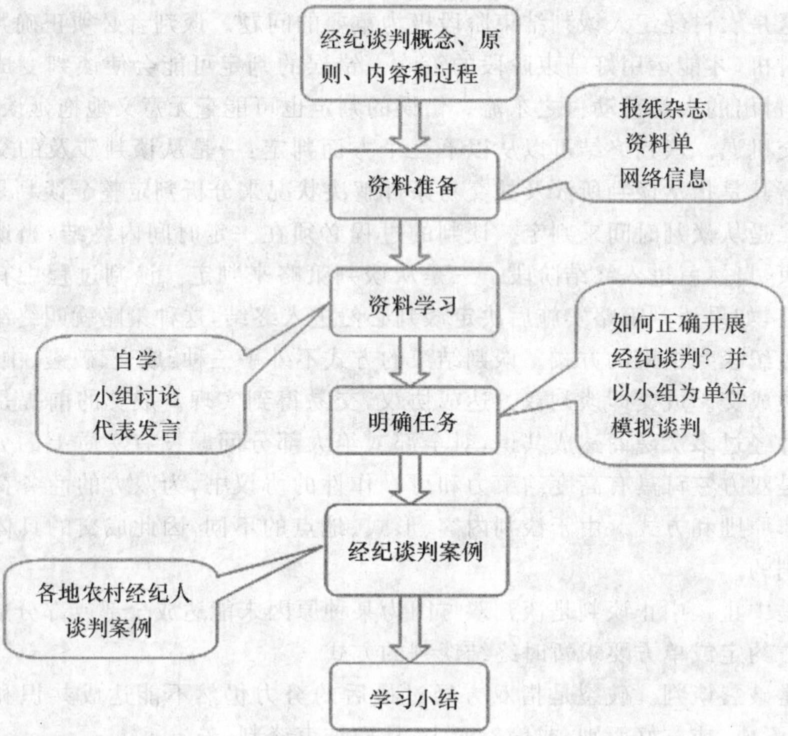

图 4-3　经纪谈判项目设计

(二)项目实施

(1)安排学生课前预习经纪谈判的概念、原则、内容、过程和实施。

(2)在教师的指导下,通过多种信息渠道查询资料。关键词有:经纪谈判的概念、原则、内容、过程和实施等。

(3)汇总查找的相关资料。

(4)每人写一份学习收获。

(5)以小组为单位,模拟进行一次经纪谈判,并用集体的智慧完成一份较好的学习收获体会。

(6)每组选一个代表,在全班讲解小组的学习路径、学习收获,组员补充收获的内容。

(7)教师组织发动全班同学讨论、评价各小组的学习情况,达到全班同学共享学习资源和收获体会,巩固所学的知识内容。

三、学习拓展

【农村经纪人谈判策略】

1.避免争论策略

农村经纪人在开始谈之前,要明确自己的谈判意图,在思想上进行必备的准备,以创造融洽、活跃的谈判气氛。然而,谈判双方为了谋求各自的利益,必须要在一些问题上发生分歧。分歧出现以后,要防止感情冲动,保持冷静,尽可能地避免争论。因为,争论不仅于事无补,而只能使事情变得更糟。

最好的方法是采取下列态度,进行协商。

(1)冷静地倾听对方的意见。

(2)婉转地提出不同意见。

(3)分歧产生之后谈判无法进行,应马上休会。

2.抛砖引玉策略

所谓抛砖引玉的策略,就是农村经纪人在谈判中,一方主动地摆出各种问题,但不提解决的办法,让对方去解决。

3.留有余地策略

这种策略实际上是“留一手”的做法。它要求谈判人员对所要陈述的内容应留有余地,以备讨价还价。

4.避实就虚策略

该策略是指我方为达到某种目的和需要,有意识地将洽谈的议题引导到无关紧要的问题上故作声势,转移对方的注意力,以求实现自己的谈判目标。

5.沉默策略

谈判开始就保持沉默,迫使对方先发言。沉默是处于被动地位的一方常用的策略。其主要是通过沉默给对方造成心理压力,使之失冷静,以泄露其急于获得的信息。

有效发挥沉默策略的作用,应注意以下问题:

(1)事先准备。

(2)耐心等待。

6.忍耐策略

在谈判中 ,占主动地位的一方会以一种咄咄逼人的姿态表现自己。这是如果表示反抗或不满，对方会更加骄横，甚至退出谈判。这时对对方的态度不做反应，以静制动，磨其棱角，挫其锐气，以柔克刚。

7. 多听少讲策略

一个处于被动地位的谈判者，除了忍耐之外，还要多听少讲。让对方尽可能多地发言，充分表明他的观点，说明他的问题，这样做既表示对对方的尊重，也使自己可以根据对方的要求，确定自己对付他的具体策略。

8. 情感沟通策略

如果对方直接谈判的希望不大，就应采取迂回的策略。就是先通过其他途径接近对方，沟通了感情之后，再进行谈判。

任务四 学会签订经纪合同

【任务导入案例】

2014年7月，山东青岛农村经纪人张兴波接受周边百余户农户的委托——销售当地产的白萝卜。张兴波通过市场调查，很快了解到辽宁一家大型咸菜厂需要大量白萝卜作为原料生产咸菜，然后，张兴波就积极与该厂采购员及厂领导沟通，很快达成意向，于是，张兴波来到沈阳与该厂领导进行谈判。

【思考】

如何能订立与履行好经纪合同？

一、学习准备

（一）知识准备

1. 认知经纪合同

合同法第二条规定："本法所称合同是平等主体的自然人、法人、其他组织之间设立、变更、终止民事权利义务关系的协议"。依法成立的合同，受法律保护。

合同的法律特征主要表现为：合同是两个以上法律地位平等的当事人意思表示一致的协议；合同以产生、变更或终止债权债务关系为目的；合同是一种民事法律行为。

经纪合同是合同的一种。经纪合同是指经纪人为促成委托方和相对方（第三方）完成交易，提供中介服务，获取酬金，明确权利义务关系所达成的协议。

经纪合同的当事人，是经纪人与委托人，双方具有平等的法律地位。经纪合同的具体内容，是当事人双方平等协商的结果，是双方真实意思的反映。订立经纪合同时，当事人依法享有自主自愿订立合同的权力，任何个人或组织不得强迫、威胁、非法干预。

经纪合同本质上是一种“服务合同”。当事人双方，一方提供“经纪”服务，另一方支付佣金。合同的标的是“经纪行为”。而一般经济合同，如《购销合同》、《加工承揽合同》《运输合同》的标的则是商品。

经纪人是通过自己为委托人提供中介服务而获取酬金的。经纪人与委托人之间，也需要通过签订合同来明确双方的权利义务关系。比如，辽宁省盖州市九垄地镇有 20 户果农联合委托本地经纪人李某在一个月内以不低于每千克 6 元的价格销售 20 吨富士苹果，经纪人完成委托事项，按货款的 3% 取得佣金。为保证委托人与经纪人的口头约定具有法律效力，同时确保商定的条件能够落到实处，就需要双方订立经纪合同。

2.经纪合同的订立原则、形式与种类

(1)经纪合同的订立原则。经纪合同的订立是当事人各方依法就合同的主要条款，经过协商一致，达成协议的法律行为。订立合同，应当遵循以下基本原则：

①当事人资格合法原则。为了避免和减少经纪合同执行过程中的纠纷，在正式签订合同之前，农村经纪人首先应审查客户作为合同主体的资格。所谓合同资格，是指订立合同的当事人及其经办人，必须具有法定的订立合同的权利。审查客户的合同资格，目的在于确知对方是否具有合法的签约能力，它直接关系到所签订合同是否具有法律效力。

②内容合法原则。就是必须遵照国家的法律、法令、方针和政策签订经纪合同，其内容和手续应符合有关经纪合同管理的相关法律、具体条例和实施细则的规定。

③平等互利原则。必须坚持平等互利，充分协商的原则签订合同。

④自愿与协商一致原则。

⑤书面原则。为使经纪合同产生纠纷后以法举证，保护当事人合法权益，所以应当采用书面形式。

(2)经纪合同形式。经纪合同的形式是指合同的当事人达成的协议的表现形式。合同形式是合同内容的载体，是合同内容的外部表现形态。我国《合同法》第十条规定：“当事人订立合同，有书面形式、口头形式和其他形式”。该条第二款还规定：“法律、行政法规规定采用书面形式的，应当采用书面形式。当事人约定，采用书面形式的，应当采用书面形式”。依据我国《合同法》的规定，当事人订立合同，有书面形式、口头形式和其他形式三种。经纪合同一般应当采用书面形式。

(3)经纪合同的种类。按照经纪业务的种类,经纪合同科分为:委托合同、行纪合同、居间合同三种。

①委托合同是指受托人为委托人办理委托事务,委托人支付约定报酬或不支付报酬的合同。在委托合同关系中,委托他人为自己处理事务的人称委托人,接受委托的人称受托人。

委托合同特征主要有:一是建立在委托人与受托人的相互信任基础上。所以选定受托人为自己处理事务,是以他对受托人的办事能力和信誉的了解、信任为基础的;而受托人之所以接受委托,也是出于愿意为委托人服务,能够完成委托事务的自信,这也是其基于对委托人的了解和信任。因此,委托合同只能发生在双方相互信任的特定人之间。没有当事人双方相互的信任和自愿,委托合同关系就不能建立,即使建立了合同关系也难以巩固。因此,在委托合同中,受托人应当亲自处理受托的事务,不经委托人的同意,不能转托他人处理受托的事务。同时,在委托合同建立后,如果任何一方对他方产生了不信任,都可以随时终止委托合同。二是标的是处理委托事务。委托合同是提供劳务类合同,其标的是为劳务,这种劳务体现为受托人替委托人处理委托事务。关于委托事务的范围,《合同法》并没有将委托事务限于法律行为,因而解释上应不限于法律行为。但是,应当指出,委托事务的范围也并不是没有任何限制的,委托事务必须是委托人有权实施的,且不违反法律或者社会公共利益、社会公德的行为。三是受托人以委托人的名义和费用处理委托事务。受托人处理事务,除法律另有规定外,不是以自己的名义和费用,而是以委托人的名义和费用进行的。因此,委托合同的受托人处理受托事务的后果,直接归委托人承受。这是委托合同与行纪合同、承揽合同、居间合同等类似合同的重要区别。四是委托合同可以是有偿的,也可以是无偿的。委托合同是否有偿,由当事人双方约定。如约定收取报酬,则为有偿合同。如法律没有另外规定,当事人双方又没有约定给付受托人报酬的,则为无偿合同。

②行纪合同是指行纪人以自己的名义为委托人从事贸易活动,委托人支付报酬的合同。委托他人从事贸易活动的人为委托人,接受委托从事贸易活动的人为行纪人。行纪合同在大陆法系国家及我国合同法理论上又称信托合同。

行纪合同特征主要有:一是行纪合同主体的限定性。在我国,行纪合同的委托人可以是法人或者其他组织,并无太多限制。但行纪人只能是经批准经营行纪业务的法人、自然人或其他组织,法律往往对行纪人的资格、业务范围有严格的限制并对其业务活动实施专门的监督和管理。二是行纪合同的标的具有特定性。行纪合同属于提供劳务类合同,由行纪人为委托人从事贸易活动,但其所提供的劳务具有特定性,各国基本都规定为物品的买进或卖出,且限于动产范围之内,不动产贸易不属于行纪范畴。我国《合同法》将行纪合同的标的规定为“从事贸易的活动”，如代购、代销、寄售等。三是行纪人以自己的名义为委托人办理委托事务。行纪合同中的行纪人在为委托人从事贸易活动时，以自己的名义与第三人发生法律关系的。虽然处理事务的结果最终归于委托人承受，但行纪人是以独立的主体资格与第三人订立合同，无须向第三人披露自己与委托人的委托关系，对该合同直接享有权利、承担义务，第三人不履行义务致使委托人受到损害的，行纪人应当承担损害赔偿责任。相应地，委托人与第三人之间一般不存在直接的权利义务关系，委托人无须支付与第三人的磋商、资信调查成本。这是行纪合同最重要的法律特征。四是行纪人是为委托人的利益办理事务。虽然行纪人是以自己的名义与第三人进行交易，但交易所产生的权利义务最终归属于委托人承受，行纪人为其买入或卖出的商品或有价证券的所有权属于委托人，而且在行纪过程中，非由行纪人原因造成的委托物损毁、灭失的风险由委托人承担，故行纪人在开展行纪业务时，应为委托人的利益考虑，严格遵守委托人的指示，不得从事损害委托人利益的行为。五是行纪合同是诺成、双务、有偿和不要式合同。行纪合同只需双方当事人之间的意思表示一致即可成立，无须一方当事人义务的实际履行，也无须具备特别的形式，故为诺成、不要式合同。在行纪合同中，行纪人负有为委托人办理交易事务的义务，委托人则有支付报酬的义务，行纪人提供行纪服务业意在获取报酬，所以行纪合同为双务、有偿合同。

③居间合同是指居间人向委托人报告订立合同的机会或者提供订立合同的媒介服务，委托人支付报酬的合同。居间合同又称为中介合同或者中介服务合同。其中，向他方报告订立合同的机会或者提供订立合同的媒介服务的一方为居间人，接受他方所提供的订约机会并支付报酬的一方为委托人。所谓居间，是指居间人向委托人报告订立合同的机会或者提供订立合同的媒介服务，委托人支付报酬的一种制度。

居间合同的主要特征：一是居间合同是由居间人向委托人提供居间服务的合同。居间人向委托人报告订立合同的机会或者提供订立合同的媒介服务，委托人是否与第三人订立合同，与居间人无关，居间人不是委托人与第三人之间的合同的当事人。二是居间人对委托人与第三人之间的合同没有介入权。居间人只负责向委托人报告订立合同的机会或者为委托人与第三人订约居中斡旋，传达双方意思，起牵线搭桥的作用，对合同没有实质的介入权。三是居间合同是双务、有偿、诺成合同。

3. 订立经纪合同的程序与内容

(1)订立经纪合同的程序。经纪合同订立的程序是指经纪人为促成委托方和相对方(第三方)完成交易，提供中介服务，获取酬金，明确权利义务关系与当事人各方相互做出意思表示，并就合同条款通过协商达成协议的过程。

我国《合同法》第十三条明确规定:“当事人订立合同采取要约、承诺方式”。根据合同法规定并结合司法实践,订立经纪合同的程序主要有:

①市场调查与可行性研究。在订立经纪合同前要进行市场情况的调查研究,掌握订立经纪合同的内容与市场供需关系的变化情况,研究合同是否能够履行,履行中可能会遇到什么困难。只有对这些问题心中有数,在合同订立过程中才会减少盲目性,更好地实现预期目标。

②资信审查。资信审查主要审查三方面的内容。一是审查对方当事人的资格。如是否法人,是否属于国家规定的按审批程序成立的法人组织,有无法人章程和营业执照,确认其能否订立合同,能否承担合同中规定的义务等。二是审查对方当事人的代理人的资格。审查其能否代表对方当事人订立合同者的身份证件和营业执照副本等。三是审查对方当事人的信用程度。

③要约。所谓要约又称为发盘、出盘、发价、出价或者报价等等,是缔约人一方以缔结合同为目的,向对方当事人所做出的意思表示。发出要约的一方当事人为要约人,另一方为受要约人或者相对人。要约属于意思表示,而非民事法律行为应适用于法律对意思表示的规定。要约的构成要件:第一,要约必须是特定人的意思表示,这也就是说,要约必须是特定的合同当事人所做出的意思表示。第二,要约必须是以缔结合同为目的意思表示。也就是说,要约必须具备订立合同的意图。第三,要约的内容必须具备足以使合同成立的主要条款,也就是说,要约的内容必须完整与确定。第四,要约必须为向相对人所做出的意思表示,也就是说,要约必须向要约人希望与之缔结合同的受要约人发出。第五,要约必须送达到受要约人。第六,要约必须表明一经承诺即受约束,这也就是说,要约一经受要约人的承诺,即表明合同成立,便对合同当事人产生了一种约束力,即双方都必须信守合同,绝对不可以擅自变更或者解除合同。

④承诺。所谓承诺是指受要约人同意接收要约的全部条件并与要约人缔结合的意思表示。承诺的法律效力在于一经承诺并送达于要约人,合同即宣告成立,便对要约人和受要约人产生法律的拘束力。所以,一项具备法律效力的承诺,必须具备以下构成要件:第一,承诺必须由受约人做出。第二,承诺必须在要约有效期内做出。第三,承诺必须向要约人做出。第四,承诺的内容必须与要约的内容一致。第五,承诺的传递方式必须符合要约的规定。第六,承诺必需表明受要的人决定与要约人订立合同。

承诺的生效时间是指承诺在什么时候产生法律效力。

(2)订立经纪合同的内容。根据我国《合同法》第十二条明确规定,经纪合同的主要内容有:

①经纪合同的当事人(委托人和经纪人)的名称或者姓名和住所。委托人和经纪人是合同的当事人即合同主体,其是每份经纪合同都必须具备的,没有委托人和经纪人的合同在现实生活中是不存在的。因此,合同的条款必须载明委托人和经纪人的名称或姓名以及住所。依照我国《合同法》的规定,合同当事人应当是具有相应的民事权利能力和民事行为能力的自然人、法人和其他组织。如果是由自然人,签订的合同,就必须写明对方当事人的姓名、住所等情况,如果是由法人签订的合同,就必须写明双方当事人的名称和办公场所。

②经纪合同标的。经纪合同的标的是经纪活动中委托人委托经纪人完成什么事项,是委托人和经纪人的权利、义务所共同指向的对象。经纪合同如果不规定标的,就会失去目的,而失去标的的合同,也就变得毫无意义。比如,一个菜农委托经纪人寻找市场,找到十万斤白菜的买家,并按照委托人的预期价位与买家谈判,最终促成交易。在这里,经纪人的一系列经纪行为就是经纪合同的标的。

③对标的的具体要求。经纪合同中关于标的的具体要求,也是委托人与经纪人反复要约、承诺的结果。其主要内容,一般是。委托方对需要出售或购买商品的具体要求,如商品的规格、品种、产地、数量、质量、价格等,此外,经纪人对商品的保管责任、交货期限等也是对经纪行为的具体要求。

④经纪合同的佣金。所谓佣金经纪人在为委托人提供订约机会或充当订约介绍人,完成委托人的中介服务后,由委托人支付的劳动报酬。获取佣金是经纪人权力,是他承接经纪业务的目的所在。更是委托人和经纪人权利与义务的重要体现,因此必须在经纪合同上明确约定。佣金的数额或提取比例;支付期限、结算方式及有关佣金的其他规定。

⑤经纪合同履行期限、地点和方式。经纪合同履行期限是指合同当事人履行合同中所规定义务的时间界限,亦即合同义务完成的时间。也就是经纪人接受委托承办具体业务,必须有个时间限定。同时,也是确定合同当事人是否违约的衡量标准之一。

经纪合同履行的地点是指履行合同义务的地点,经纪合同履行的方式是指履行合同义务的具体方法。合同履行的地点,对每一合同都是比较重要的,特别是对于交易行为或者运输合同都是十分重要的。因为,履行的地点是确定合同是否实际履行的依据,是确定运输费用由谁负担、风险由谁承担的依据,有时是确定标的物所有权是否移转,何时移转的依据。

⑥经纪合同违约责任。是指违反经纪合同约定义务的当事人,依照法律所应当承担的民事责任,也就是说,违反合同的当事人之所以要承担违约责任,不是出于合同当事人的约定,而是由合同的法律效力所决定的。即合同中没有约定违约

责任的条款,不等于合同当事人对违约合同可不承担责任。违约责任条款的作用是不言自明的,它可以促使当事人履行债务,是使违约方免疫或少受损失的法律措施,对当事人的利益的保护关系重大。因此,合同对违约责任应予以明确。

⑦解决经纪合同争议的方法。其是指经纪合同当事人因涉及合同的履行、变更和终止等问题发生争议或者纠纷时,在双方当事人协商不能解决的情况下,通过何种途径来解决争议或者纠纷,解决争议的方法的约定,对于保护合同当事人的合法权益,提高民事流转关系的效力都是十分重要的。就我国目前法制建设的情况来看,解决合同争议的方法主要包括仲裁、民事诉讼和调解等。

4. 无效经纪合同

(1)无效经纪合同的含义与特征。无效经纪合同是指经纪合同虽然成立,但因其违反法律、行政法规、社会公共利益,被确认为无效的合同。

无效合同的特征主要有:

①具有违法性。所谓违法性,是指违反了法律和行政法规的强制性规定和社会公共利益。

②具有不履行性。不履行性是指当事人在订立无效合同后,不得依据合同实际履行,也不承担不履行合同的违约责任。

③无效合同自始无效。无效合同违反了法律的规定,国家不予承认和保护。一旦确认无效,将具有溯及力,使合同从订立之日起就不具有法律约束力,以后也不能转化为有效合同。

(2)无效经纪合同形式。无效经纪合同形式是指经纪合同虽然已经成立,但因其违反法律、行政法规或公共利益,因此应被确认为无效经纪合同。根据我国《合同法》第五十二条明确规定有下列情形之一的,合同无效。

①一方以欺诈、胁迫的手段订立经纪合同,损害国家利益。

②恶意串通,损害国家、集体或者第三人利益。

③以合法形式掩盖非法目的。

④损害社会公共利益。

⑤违反法律、行政法规的强制性规定。

(3)无效经纪合同处理。对于无效经纪合同,可以采取以下办法进行处理:返还财产或折价补偿;赔偿损失;追缴财产。

5. 经纪合同的担保

经纪合同担保是确保合同得到履行的一种法律制度,是当事人根据法律的规定或合同约定,为保障合同债实现的法律措施。经纪合同担保的形式主要有:

①保证。保证是指保证人和债权人约定,当债务人不履行债务时,保证人按照

约定履行债务或者承担责任的行为。而保证人可获得向债务人追偿的权利。担保合同履行的第三人为保证人,被担保履行合同义务的一方当事人为被保证人。

保证人必须符合法定要求:即保证人必须具备独立清偿债务能力的法人、其他组织和个人。

②抵押。抵押是指债务人或第三人不转移确定财产的占有,以其特定的财产作为债权担保。债务人不履行债务时,债权人有权依法将其变卖并从该财产的价款优先受偿。

在抵押法律关系中,提供特定担保财产的债务人或者第三人为抵押人,接受抵押的债权人为抵押权人,用来抵押的财产为抵押物,债权人享有的在债务人不履行债务时以抵押物折价或以拍卖、变卖价款优先获得清偿的权利为抵押权。

③质押。质押是指债务人将出质的财产或权利交予债权人占有,作为债权的担保。其包括动产质押和权利质押。在债务人不履行债务时,债权人可将该财产或权利变卖并从价款中得到受偿。

④留置。留置是指债权人按照合同约定占有债务人的动产,债务人未按合同约定的期限履行合同债务时,债权人有权依法扣留该财产,并可将该财产变卖,从该财产的价款中优先受偿。

⑤定金。定金是指当事人一方为了证明合同的订立和保证合同的履行而在合同成立后、履行前先支付给对方一定数额的货币。

定金应当以书面形式约定。定金在双方当事人顺利履行合同的情况下可以抵作价款或收回。定金的数额由当事人约定,但不得超过主合同标的额的20%。

6.经纪合同违约责任

经纪合同违约责任是指经纪合同当事人一方因不履行合同或者履行合同义务不符合约定依法所应承担的法律责任。合同法规定,当事人一方不履行合同义务或者履行合同义务不符合约定的,应当承担继续履行、采取补救措施或者赔偿损失等违约责任。

(1)承担违约责任的形式。

①继续履行。是指违反合同的当事人不论是否已经承担赔偿金或者违约金责任,都必须根据对方的要求,在自己能够履行的条件下,对原合同未履行的部分进行履行。

②补救措施。《合同法》规定,质量不符合约定的,应当按照当事人的约定承担违约责任。对违约责任没有约定或者约定不明确的,如果不能达成补充协议的,受损害方根据标的的性质以及损失的大小,可以合理选择要求对方承担修理、更换、重作、退货、减少价款或者报酬等违约责任。

③赔偿损失。当合同当事人一方因违约行为给对方造成损失时，依照法律规定支付给对方一定数额的金钱，用以补偿对方所受到的损失。赔偿金的性质是赔偿损失。赔偿损失的方式：一是恢复原状；二是金钱赔偿；三是代物赔偿。

(2)构成违约责任应具备的条件。

①行为即是一方当事人必须有不履行经纪合同义务或者履行经纪合同义务不符合约定的行为，这是构成违约责任的客观条件。

②过错即违约一方当事人主观上有过错，这也是违约责任的主观要件。

③损害事实即指当事人违约给对方造成了财产上的损害和其他不利的后果。

④因果关系即违约行为和损害结果之间存在着因果关系。违约当事人承担的赔偿责任，只限于因其违约而给对方造成的损失。对合同对方当事人的其他损失，违约人自然没有赔偿的义务。

(3)违约责任的免除。违约责任的免除是指没有履行或者没有完全履行合同义务的当事人，依法可以免除承担违约责任。因不可抗力不能履行合同的，根据不可抗力的影响，部分或全部免除责任，但法律另有规定的除外。

(二)资料准备

(1)利用现有的图书馆或资料室以及报纸杂志，查找有关订立经纪合同的信息资料。

(2)利用现有的电脑、网站、Wifi 等网络环境条件，查找有关经纪合同概念、内涵、特征及合同法等方面的信息资料。

(3)通过网络，查找订立经纪合同的技巧与策略。

(4)教师准备的资料单 关于经纪合同概念、原则、内容、过程等相关文章。

二、项目设计与实施

(一)项目设计

见图 4-4。

(二)项目实施

(1)安排学生课前预习经纪合同的概念、经纪合同订立的原则、内容、程序和履行。

(2)在教师的指导下，通过多种信息渠道查询资料。关键词有：经纪合同订立的原则、内容、程序和履行等。

(3)汇总查找的相关资料。

(4)每人写一份学习收获。

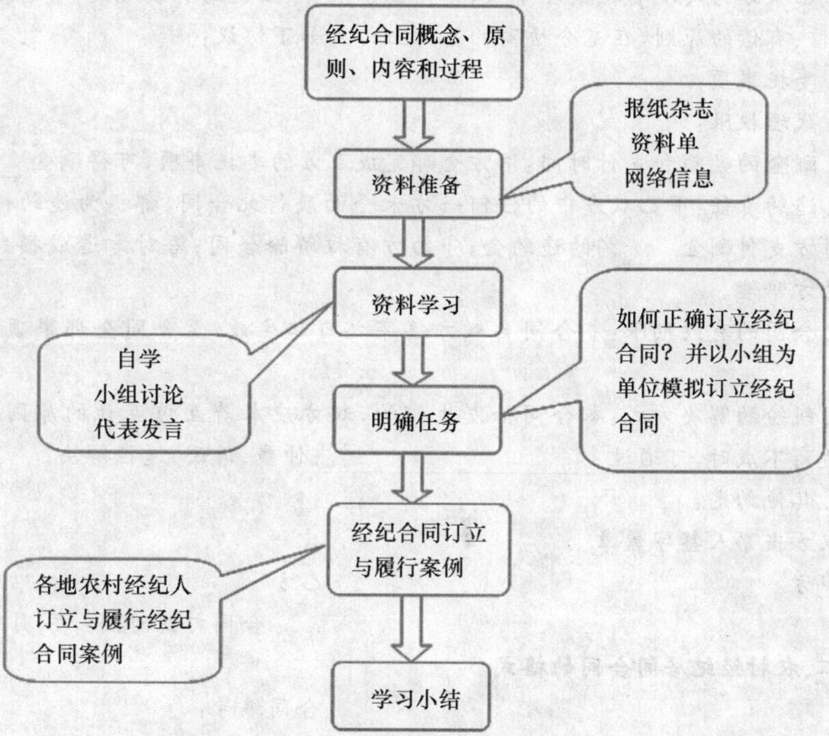

图 4-4 签订经纪合同项目设计

(5)以小组为单位，模拟进行一次经纪合同的订立，并用集体的智慧完成一份较好的学习收获体会。

(6)每组选一个代表，在全班讲解小组的学习路径、学习收获，组员补充收获的内容。

(7)教师组织发动全班同学讨论、评价各小组的学习情况，达到全班同学共享学习资源和收获体会，巩固所学的知识内容。

三、学习拓展

【常见农村经纪合同的格式】

一、农村经纪委托合同的格式

编号： 字第 号

受委托人(经纪人或代理人，简称甲方)：

委托人(简称乙方)：

甲乙双方为实现委托代理事项，根据国家法律、法规的有关规定，本着平等、自愿、诚信、有偿的原则，在充分协商的基础上订立如下协议：

1.委托事项：

2.代理权限：

3.酬金的数额和支付时间：甲方全部完成乙方的委托事项，可得酬金______。

4.违约责任：甲乙双方中的任何一方未全面履行此合同，都视为违约；违约方应向对方支付酬金____%的违约金；守约方有权解除合同；给对方造成损失的，应由违约方赔偿。

5.合同的有效期限：本合同自双方签字之日起生效，至合同全部事项清结时终止。

6.纠纷的解决方式：本合同如发生纠纷，双方应本着互谅互让的原则协商解决。协商不成时，可通过__________________(仲裁、诉讼)途径解决。

7.其他约定：

双方当事人签字盖章

甲方　　　　　　　　　　　　　　　　乙方

合同订立时间：年 月 日

二、农村经纪居间合同的格式

合同编号：

受委托人：　　　　　　　　　　(简称甲方)：

居间人：　　　　　　　　　　　(简称乙方)：

乙方接受甲方的委托，双方本着平等、自愿、诚信原则，就______委托事项协商一致，签订本合同。

第一，委托事项(需具体约定所委托的是提供订约机会还是媒介合同的成立，以及委托事项的具体要求)。

第二，居间酬金的计算方法及支付的时间、地点、方式。

第三，违约责任

第四，其他约定事项。

委托方：	居间方：
单位(人)名称：	单位(人)名称：
地址：	地址：
法定代表人或委托代理人：	法定代表人或委托代理人：
电话：	电话：
传真：	传真：

邮政编码：　　　　　　　　　　邮政编码：

开户银行：　　　　　　　　　　开户银行：

账号：　　　　　　　　　　　　账号：

签约地点：　　　　　　　　　　签约地点：

签约时间：　年　月　日

合同有效期自　年　月　日

三、农村行纪合同的格式

委托人：　　　　　　　　合同编号：

行纪人：　　　　　　　　签订地点：

根据《中华人民共和国合同法》和有关法规的规定，行纪人接受委托人的委托，就代________________事项，双方协商一致，签订本合同。

第一条，代办事项（具体约定是寄售、代购代销货物，还是其他法律事务）。

第二条，代办事项的具体要求（凡属寄售和代购代销或最高购价和时间要求）。

第三条，货物保管责任及费用承担。

第四条，酬金的计算结付方式、给付的时间。

第五条，违约责任。

第六条，合同争议的解决方式：本合同在履行过程中发生的争议，由双方当事人协商解决；也可由当地工商行政管理部门调解；协商或调解不成的，按下列____种方式解决：

（一）提交　　　　　　仲裁委员会仲裁；

（二）依法向人民法院起诉。

第七条，其他约定事项。

第八条，本合同未作确定的，按《中华人民共和国合同法》的规定执行。

委托人：　　　　　　　　行纪人：

单位（人）名称（章）：　　单位（人）名称（章）：

地址：　　　　　　　　　地址：

法定代表人或委托代理人：　法定代表人或委托代理人：

电话：　　　　　　　　　电话：

传真：　　　　　　　　　传真：

邮政编码：　　　　　　　邮政编码：

开户银行：　　　　　　　开户银行：

账号：　　　　　　　　　账号：

合同有效期自　年　月　日至　年　月　日

任务五 掌握获取佣金技巧

【任务导入案例】

东北农村经纪人王宏,对本地区的盛产的农产品非常清楚,同时脑子灵活,常利用农闲季节,自己外出联系业务。一次他了解到某食品加工厂急需1 000吨大豆,而有一个乡今年大豆丰收,正愁卖不出去。因此就与商品加工厂联系。该厂听后非常乐意买大豆,答应事成之后,给王某3 000元,王某也积极到乡里联系业务。但等了一个月,王某听说该厂已经去他联系的乡把大豆买走了,王某随之与该厂联系,但该厂负责人说:是他们自己多次联系业务,合同的签订,与王某无关,当然也不能给王某3 000元。

【思考】

农村经纪人怎样做到在经纪过程防止佣金防"甩"呢?

一、学习准备

经纪人活动的目的是为了得到佣金,什么是佣金呢?通俗的说佣金就是跑腿费,或者说是服务费,即经纪人为买卖双方提供了交易信息、人员服务、交易场所、仓库、保管、运输等而收取的服务费。经纪人可以在这项交易之前,就和买方或者卖方商量好多少钱作为佣金;经纪人也可以事先和买方或者卖方谈好,按照交易金额的一个百分比来作为佣金。

(一)知识准备

近年来,全国各地农村经纪人发展迅速,特别是在农产品交易市场的作用越来越明显。由于我国农村经纪人不同程度地存在着经纪规模小,组织化程度低,执业人员素质偏低,法制意识不强,合同意识和履行能力差等问题,尤其是一些合法经纪人的佣金被甩,给他们造成侵害。那么农村经纪人在完成了经纪服务后,怎样获得佣金和防止佣金被甩呢?

1.农村经纪人的佣金

农村经纪人佣金是指农村经纪人完成了为委托人提供订约机会或者充当订约介绍人的中介活动后,由委托人支付给他的劳动报酬。实际上,佣金是农村经纪人通过经纪活动获得收入的唯一来源。其性质是劳动收入、经营收入和风险收入的综合体。它是对农村经纪人开展经纪活动时付出的劳动、花费的资金和承担的风险的总的回报。国家保护经纪人从事合法经纪活动并取得佣金的权利。换句话说，经纪人从事经纪活动所得的佣金是合法收入。

农村经纪人佣金具有如下法律特征：一是农村经纪人佣金是农村经纪人在经纪活动中应取得的劳务报酬。二是委托人给予农村经纪人的佣金必须以明示的方式，给予和接受佣金的，都必须如实入账，这里的明示和入账与关于折扣明示和入账的规定的含义相同。

除法律法规另有规定外，佣金的支付时间农村由经纪人与委托人自行约定，可以在经纪业务完成后，也可以提前支付。农村经纪人在签订经纪合同时，应将佣金的数量、支付方式、支付期限及中介不成功时的中介费用的负担等明确写入合同。

佣金由经纪成本和经纪利润两个部分构成。其中：经纪成本是农村经纪人在经纪活动中，为完成委托方的约定服务，以货币形式表现的、已经耗费的价值和经纪人为委托方而劳动所创造的价值总和，也是经纪人在经纪过程中耗费的资金总和。经纪成本包括长期知识积聚费用的折扣率和“牵线搭桥”“穿针引线”的直接费用(差旅费、车船费、资料费、电话费、打印费等。经纪利润是指所获佣金扣除成本费用和税金以后的余额。

农村经纪人佣金的支付人是经纪业务的委托方或当事人双方。只有经纪合同中规定的经纪业务的委托方或约定的当事人双方，才有支付佣金的义务。支付佣金的方法可以用现金，也可以用转账结算或其他方式。经纪人收取佣金后应当开发票，并依法缴纳税金和管理费。除法律、法规、规章另有规定外，佣金的支付时间由经纪人与委托人自行约定。一般情况下，佣金在经纪中介完成，买卖双方签订合同后支付。如果由经纪人撮合而签订合同后，合同没有履行，只要合同不是与经纪人有关而造成合同不能履行，不影响经纪人获得佣金。如果经纪活动的费用高，需要前期投入，佣金的数额较大，委托人认为经纪业务的难度大，需要提前支付部分佣金以激励经纪人的情况下，委托人可以提前支付部分佣金，待买卖双方签订合同成交后，再支付剩余部分。经纪人一旦接受委托人的委托，首先要与委托人签订经纪合同，在经纪合同中应该将佣金的数量、支付方式、支付期限及经纪中介不成时中介费用的负担等方面必须明确，一定要写入经纪合同。其次是在经纪合同中要明确预付费用款，规定经纪人可以向委托人预收一定比例的保证金，以保证经纪机构和经纪人的权益。有权要求委托方支付经纪活动中所开支的费用，包括差旅费、利息、咨询费、电话费、保管费、商品检验费、租借场地费、办公费等。委托人与经纪人可商定将佣金和成本费用合并，在经纪合同中予以约定。

2. 农村经纪人佣金支付标准

目前我国对于经纪人的收费标准，除了在一些较为成熟、规范的市场，如期货经纪市场、证券经纪市场、保险经纪市场有较为明确的规定外，在其他大多数经纪行业市场上，尚无统一规定。

一般而言，农村经纪人的佣金有法定佣金和自由佣金两种形式。法定佣金是指经纪人从事特定经纪业务时按照国家对特定经纪业务规定的佣金标准而获得的佣金。法定佣金具有强制效力，当事人各方都必须接受，不得高于或低于法定佣金。自由佣金是指经纪人与委托人协商确定的佣金。自由佣金一经确定并写入合同后同样具有法律效力，违约者必须承担违约责任。

目前我国尚无对农村经纪的佣金支付标准的规定，因此，农村经纪人的佣金支付的办法各地不尽相同。有的按成交总额分成，有的按件收费，有的按笔收费而不管数量多少，甚至还有长期挂名按月收费。这些方法多是议定性，随意性很大，其方法也不科学，难以合理衡量农村经纪人对社会的贡献和所付劳动的多少、效率的高低。

一般而言农村经纪人一方面与当事人参照国际、国内的惯例或协商，确定佣金支付方式，另一方面可以参照所在地政府机关颁布的有关经纪人管理文件中所制定的佣金标准执行。如 1997 年 12 月 30 日《湖南省人民政府关于修改〈湖南省经纪人管理办法〉的决定》修正的第 20 条规定："经纪人完成经纪业务后，可以根据交易成交额（人民币）按照下列比例收取佣金。国家另有规定或者双方另有合同约定的除外。一是 1 万元以下（含 1 万元）的为 6%；二是超过 1 万～10 万元的部分为 3%；三是超过 10 万～100 万元的部分为 2%；四是超过 100 万～1 000 万元的部分为 0.5%；五是超过 1 000 万元的部分为 0.3%。"

3. 农村经纪人防止佣金被甩技术

农村经纪人通过自己的经纪活动，完成委托任务，帮助委托方找到相对方，或在农村经纪人的斡旋下达成订约的效果。订约成功，委托方取得相应的经济效益，农村经纪人取得与所经纪的业务内容保持一定比例关系的佣金，农村这是经纪人合法经营的结果，是合法劳动收入。但由于经纪法没有出台，法制不健全，经纪人的权益常常受到侵犯，以至于农村经纪的佣金常常被甩，给农村经纪人造成损失。那么，作为一个精明的农村经纪人，如何防止佣金被甩呢？

（1）在经纪合同中设立"定金"条款。在经纪合同中设立"定金"条款，是"设"而不是订，"设"是智慧、计谋、知识，让委托方不仅接受，而且要乐意，要心怀感激，使其意识到没有经纪人的参与，其交易是绝对不能成功的，或者成功性不大，这样委托方也不会放弃达成交易的希望，因而只好求助于经纪人。而"订"不是强迫，便是乞求，常常引起委托方的反感，即便是一时的急需，订立了定金条款，一旦交易成功，佣金兑现的时候，会提出种种令经纪人难以接受的推诿之词，所以，"定金"条款只能智取，不能"豪夺"。

(2)预收费用。在经纪合同中明确预付费用条款作为经纪人开展经纪业务的费用，经纪人在收到预付费用后，开始为委托人的业务工作。费用在经纪人开展经纪业务活动过程中逐渐支付，以保证经纪活动的正常进行。不论经纪中介是否成功。费用不需要再归还委托人；作为回报条件，合同中规定较低的佣金标准。

(3)预收佣金。经纪合同签订以后，经纪人按约定从委托方先行取得一部分或全部佣金，在完成经纪业务时这部分佣金归经纪人所有，不足部分由委托人补足，如果没有完成全部经纪业务时，应该将部分佣金退还给委托人。这种方法对经纪人有利，但委托人往往不容易接受，有时甚至因为预收佣金使经纪失去委托的良机或使经纪业务陷入僵局。除非经纪人的资信声誉足以使委托人放心，否则这种方法不可用，何况委托人一般不会轻易支付定金和预付佣金。

(4)公证或到工商行政管理机关进行合同监证。工商行政管理机关已明确规定，经纪合同实行监证制度，经纪人与委托人签订合同后，可到工商行政管理机关进行监证或到公证处公证，以确保经纪人的合法权益。

(5)签订"专有经纪合同"。这是明确规定经纪人享有某项经纪业务独占的或排他的经纪权利，只要委托人在某区域、某时期发生该项委托业务，就可以要求按合同支付佣金。这样，即便是委托人单独找到了交易的对方，经纪人也仍然有权要求委托方支付佣金。

(二)资料准备

(1)利用现有的图书馆或资料室以及报纸杂志，查找有关农村经纪人的佣金的含义与支付标准以及如何防止佣金被甩等信息资料。

(2)利用现有的电脑、网站、Wifi 等网络环境条件，查找有关农村经纪人的佣金的含义与支付标准以及如何防止佣金被甩等信息资料。

(3)通过网络，查找农村经纪人如何防止佣金被甩的技巧与策略。

(4)教师准备的资料单 关于农村经纪人的佣金的含义与支付标准以及如何防止佣金被甩等相关文章。

二、项目设计与实施

(一)项目设计

见图 4-5。

(二)项目实施

(1)安排学生课前预习农村经纪人的佣金的含义与支付标准以及如何防止佣金被甩？掌握获取佣金的方法和技巧。

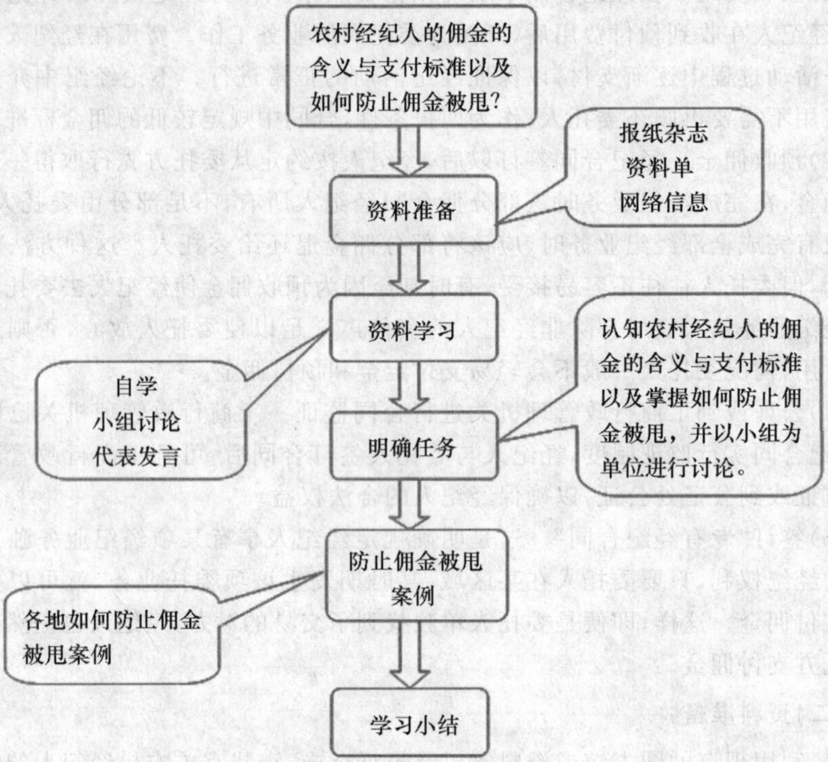

图 4-5 掌握获取佣金技巧项目设计

(2)在教师的指导下，通过多种信息渠道查询资料。关键词有：农村经纪人的佣金的含义与支付标准以及如何防止佣金被甩等。

(3)汇总查找的相关资料。

(4)每人写一份学习收获。

(5)以小组为单位，交流分享学习内容，利用集体的智慧提高学习效率。

(6)教师组织发动全班同学讨论、评价各小组的学习情况，达到全班同学共享学习资源和收获体会，巩固所学的知识内容。

三、学习拓展

【佣金与回扣的区别】

佣金是指经纪人为委托人介绍生意或代买代卖而收取的劳动报酬。其是经纪人开展经纪业务所得到的合理合法收入，它是由经营收入、劳动收入和风险收入构成的综合体，受法律保护。而回扣是指在各类市场上，卖方从应收金额中按协议或规定提出的，以某种方式支付给买方有关当事人的现金和实物。回扣既不是风险收入，也不是劳动收入和经营收入，是由卖方转让给买方的一部分让利。回扣应当是给交易的对方，一般是买方。而佣金是给第三方也就是促成交易的一方。

四、项目评价反馈

（一）自我评价

（1）为了认知经纪人获取佣金的方式技巧等，你都做了哪些准备？

①查找了哪些资料？

②你有哪些设想？

（2）运用所学的知识和技能，挑选你最感兴趣的内容，寻找买卖双方客户，接受他们的委托，制定一个农产品营销方案；模拟进行一次经纪业务谈判并签订经纪合同；促成交易，获取佣金。

（3）通过自学、讨论和调研，你有什么收获？

（二）小组评价

从学习态度、学习方法、团队合作和学习能力的提升等方面评价。

序号	评价项目	评价情况
1	与其他同学口头交流学习内容是否流畅	
2	是否尊重他人，是否达到全勤	
3	学习态度是否积极主动	
4	是否服从教师的教学安排	
5	着装是否符合标准	
6	能掌握经纪人获取佣金方式、技巧等	
7	能否辨别工作环境中哪些是危险的因素	
8	是否能保持学习环境的干净整洁	
9	是否遵守学习场所的规章制度	
10	是否有工作岗位的责任心	
11	团队学习中主动与合作的情况如何	
12	能否主动参与教学场所的清洁和整理工作	

参与评价的同学签名＿＿＿＿＿＿＿＿＿＿＿＿＿＿＿＿＿＿＿＿

(三)综合评价

1. 教师评价

(1)对整个学习内容的小结归纳。

(2)对学习过程的总体评价。

教师签名____________

2. 学生评价

(1)对教师授课效果的评价。

(2)对学习效果的评价。

学生签名____________

模块三
农村经纪人管理

项目五　农村经纪人管理概述

项目六　农村经纪人从业管理

项目七　农村经纪人经纪行为管理

项目五　农村经纪人管理概述

【项目目标】

完成本学习任务后，你应该能

1. 能认知农村经纪人管理的必要性和意义；

2. 能在农村经纪人管理的原则的指导下，开展农村经纪人业务；

3. 能按照经纪人管理的具体内容，规范开展农村经纪人业务。

【项目任务描述】

目前，个别农村经纪人经纪活动不规范，法律意识淡薄，目光短浅，服务意识差，为争夺市场相互排挤无序竞争，甚至有少数经纪人为了追求利润最大化，无视商业信用和职业道德，坑农损农，欺行霸市，任意宰客，垄断市场，赚取超额利润。这些问题的出现，不仅破坏了农村市场环境，影响了农民增收，而且扰乱了公平竞争的市场机制。因此，加强必须加强对农村经纪人的管理与指导。那么何谓农村经纪人管理？为什么要对其进行管理呢？

任务一　认知农村经纪人管理的意义

【任务导入案例】

近年来，牡丹江市东宁县农村经纪人数量和农村经纪人业务量一直处于持续上升状态，这极大地活跃了农村市场，促进了农村经济的发展。2012 年农村经纪人张强同绥阳镇的一些农民订了 13 000 亩白瓜子订单，可是到了秋天合同规定的收购时候，张强因为市场销路不好，且销售价格低，迟迟不来收，绥阳镇二十几户农民联系张强多次，他却以种种借口推托，农民们只好自己找销路以低于订单价格卖掉一部分。后来价格涨上来了，他来收，农民又不给他了。农民说，这样的订单订不订有啥用，这样的经纪人哪敢信啊。

【思考】

对农村经纪人进行管理的意义何在？

一、学习准备

农村经纪人是伴随我国农村经济改革而出现的一个新的职业群体，他们活跃在农村经济领域，在引领农民进入市场，传授科学技术，引导农民发展生产，解决农村剩余劳动力，提高农民组织化程度等方面都发挥了积极作用，成为农村经济发展中一支不可或缺的重要力量。明确农村经纪人管理的意义，规范农村经纪人队伍健康发展就显得十分重要。

(一)知识准备

农村经纪人管理是国家有关部门为了有效地发挥农村经纪人的作用，实现农民增收，农业增效的目标，根据市场经济规律与农村经纪人经纪业务特点，运用一定方式所进行的一系列管理活动。

1. 对农村经纪人进行管理的必要性

农村经纪人因市场产生，依市场生存，他们一边连着农民的生产，一边连着市场的需求，具有较强的市场经济意识和一定的组织营销能力。一方面，他们把市场变化信息传递给农民，使农业的产业结构顺应市场的发展趋势逐渐趋于合理；另一方面，他们以较高的价格把零散的农产品收集起来销往急需的市场。对农业产业结构调整及其产业化起着一定的引导作用。但从各地的情况看，农产品经纪人队伍依然存在着不少“软肋”，目前存在的主要问题有。

(1)市场准入较为混乱，服务水平不高。农村经纪人发展不平衡，有的行业发展缓慢；无照经营、“地下”经营较多，在农村，近60%以上经纪人没有经纪人资格证书，直接进入市场经营。农村经纪人缺少必要的培训，地方政府没有把农村经纪人培训经费纳入同级财政预算，农业、科技部门没有专项经费用于农村经纪人科技培训，服务水平有待提高。

(2)不讲诚信，法律意识不强。在农村经纪人从事具体业务活动中，口头约定比书面合同更多见，在履约过程中，往往出现不按照合同办事的情况，严重的情况就是农民卖了东西拿不到钱。即使是书面合同，经纪人在收购农产品时不完全履行合同的条款，压级压价，甚至拒绝收购，不讲诚信十分严重。还有一种表现就是“不诚实”，比如，大秤用小砣，用磁铁加重……；给苗猪灌水，给畜肉注水……，既令农民伤心不已，也让消费者叫苦不迭。有一些经纪人把签订的合同或者口头约定，都不当成一回事。其实是缺乏对国家有关法律的了解，法律意识淡薄。在法律中规定，如果无故不履行合同，是要承担责任的。由于双方大都是农民，都没有很强的法律意识，无故不履行合同的情况时有发生，也使得大家觉得没有签订合同的必要，这也就进一步造成不讲诚信情况的时有发生。

(3)不遵守市场规则，存在欺行霸市行为。由于缺乏管理，加之农村经纪人自身素质也参差不齐，长期以来存在一些“欺行霸市”的行为，尤其是对于外地的客户，更是强买强卖；限制他人的经纪活动和直接交易，甚至有的市场被少数经纪人垄断，从中谋取暴利。长期以来，正常的市场规则遭到破坏，在信誉、信息、品牌，扩大经营等方面更是无从谈起，市场越来越冷清，必然严重影响当地经济的发展。

(4)多散兵作战，竞争力不强。农村经纪人大多是自发形成的，以散兵游勇、单打独斗的个体经营为主，季节松散型、家庭单干型所占比例较大，合伙型、公司型等经纪人实体较少，相互之间缺乏联系和交流，市场信息不灵、不快，缺乏现代营销手段，缺乏自律管理及权益的自我保护机制，市场竞争力不强，经营规模小，经营信誉、经营资质、抗风险能力等都比较低。

(5)缺乏管理方法和技巧。大多数的农村经纪人在技术、质量、销售、信息、资金回笼等环节中，没有一套科学、严密的分工，存在着资金、时间的重复投入毁容浪费，很难实现效益的最大化，严重制约着经纪人向高层次发展。

(6)知识和经验缺乏，导致违法行为时有发生。农村经纪人多是农民的身份，由于知识和经验上的缺乏，难以正确无误地判断市场信息的真实性，有时会对市场运行认识和判断存在误差，无意识中会做出违法的事情。

2. 对农村经纪人进行管理的意义

(1)强化管理职能，规范农村经纪人队伍建设。

①加强宣传，提高法制意识。市场经济是法治经济，又是诚信经济，必须遵守相关法律法规。要深入开展有关法律法规的学习、宣传和教育，全面提高农村经纪人队伍遵纪守法，勤劳致富的意识，努力为农村经济发展创造良好的法制舆论氛围。

②加强管理，规范市场秩序。要加强对农村经纪人的监督管理，着力抓好农村市场的清理整顿，加大对不法经纪人的查处力度，真正使各种无照经营的“地下”农村经纪人无藏身之地，规范农村市场经济秩序，变放任自流为有效约束，变无章为有序，促进农村经纪人队伍健康发展。

③加强培训，增强业务能力。要对农村经纪人进行市场经济、法规政策、经营管理、农产品生产流通、合同签订、商标注册及农村经纪人具体职能等专业知识的系统培训学习，增强农村经纪人业务素质和服务技能，诚信于民，取信于民，培育和

壮大农村经纪人队伍。

④加强自律，规范自身行为。要把分布在农村各地的那些大户、散户和远户集中起来，建立农村经纪人自律性行业协会，规范农村经纪人自身经济行为，接受群众监督，切实加强内部管理的意识，促使其自我完善、自我规范、健康发展。

⑤加强沟通，实现互惠双赢。农村经纪人要知农，要一手连生产，一手搭市场。要充分把握市场导向，积极搜集农民致富信息，加强与农民群众的沟通与协调，帮送致富信息，帮民排忧解难，实实在在地为广大农民群众服务，真正取信于民、惠及于民。

(2)优化经纪业务环境，充分发挥农村经纪人的作用。

①形成政府主导、齐抓共管的工作格局。建议政府切实加强组织领导和考核督导，加大社会宣传力度，利用媒体对经纪人的重要作用进行大力宣传。同时为农村经纪人发展提供资金、技术、信息支持，形成"政府主导、部门扶持、齐抓共管、社会参与"的工作格局，为经纪人健康快速发展提供坚强的组织保障。

②加大帮扶力度。工商部门要发挥商标注册、广告、合同、市场管理等职能，积极引导和帮助农村经纪人组建各类经纪组织。鼓励农村经纪人发展专业合作社，形成"龙头企业＋商标＋经纪人＋农户"、"协会＋商标＋农户"等组织形式，在此基础上，争创一批名牌商标，不断提高农产品的知名度和市场竞争力。在农村经纪人中开展"守合同、重信用"活动，规范合同文本，加强合同备案，指导农民正确签约，加强纠纷调解，提高合同履约率。引导经纪人做好质量安全管理和产品质量标准工作，义务为农产品测农药残留等服务，把好农产品交易安全关。

③提高农村经纪人队伍的执业能力。工商、农业、林业等部门要采取多种方式加强农村经纪人培训工作，引导具备条件的农村经纪人积极开展网上订货和电子商务，利用现代信息技术和手段拓展农产品市场营销空间；进一步加强合法权益保护，积极鼓励和引导农村经纪人注册、使用和保护农产品商标等。发挥经纪人科技"二传手"的作用，将他们所学技术，面对面地、手把手地传授给农民，让农民得实惠，从而提高农产品科技含金量。

④逐步建立和完善农村经纪人监督管理制度。建立农村经纪人信用档案，对农村经纪人实施信用分类监管，健全执业人员备案和监督检查制度，加强农业经纪合同指导，严厉查处骗买骗卖、坑农害农、欺诈客户、违法经营等扰乱市场经济秩序的行为；指导、帮助农村经纪人规范使用农业经纪订单合同文本，实施订单农业。

⑤充分发挥经纪人协会作用。继续鼓励和扶持经纪人成立行业协会，加强行业自律，形成政府领导、工商部门监管、行业协会自律的经纪人发展管理模式。

(二)资料准备

"以农村经纪人管理措施"为主题开展研讨会。

(1)学生以各种渠道、方式查找相关资料。

(2)学生以小组为单位对资料进行整理,形成研讨稿。

(3)学生制作 PPT 演示文稿。

(4)教师准备评价单和总结材料。

二、项目设计与实施

(一)项目设计

见图 5-1。

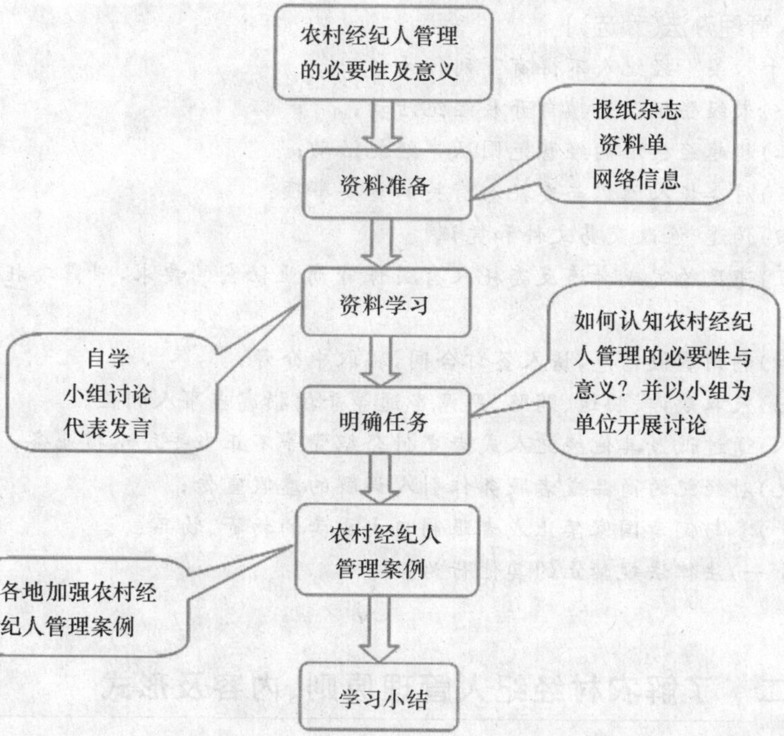

图 5-1　农村经纪人管理认知项目设计

(二)项目实施

(1)安排学生课前预习农村经纪人概念、发展现状、作用和意义的相关内容。

(2)在教师的指导下,围绕主题通过多种信息渠道查询资料,资料要有一定的价值,最好与案例结合。

(3)汇总查找的相关资料,形成研讨稿。

(4)每人写一份学习体会。

(5)以小组为单位,模拟进行研讨,在研讨过程中要有记录。

(6)每组选一个代表,在全班讲解小组的学习路径、学习收获,组员补充收获的内容。

(7)教师组织发动全班同学讨论、评价各小组的研讨情况,总结研讨的经验,查找组织活动过程中存在的问题。

三、学习拓展

【经纪人管理办法(节选)】

第十八条　经纪人不得有下列行为:

(一)未经登记注册擅自开展经纪活动;

(二)超越经核准的经营范围从事经纪活动;

(三)对委托人隐瞒与委托人有关的重要事项;

(四)伪造、涂改交易文件和凭证;

(五)违反约定或者违反委托人有关保守商业秘密的要求,泄露委托人的商业秘密;

(六)利用虚假信息,诱人签订合同,骗取中介费;

(七)采取欺诈、胁迫、贿赂、恶意串通等手段损害当事人利益;

(八)通过诋毁其他经纪人或者支付介绍费等不正当手段承揽业务;

(九)对经纪的商品或者服务作引人误解的虚假宣传;

(十)参与倒卖国家禁止或者限制自由买卖的物资、物品;

(十一)法律法规禁止的其他行为。

任务二　了解农村经纪人管理原则、内容及形式

【任务导入案例】

近几年来,辛集市为了搞活农村经济,促进农民增收,大力发展农村经纪人。东张口村的张二民又忙着给乡亲们来年的苹果找销路了。如今,像张二民这样的农村经纪人在辛集有 10 000 多人,他们外联四面八方,内接千家万户,将在市场上获取的新信息、新技术、新品种引进来,把家乡的农副产品销出去,带活了农村市

场，活跃了农村经济。但在经纪过程中，由于很多农村经纪人没有受过专业培训，不具备相关专业知识，很难使交易规范化，且有少数农村经纪人无视商业信用和职业道德，法制观念淡薄，导致其在经纪过程中不择手段地压级压价、欺行霸市，强买强卖，坑农、害农、损农的现象时有发生。因此，必须加强对农村经纪人的管理与指导，使其发挥正面作用，促进农村经济发展。

【思考】

如何对农村经纪人进行管理的，管理的内容有哪些？

一、学习准备

在我国，农村经纪人作为一个新兴的经纪人行业，尚处于初级阶段，对农村经纪人的管理还不成熟。作为经纪人的一类，我国政府对经纪人的管理制度同样适用于农村经纪人，主要包括：从业资格管理、注册登记管理、行政管理等。

(一)知识准备

1. 农村经纪人管理的原则

(1)鼓励发展与适度规范相结合。

①降低准入门槛。农民从事经纪业务要尽量放宽准入条件，只有那些需要一定专业知识的经纪行业，才需要特别严格的准入条件，实行经纪执业资格考试制度。对于申请注册个体农产品经纪人、私营农产品经纪人开通绿色通道，实行“零门槛准入”。

②适度规范。经纪人队伍的管理，要坚持适度管理与合理规范相结合的原则，既要避免过度严格管理，影响经纪人自身发展，也要避免任其自由，不管不顾的做法。要以组织、引导农村经纪业务的健康发展为指导原则。

(2)强化自律与适度干预相结合。

①强化自律。对农村经纪人的自律管理就是发挥行业协会的作用，明确经纪人协会的性质、职责，并赋予经纪人协会一定的管理职能。例如，可以授予经纪人协会这样的权利：负责经纪人执业的培训组织工作，颁发经纪人执业证书，接受投诉，调节经纪职业活动中一般纠纷，建立执业经纪人的信誉档案，按照经纪人协会章程对执业经纪人的行为进行奖惩等。

②适度干预。行业协会的作用是有限的，除此之外，工商行政管理部门作为农村经纪人的主管部门，负责农村经纪执业人员和经纪机构的等级注册，对农村经纪执业人员、个体经纪人、经纪人组织进行监督管理，指导经纪协会的工作。

③权利与义务相结合。对农村经纪人的管理要兼顾权利与义务两个方面，首

先明确经纪人的权利，权利的使用要结合具体业务来确定。同时，义务的履行是准确、公正，出现问题要结合相关法律，承担相应的责任。

2.农村经纪人管理的内容及形式

(1)从业资格管理。农村经纪业的发展关键是取决于从业人员的素质，这一行业的规范也取决于从业人员素质的提高。因此对农村经纪人的管理，最重要的就是加强对农村经纪从业人员的资格管理。主要表现在：一是加强农村经纪人职业资格管理，严格执行持证上岗制度。二是加强职业技能培训。主要包括理论知识和技能操作两个方面。

(2)注册登记管理。对从事工商业经营活动的经营主体进行注册登记管理是国内外通行的做法。登记管理是登记机关依法确认市场经营主体资格和法律地位的法定程序。目前我国登记管理机关是市场监督管理机关(原我国登记管理机关是工商行政管理机关，现我国将工商行政管理局 质量技术监督监局和食品药品监督管理局合并，成立市场监管局)。开展工商业经营活动的经营主体必须经市场监督管理机关登记注册，方可开展经营活动。凡是符合个体经纪人、合伙经纪企业和经纪公司相关法律规定设立条件的，都可以向当地市场监督管理机关申请登记注册为个体经纪人、合伙经纪企业或经纪公司。市场监督管理机关在规定时限内，做出核准登记注册或不核准登记注册的决定。除个体经纪人、合伙经济组织、经纪公司外，其他经济组织或合伙经营主体从事经纪活动，需经所在地市场监督管理机关核准，并办理登记注册或者变更登记和备案。

(3)行政管理。行政管理是以国家法律、法规为依据，从事具有法律效力的管理行为。通过依法行政，可以贯彻国家有关的方针政策、法律法规，促进社会主义市场经济的健康发展；可以规范农村市场交易行为，建立和维护良好的市场秩序；可以促进农村市场体系的培育和完善；可以切实保护农民和需求方的合法权益。目前，我国农村经纪人管理还不完善，没有专门的农村经纪人管理条例。行政管理主要的依据有民法中的某些条款、《合同法》、《经纪人管理办法》和《税法》等。比如，合同管理和税收管理等。

(4)行业管理。行业管理是指从事经纪活动的执业人员的经纪活动和经纪行为要受到行业组织的管理和约束，特别是要加强诚信管理。行业协会是非营利性的自愿公民组织，在我国一般称谓是社团组织，经纪人的社团组织主要是以市场主体类协会和市场产品类协会的形式出现。前者如经纪人协会，后者如食用菌经纪协会等。目前来看，我国的农村经纪人协会很少建立，没有形成完善的运行机制和制度。从西方行业协会的主要职能来看，主要有：制定行业规划和组织行业协调；提供市场、技术和政情信息；帮助培训企业员工；提供咨询服务和沟通政企关系。

通过这些职能的发挥来行使行业管理的作用。

(二)资料准备

(1)利用现有的图书馆或资料室以及报纸杂志,查找有关农村经纪管理的有关资料,特别是案例以及管理经验等。

(2)充分利用教材,学习有关农村经纪人管理的意义、原则、内容及形式等。

(3)通过网络,自己学习农村经纪人管理存在的问题以及相关措施。

(4)对农村经纪人管理,提出自己的建议,并形成材料。

(5)教师准备相关理论文章,以便引领深入的研究。

二、项目设计与实施

(一)项目设计

见图 5-2。

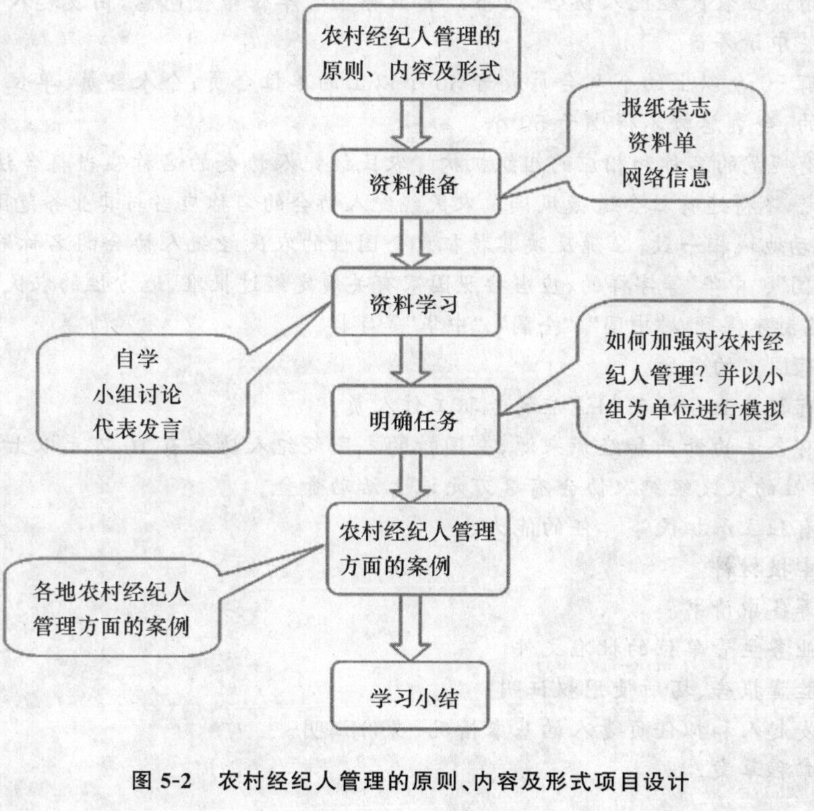

图 5-2 农村经纪人管理的原则、内容及形式项目设计

(二)项目实施

(1)安排学生课前预习农村经纪人管理的原则、内容及形式等相关知识。

(2)在教师的指导下,通过多种渠道收集资料,并进行汇总、整理。关键词有:农村经纪人管理的原则、内容及形式等。

(3)汇总查找的相关资料。

(4)每人写一份学习收获。

(5)以小组为单位,组织讨论如何加强农村经纪人的管理,并用集体的智慧完成一份较好的学习收获体会。

(6)教师组织发动全班同学讨论、评价各小组的学习效果,并做好评价工作。

三、学习拓展

【农民经纪人协会的组织成立】

1. 申请前的准备工作

申请成立农民经纪人协会,应当经其业务主管单位审查同意,由发起人向登记管理机关申请筹备。

①有50个以上的个人会员或者30个以上的单位会员;个人会员、单位会员混合组成的,会员总数不得少于50个。

②有规范的名称和相应的组织机构。农民经纪人协会的名称应当符合法律、法规的规定,不得违背社会道德风尚。农民经纪人协会的名称应当与其业务范围、成员分布、活动地域相一致,准确反映其特征。全国性的农民经纪人协会的名称冠以“中国”、“全国”、“中华”等字样的,应当按照国家有关规定经过批准,地方性的农民经纪人协会的名称不得冠以“中国”、“全国”、“中华”等字样。

③有固定的住所。

④有与其业务活动相适应的专职工作人员。

⑤有合法的资产和经费来源,全国性的农民经纪人协会有10万元以上活动资金,地方性的农民经纪人协会有3万元以上活动资金。

⑥有独立承担民事责任的能力。

2. 申报材料

①筹备申请书。

②业务主管单位的批准文件。

③验资报告、场所使用权证明。

④发起人和拟任负责人的基本情况、身份证明。

⑤章程草案。

3. 等待批准筹备

登记管理机关应当自收到全部有效文件之日起60日内，做出批准或者不批准筹备的决定；不批准的，将向发起人说明理由。

4. 召开代表大会

筹备成立的农民经纪人协会，应当自登记管理机关批准筹备之日起6个月内召开会员大会或者会员代表大会，通过章程，产生执行机构、负责人和法定代表人，并向登记管理机关申请成立登记。筹备期间不得开展筹备以外的活动。

5. 正式申请登记

地方民政局应当自收到完成筹备工作的地方农民经纪人协会的登记申请书及有关文件之日起30日内完成审查工作。对筹备工作符合要求、章程内容完备的农民经纪人协会，准予登记，发给“社会团体法人登记证书”。登记事项包括：

①名称。

②住所。

③宗旨、业务范围和活动地域。

④法定代表人。

⑤活动资金。

⑥业务主管单位。

6. 备案领证

依照法律规定，自批准成立之日起即具有法人资格的农民经纪人协会，应当自批准成立之日起60日内向登记管理机关备案。登记管理机关自收到备案文件之日起30日内发给“社会团体法人登记证书”。

7. 印章和账户

农民经纪人协会凭“社会团体法人登记证书”申请刻制印章，开立银行账户。应当将印章式样和银行账号报登记管理机关备案。

四、项目评价反馈

(一)自我评价

(1)为了完成经纪人管理的学习任务，你都做了哪些准备？

①查找了哪些资料？

②针对具体情况，你提出了哪些管理建议？

(2)运用所学的知识和调研情况，撰写一篇有关我国农村经纪人管理的现状、问题与对策的文章，要求比少于3 000字。

(3)通过自学、讨论和调研，你有什么收获？

(二)小组评价

从学习态度、学习方法、团队合作和学习能力的提升等方面评价。

序号	评价项目	评价情况
1	与其他同学口头交流学习内容是否流畅	
2	是否尊重他人,是否达到全勤	
3	学习态度是否积极主动	
4	是否服从教师的教学安排	
5	外出调研的程序是否得当	
6	能否辨别工作环境中哪些是危险的因素	
7	是否能保持学习环境的干净整洁	
8	是否遵守学习场所的规章制度	
9	是否有工作岗位的责任心	
10	团队学习中主动与合作的情况如何	

参与评价的同学签名______________________

(三)综合评价

1.教师评价

(1)对整个学习内容的小结归纳。

(2)对学习过程的总体评价。

教师签名______________

2.学生评价

(1)对教师授课效果的评价。

(2)对学习效果的评价。

学生签名______________

项目六　农村经纪人从业管理

【项目目标】

完成本学习任务后，你应该能

1. 了解农村经纪人从业管理的基本制度；
2. 积极获取农村经纪人职业资格证书；
3. 及时到相关机关进行注册登记；
4. 农村经纪行为依规接受监督管理。

【项目任务描述】

我国农村经纪人在发展过程中出现了许多问题，诸如个别农村经纪人无照经营或“地下”经营，唯利是图，偷税漏税情况时有发生，缺乏合法经纪和诚信经纪的理念等等，这些问题的出现，从另一个方面又破坏了农村市场环境，扰乱了公平竞争的市场机制。因此，加强对农村经纪人的管理与指导就显得尤为重要了。那么如何对农村经纪人从业进行管理呢？

任务一　了解农村经纪人从业资格管理

【任务导入案例】

2013年6月12日，郧西县湖北口回族乡坎子山村村民魏文武双手叉腰，看着羊圈里活蹦乱跳的一群小羊羔，脸上堆满了笑容。前天，老魏通过“羊经纪”杨洪印，又做了一笔销售买卖，7只马头羊卖了 16 000 元。在郧西农村像魏文武这样的种养户都有自己的经纪人。以前一到丰收季节，大字不识几个的农民，就是坐等商客上门。现在，他们通过农村经纪人联系买家，再也不怕农产品滞销。

“羊经纪”杨洪印是现在当地有名望的经纪人，他为人厚道，信息灵，信誉好，从来不亏农民的。但以前杨洪印由于缺乏专业知识与技能，对市场走势、价格行情等难以做出正确判断，每年的收入也不稳定，有的甚至还亏本。2008 年他通过参加县涉农部门组织的农村经纪人培训，取得了农产品经纪人职业资格证书，并到当地工商部门进行了注册，成为一名真正的农村经纪人。通过培训他掌握了农村经纪人经纪实务，并与其他经纪人建立了联系制度。

【思考】

如何考取农村经纪人职业资格证书呢？

一、知识准备

农村经纪人从业资格是指进入农村经纪人职业、从事农村经纪工作的一种法定资质，是进入农村经纪职业的“门槛”。

农村经纪人从业资格管理是指对从事农村经纪业务的从业人员的资格条件、培训、考核、认定及从业行为等具体内容的管理。

1. 职业资格证书制度

(1)职业资格。职业资格是对从事某一职业所必备的学识、技术和能力的基本要求，反映了劳动者为适应职业劳动需要而运用特定知识、技术和技能的能力，由于其与职业劳动的具体要求密切结合，所以更直接、准确地反映了特定职业的实际工作标准和操作规范，以及劳动者从事该职业所达到的实际工作能力和水平。

我国的职业资格包括从业资格和执业资格。从业资格是指从事某一专业(职业)学识、技术和能力的起点标准。执业资格是指政府对某些责任较大，社会通用性强，关系公共利益的专业(职业)实行准入控制，是依法独立开业或从事某一特定专业(职业)学识、技术和能力的必备标准。

(2)职业资格证书。职业资格证书是国家对达到职业资格规定的必备的学识、技能和能力的劳动者发给的证明书。它是劳动者求职、任职、开业的资格凭证，是用人单位招聘、录用劳动者的主要依据，也是境外就业、对外劳务合作人员办理技能水平公证的有效证件。职业资格证书与职业劳动活动密切相连，反映特定职业的实际工作标准和规范。

职业资格证书是劳动就业制度的一项重要内容，也是一种特殊形式的国家考试制度。它是指按照国家制定的职业技能标准或任职资格条件，通过政府认定的考核鉴定机构，对劳动者的技能水平或职业资格进行客观公正、科学规范的评价和鉴定，对合格者授予相应的国家职业资格证书。

我国职业资格证书分为初级(五级)、中级(四级)、高级(三级)、技师(二级)、高级技师(一级)共五个等级。

(3)职业资格证书制度。职业资格证书制度是劳动就业制度的一项重要内容,也是一种特殊形式的国家考试制度。它是按照国家指定的职业技能标准或任职资格条件,通过政府认定的考核鉴定机构,对劳动者的技能水平或职业资格进行客观公正、科学规范的评价和鉴定,对合格者授予相应的国家职业资格证书。

国家职业资格证书由劳动保障部统一印制,劳动保障部门或国务院有关部门按规定办理和核发。国家职业资格证书是持有者具备某种职业所需要的专门知识和技能的证明。推行国家职业资格证书制度,是落实党中央、国务院提出的“科教兴国”战略方针的重要举措,也是我国人力资源开发的一项战略措施,同时还是贯彻《劳动法》、《职业教育法》的重要表现。

(4)学历证书与职业资格证书的关系。学历证书是一个人接受教育的年限,所具有的文化程度或者学业程度的证明,由教育部颁发。职业资格的合格证书是反映劳动者专业知识和职业技能水平的证明,是劳动者通过职业技能鉴定进入就业岗位的凭证,是由国家人力资源和社会保障部授权的职业资格认证机构颁发的。

不同职业对学历有不同要求,我国是实行九年制义务教育的。因此,获得职业资格的起点学历应该是初中毕业。学历并不等于能力,有些人学历不高但能力很高,最典型的例子要数微软公司的总裁,世界首富比尔盖茨。学历只是一个人的文化程度、学习能力、知识水平的证明,较高的学历更有利于其综合能力和职业能力的培养、提高。有些人虽然学历不高,但靠自学达到某一层次的同等学力,一样可以成才。所以学历证书和职业资格证书是相互包含的。我国正在逐步实行学历证书和职业资格证书“双证”制度。这就要求我们既要努力学习科学文化知识,取得学历证书,又要刻苦钻研专业技能和相关职业能力,取得相关职业资格证书。这样有利于适应多种专业岗位的需求,为就业广开门路。

2.农村经纪人职业资格

农村经纪人职业资格是指对从事农产品经纪活动所必备的学识、技术和能力的基本要求,反映了劳动者为适应职业劳动需要而运用特定的知识、技术和技能的能力。职业资格与职业劳动的具体要求密切结合,更直接、更准确地反映了特定职业的实际工作标准和操作规范,以及劳动者从事该职业所达到的实际工作能力水平。农村经纪人作为中间商人,在农村市场中发挥着重要的作用,为了加强对经纪人的管理,国家实行了职业资格制度,经纪执业人员要经过培训、考试、审查的资格认定,合格后才能取得经纪执业证书。国家要求所有取得《农产品经纪人职业资格》证书的从业人员必须要遵守职业道德,加强自律管理,提高思想素质和执业水平。

(1)农村经纪人职业资格证书。农村经纪人职业资格证书是农民经纪人从事经纪活动时手中拥有权威高效的职业资格证明，是向客户证明自己的身份，获取客户的信任的重要凭证，是完善农业社会化服务体系、农产品市场体系和质量安全保障体系的需要。农业社会化服务体系、农产品市场体系和质量安全保障体系，涵盖了农业生产、加工和销售的全过程，涉及农业的检验、检测、防疫和科技推广等各个领域，取得了国家职业资格认证证书，就是取得了国家的资质，取得了进行经纪人活动的合法性和资格。

(2)农村经纪人从业资格认定。经纪人资格认定指确认其是否具有成为经纪人的资格。根据《经纪人管理办法》规定，申请从事经纪活动人员必须具备以下条件：

①具有完全民事行为能力；

②具有从事经纪活动所需要的知识和技能；

③具有固定的住所；

④掌握国家有关的法律，法规和政策；

⑤申请经纪资格之前连续三年没有犯罪和经济违法行为。

具备以上条件的人员通过考核批准，取得经纪资格证书后，方可申请从事经纪活动。

3.农村经纪人国家职业标准

(1)农村经纪人国家职业标准概况。

①职业名称。农村经纪人或农产品经纪人

②职业等级。本职业共设三个等级，分别为：初级(国家职业资格五级)，中级(国家职业资格四级)，高级(国家职业资格三级)。

③职业环境。室内外常温。

④职业能力特征。具有一定的判断、推理、计算、语言表达能力、色、嗅、味、触感官灵敏，空间感，形体感强。

⑤基本文化程度要求。初中毕业。

⑥培训要求。

培训年限：全日制职业学校教育，根据其培养目标和教学计划确定。晋级培训期限：初级不少于200标准学时；中级不少于150标准学时；高级不少于100标准学时。

培训教师：培训初、中级人员的教师必须具备相关专业助理讲师以上专业技术职称或本职业高级职业资格证书；培训高级人员的教师，必须具备相关专业讲师以上专业技术职称。

培训场地与设备：能满足教学需要的标准教室和技能模拟训练场地，备有代表性的农产品标准样品，品种齐全；收购、评审质量、分等定级、计量计价的仪器设备；具备模拟交易结算室及计算机等相关设施。

⑦鉴定要求。

适用对象：从事或准备从事本职业的人员。

鉴定方式：分为理论知识考试和技能操作考核两部分。理论知识考试采用笔试方式，满分为 100 分，60 分以上者为合格。理论知识考试合格者方能参加技能操作考核。技能操作考核采用现场实际操作方式进行，技能操作考核分项打分，满分为 100 分，60 分及以上者为合格。

鉴定时间：理论知识考试为 120 分钟；技能操作考核初级为 120 分钟，中级、高级各为 150 分钟。

鉴定场所及设备：理论知识考试在标准教室进行。技能操作考核应在符合本职业要求的实验室和模拟场所进行，实验室、模拟场所应具备有关的仪器设备、工具材料、计算机等。

(2)农村经纪人工作要求。本标准对初级(表 6-1)、中级(表 6-2)、高级(表 6-3)的技能要求依次递进，高级别涵盖低级别的要求。

表 6-1　初级农村经纪人工作要求

职业功能	工作内容	技能要求	相关知识
一、市场信息采集与分析	(一)市场信息采集	能采集所经营的农产品市场信息	所经营农产品的产量、品质及供求状况
	(二)市场分析	能对采集的市场信息进行初步分析	
二、建立客户与谈判订约	(一)建立客户	1. 能根据市场供需情况找到客户 2. 能回答客户提出的所经营农产品的价格、质量、等级、规格等问题	1. 与客户沟通的基本技巧 2. 所经营农产品的相关知识
	(二)谈判订约	能以口头方式表达合作意向	顾客心理学常识
三、产品鉴别及等级评定(按所经营的产品的类别，选择表中所列六项中一项的一个品种)	(一)粮食品级鉴别	1. 能够合理取样 2. 能对抽取的样品进行品种鉴别及定级，误差率不超过规定标准的 40%	所经营粮食作物的鉴别方法及规格质量标准
	(二)果蔬及花卉品级鉴别	1. 能对所经营果蔬及花卉分类 2. 能够合理取样 3. 能对抽取的果蔬及花卉样品进行品种鉴别及定级，误差率不超过规定标准的 40%	1. 所经营果蔬及花卉的品种、质量、等级的一般知识 2. 所经营果蔬及花卉的鉴别方法及规格质量标准 3. 无公害产品知识

续表 6-1

职业功能	工作内容	技能要求	相关知识
三、产品鉴别及等级评定（按所经营的产品的类别，选择表中所列六项中一项的一个品种）	（三）林产品品级鉴别	1. 能够合理取样 2. 能对抽取的样品进行品种鉴别及定级，误差率不超过规定标准的 40%	所经营林产品的品种、性状、特点、鉴别方法及规格质量标准
	（四）畜禽产品品级鉴别	1. 能识别病、健畜禽 2. 能鉴别畜禽品种、肉的质量及等级； 3. 能对抽取的畜禽副产品进行品种鉴别及定级	1. 畜禽的产地、品种、特性 2. 畜禽肉的质量等级标准 3. 主要畜禽副产品的性状、特点、鉴别方法及规格质量标准
	（五）水产品品级鉴别	1. 能识别所经营水产品的种类 2. 能感官判断所经营水产品的鲜活程度 3. 能对抽取的样品进行品种鉴别及定级，误差率不超过规定标准的 30%	1. 所经营水产品的品种、质量、等级的有关知识 2. 所经营水产品保鲜的一般知识 3. 所经营水产品的鉴别方法及规格质量标准 4. 所经营水产品的产地分布情况
	（六）其他农副产品品级鉴别	1. 能够合理取样 2. 能对抽取的样品进行品种鉴别及定级，误差率不超过规定标准的 40%	所经营其他农副产品的品种、性状、特点、鉴别方法及规格质量标准
四、农产品储运	（一）农产品储存	能对所经营农产品进行储存、保管和养护	所经营农产品的仓储知识
	（二）组织运输	能安全地将所经营农产品运送到目的地	所经营农产品运输安全知识
五、核算与结算	（一）核算	能对所经营的农产品毛利进行粗略的估算	所经营农产品毛利的计算方法
	（二）结算	1. 能使用各种验钞工具、清点现金准确无误 2. 能填制购销结算凭单	1. 伪钞的识别知识 2. 常用购销业务凭单的基本内容及填制方法

表 6-2 中级农村经纪人工作要求

职业功能	工作内容	技能要求	相关知识
一、市场信息采集与分析	(一)市场信息采集	能通过广播、电视、报刊等渠道采集所经营农产品市场信息	市场调查的基本知识
	(二)市场分析	能对采集的市场信息进行分析筛选和判断	市场分析的基本知识
二、建立客户与谈判订约	(一)建立客户	1. 能同客户有效沟通 2. 能根据市场供需情况找到一定数量的客户	公共关系的基本知识
	(二)谈判订约	能以协议形式表达双方的合作意向	商务谈判的基本知识
三、产品鉴别及等级评定(按所经营的产品的类别,选择表中所列六项中一项的一个品种)	(一)粮食品级鉴别	能鉴别样品的品种及定级,误差率不超过规定标准的 30%	主要粮食作物的品种鉴别及规格质量标准
	(二)果蔬及花卉品级鉴别	1. 能识别果蔬及花卉的品种 2. 能鉴别果蔬及花卉的绿色环保等级 3. 能鉴别果蔬及花卉样品的质量、等级,误差率不超过规定标准的 30%	1. 主要果蔬及花卉的品种、质量、等级的知识 2. 主要果蔬及花卉的鉴别方法及规格质量标准 3. 绿色产品等级知识
	(三)林产品品级鉴别	能鉴别样品的品种及等级,误差率不超过规定标准的 30%	1. 主要林产品的品种、性状、特点、鉴别方法及规格质量标准 2. 国家对林木采伐的政策及有关规定
	(四)畜禽产品品级鉴别	1. 能估算畜禽的出肉率,误差率不超过规定标准的 6% 2. 能鉴别病、健畜禽胴体	1. 畜禽屠宰的常识 2. 畜禽胴体的卫生检疫知识
	(五)水产品品级鉴别	1. 能识别主要水产品的种类 2. 能判断主要水产品的鲜活程度 3. 能鉴别样品的品种并定级,误差率不超过规定标准的 20%	1. 主要水产品的品种、质量、等级知识 2. 主要水产品的产地分布情况 3. 主要水产品保鲜知识 4. 主要水产品的鉴别方法及规格质量标准
	(六)其他农副产品品级鉴别	能鉴别样品的品种并定级,误差率不超过规定标准的 30%	其他农副产品的品种、性状、特点、鉴别方法及规格质量标准

续表 6-2

职业功能	工作内容	技能要求	相关知识
四、农产品储运	(一)农产品储存	能根据农产品的特性进行分类储存、保管和养护	主要农产品仓储知识
	(二)组织运输	1. 能根据农产品的地理分布选择合理的运输路线 2. 能根据农产品的特性选择合理的运输工具	运输工具及路线优化选择方法
五、核算与结算	(一)核算	能对经营商品的成本、费用、税金进行一般核算	成本核算的一般知识
	(二)结算	能用信用卡进行结算	信用卡的使用知识

表 6-3　高级农村经纪人工作要求

职业功能	工作内容	技能要求	相关知识
一、市场信息采集与分析	(一)市场信息采集	能通过互联网采集所经营农产品的市场信息	互联网的应用常识
	(二)市场分析	在广泛采集信息的基础上，能对所经营农产品的供求情况做出分析判断	市场预测与决策相关知识
二、建立客户与谈判订约	(一)建立客户	1. 能同客户密切沟通、广泛联系 2. 能稳定地维系一批客户	1. 商务谈判的技巧 2. 与所经营农产品相关的法律、法规知识
	(二)谈判订约	1. 能通过洽谈，促成交易的实现，避免风险 2. 能以书面形式签订有效合同	
三、产品鉴别及等级评定(按所经营的产品的类别，选择表中所列六项中一项的一个品种)	(一)粮食品级鉴别	能鉴别样品的品种并定级，误差率不超过规定标准的 20%	1. 国内市场主要粮食作物的品种鉴别及规格质量标准 2. 国际市场主要粮食品种及质量标准
	(二)果蔬及花卉品级鉴别	1. 能识别国内主要果蔬及花卉的品种 2. 能通过仪器设备鉴别果蔬及花卉的绿色环保程度 3. 能鉴别国内主要果蔬及花卉样品的质量、等级，误差率不超过规定标准的 20%	1. 国内市场主要果蔬及花卉的品种、质量、等级的知识 2. 国内市场主要果蔬及花卉的鉴别方法及规格质量标准 3. 我国果蔬及花卉品种及产地分布情况

续表 6-3

职业功能	工作内容	技能要求	相关知识
三、产品鉴别及等级评定(按所经营的产品的类别,选择表中所列六项中一项的一个品种)			4.有机产品知识 5.国际市场主要果蔬及花卉品种及质量标准
	(三)林产品品级鉴别	能正确鉴别样品的品种及等级,误差率不超过规定标准的20%	1.国内市场主要林产品的品种、性状、特点、鉴别方法及规格质量标准 2.国家森林保护有关法律法规 3.国际市场主要林产品品种及质量标准
	(四)畜禽产品品级鉴别	1.能估算畜禽的出肉率,误差率不超过规定标准的4% 2.能鉴别病、健畜禽副产品	1.畜禽屠宰的基本流程 2.畜禽副产品的卫生检疫知识 3.国际市场主要畜禽产品品种及质量标准
	(五)水产品品级鉴别	1.能识别我国主要水产品的种类 2.能鉴别样品的品种并定级,误差率不超过规定标准的10%	1.我国主要水产品的品种、质量、等级知识 2.我国主要水产品的鉴别方法及规格质量标准 3.我国主要水产品的产地分布情况 4.国际市场主要水产品的质量标准
	(六)其他农副产品品级鉴别	能鉴别样品的品种并定级,误差率不超过规定标准的20%	1.国内市场其他农副产品的品种、性状、特点、鉴别方法及规格质量标准 2.国际市场其他农副产品的产地及质量标准
四、农产品储运	(一)农产品储存	能够合理使用仓储空间,提高仓储利用率	仓储管理的知识
	(二)组织运输	能科学选择运输路线和运输工具,做到装载商品结构合理,数量准确,节省运费	农产品装载的基本知识及运输费用的核算方法
五、核算与结算	(一)核算	能核算农产品成本、费用和税金	相关税收法规知识
	(二)结算	能填制银行结算凭单	银行结算的有关知识

续表 6-3

职业功能	工作内容	技能要求	相关知识
六、培训与指导	培训与指导	1. 能对初级、中级农民经纪人进行培训 2. 能够具体指导初级、中级农民经纪人的日常经营业务活动	教学法的有关知识

(二)资料准备

(1)利用现有的图书馆或资料室以及报纸杂志，查找有关农村经纪人从业管理的信息资料。

(2)利用现有的电脑、网站、Wifi 等网络环境条件，查找有关农村经纪人从业管理的概况与基本要求等方面的信息资料。

(3)通过网络，查找农村经纪人如何获得从业资格证书。

(4)教师准备的资料中关于农村经纪人从业管理的要求、内容、过程等相关文章。

二、项目设计与实施

(一)项目设计

见图 6-1。

(二)项目实施

(1)安排学生课前预习农村经纪人从业资格管理的基本要求、知识准备和技能。

(2)在教师的指导下，通过多种信息渠道查询资料。关键词有：经纪人从业资格的概念、原则、内容、考核和管理等。

(3)汇总查找的相关资料。

(4)每人写一份学习收获。

(5)以小组为单位，模拟进行一次农村经纪人从业资格考核，并用集体的智慧完成一份较好的学习收获体会。

(6)每组选一个代表，在全班讲解小组的学习路径、学习收获，组员补充收获的内容。

(7)教师组织发动全班同学讨论、评价各小组的学习情况，达到全班同学共享学习资源和收获体会，巩固所学的知识内容。

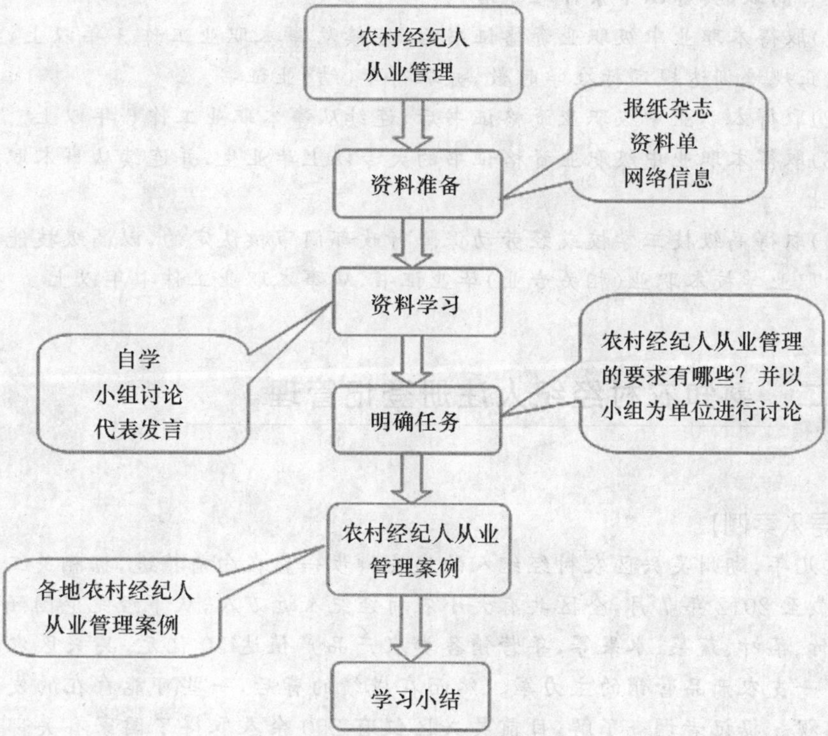

图 6-1　农村经纪人从业管理项目设计

三、学习拓展

【农村经纪人国家职业标准——申报条件】

——**初级（具备以下条件之一者）：**

(1)经本职业初级正规培训达规定标准学时数，并取得毕(结)业证书。

(2)在本职业连续见习工作 2 年以上。

——**中级（具备以下条件之一者）：**

(1)取得本职业初级职业资格证书后，连续从事本职业工作 2 年以上，经本职业中级正规培训达规定标准学时数，并取得毕(结)业证书。

(2)取得本职业初级职业资格证书后，连续从事本职业工作 4 年以上。

(3)取得经劳动保障行政部门审核认定的，以中级技能为培养目标的职业学校本职业(相关专业)毕业证书，从事本职业工作 1 年以上。

——**高级(具备以下条件之一者)**:

(1)取得本职业中级职业资格证书后,连续从事本职业工作3年以上,经本职业高级正规培训达规定标准学时数,并取得毕(结)业证书。

(2)取得本职业中级职业资格证书后,连续从事本职业工作6年以上。

(3)取得本职业中级职业资格证书的大专以上毕业生,并连续从事本职业工作2年以上。

(4)取得高级技工学校或经劳动保障行政部门审核认定的,以高级技能为培养目标的职业学校本职业(相关专业)毕业证书,从事本职业工作1年以上。

任务二 熟知农村经纪人注册登记管理

【任务导入案例】

这几年,湖州吴兴区农村经纪人的发展脚步一直在向前推进,据相关工作人员介绍,截至2012年7月,全区共有大小农村经纪人近万人,从事经纪范围涵盖了水产、笋竹、茶叶、蔬菜、水果等,年营销各类农产品产值达50亿元,吴兴区农村经纪人成了一支农产品营销的主力军。然而在成绩的背后,一些可能存在的发展隐患不容忽视。据记者调查了解,目前吴兴区仅有250余人取得了国家有关部门核发的“农产品经纪人职业资格证”,在工商部门进行注册登记的更是少之又少。这主要是由于农村经纪人开展经纪业务一般隐蔽性和灵活性很强,很多农村经纪人不愿意到工商部门进行注册登记。他们其实都只是“临时工”,在交易过程中,“临时”农村经纪人显然不具备相关专业知识,很难使交易规范化,更多的是依靠口头协定,而签书面协议的比较少,因此一旦发生纠纷就比较麻烦。

【思考】

农村经纪人应如何进行注册登记呢?

一、学习准备

根据我国《经纪人管理办法》的规定,取得经纪资格证书的人员,应当成为个体经纪人或者在经纪组织中从事经纪活动。农村经纪人只有申请设立个体经纪人、经纪组织,经所在地工商行政管理部门注册登记后,才能成为合法的市场经纪人,从事经纪活动。在法律法规允许的范围内,应该降低农村经纪人注册登记条件。那么,农村经纪人如何进行注册登记并进行合法经营呢?

(一)知识准备

对从事工商业经营活动的经营主体进行注册登记管理是国内外通行的做法。登记管理是登记机关依法确认市场经营主体资格和法律地位的法定程序。目前我国登记管理机关是市场监督管理机关(原我国登记管理机关是工商行政管理机关,现我国将工商行政管理局 质量技术监督监局和食品药品监督管理局合并,成立市场监管局)。开展工商业经营活动的经营主体必须经市场监督管理机关登记注册,方可开展经营活动。凡是符合个体经纪人、合伙经纪企业和经纪公司相关法律规定设立条件的,都可以向当地市场监督管理机关申请登记注册为个体经纪人、合伙经纪企业或经纪公司。

1.农村经纪人的注册登记管理的内容

农村经纪人的注册登记管理按照从市场主体进入市场到退出市场的过程,可分为开业登记、变更登记、停业登记和注销登记四种。

(1)开业登记。开业登记是指个人或组织在从事工商业经营前依法向登记机关申请在某行业从事经营活动,办理营业登记手续,登记机关审查后依法核发营业执照的全过程。在办理开业登记手续后,经营主体成为合法的市场主体,其合法经营活动受国家法律和政府保护,办理开业登记后,市场的经营主体所登记的事项发生变化,还必须依法到登记机关办理变更登记。

(2)变更登记。变更登记是指市场经营主体因经营需要,为改变已经核准登记的主要事项依法向登记机关申办改变原登记事项的过程。经开业登记核准的登记事项,一经核准就具有法律效力,不得随意更改。如确实因生产经营的实际需要改变登记事项,必须向原登记主管机关申请办理变更登记。未经登记主管机关核准,擅自改变已经核准登记事项的,属违法行为,登记主管机关一经发现,要依法予以处罚。

(3)停业登记。停业登记是针对个体工商户(包括农村个体经纪人)制订的。登记机关为农村个体经纪人办理停业手续,称为停业登记。农村个体经纪人因自身经营原因或被责令停业整顿需要停业时,登记机关暂时收存其营业执照。农村个体经纪人停业期满,经登记机关审核符合条件,批准复业,退还营业执照。

(4)注销登记。注销登记是指已经核准登记的市场经营主体由于被撤销、宣告破产或其他各种原因终止营业,向登记主管机关办理撤销注册号,交回营业执照和印章的手续。

2.农村经纪人的注册登记管理的程序

登记主管机关对市场经营主体申请登记的审批程序,大体可分为受理、审查、核准、发照、公告等五个步骤。

(1)受理。申请登记单位按照规定将应提交的文件、证件和申请登记注册书等送交登记主管机关后,登记主管机关要进行检查,文件齐备的方予受理,否则不予受理。

(2)审查。登记主管机关对申请人提交的文件、证明和填写的申请登记表的有效性、合法性和真实性进行审核查验,并核实申请人的实际条件和登记项目。这一步骤是登记审批程序的中心环节,它既是登记主管机关履行职责,体现执行法律、法规和政策的过程,又是对申请者进行法律、法规、政策的指导,明确其权利和义务的过程。

登记主管机关的审查分为程序审查和实质性审查。程序审查主要是审查申请人提出的申请是否符合规定的要求,提交的各种文件、证明是否完善和齐备。实质性审查主要审查申请人是否具备登记条件,申请登记的事项是否属实,是否符合国家法律、法规和政策规定。如果发现手续不完备的,应说明情况,令其补办;情况不实的,令其更正,不具备登记条件的,应予以驳回。

(3)核准。登记主管机关审查、核实后,做出核准登记或不予核准登记的决定,并及时通知申请人。

(4)发照。发照指登记主管机关向申请人颁发营业执照。营业执照的颁发,意味着登记主管机关基本完成了登记审批程序;同时也标志着申请人取得了合法经营主体资格及合法经营地位开始享有从事生产经营的权利,其合法权益受国家保护。

(5)公告。由登记主管机关发布公告,这是登记主管机关向社会公布企业开业、歇业情况的一种形式;也是登记主管机关审批登记程序中的最后一个步骤。

3.农村经纪人注册登记条件

(1)设立个体农村经纪人应具备以下条件。个体农村经纪人以自己的名义独立从事农村经纪活动,并以个人的全部财产承担无限责任。符合下列规定条件的人员,均可以申请领取个体工商户营业执照,成为个体农村经纪人。

①有固定的业务场所。

②有一定的资金。

③本人取得农村经纪执业证书。

④有一定的农村经纪行业的从业经验。

⑤符合《城乡个体工商户管理暂行条例》的其他规定。

(2)设立合伙经纪组织应具备以下条件。《中华人民共和国合伙企业法》中规定:合伙经纪组织是从事经纪业务的合伙企业。合伙企业是企业的一种组织形式,是由各合伙人订立合伙协议、共同出资、合伙经营、共享收益、共担风险,并对合伙企业债务承担无限连带责任的营利性组织。根据《中华人民共和国合伙企业法》的规定，设立合伙企业应当具备下列条件。

①有两个以上合伙人，并且都是依法承担无限责任者。

②有书面合伙协议。

③有各合伙人实际缴付的出资。

④有合伙企业的名称。

⑤有经营场所和从事合伙经营的必要条件。

(3)设立农村经纪公司应具备以下条件。农村经纪公司是以公司为组织形式的、从事农村经纪业务的、负有限责任的企业法人。《中华人民共和国公司法》规定，公司组织形式有两种：有限责任公司和股份有限公司。有限责任公司(除国有独资公司外)由两个以上50个以下股东共同出资设立。股东以出资额为限对公司承担责任，公司以全部资产为限对公司的债务承担责任。设立农村经纪公司应按照《民法通则》关于法人制度和《公司法》有关规定进行注册登记。我国目前的农村经纪公司大部分是有限责任公司，《公司法》规定设立有限责任公司应当具备以下条件。

①股东符合法定人数。

②股东出资达到法定资本最低限额。

③股东共同制定公司章程。

④有公司名称，建立符合有限责任公司要求的组织机构。

⑤有固定的生产经营场所和必要的生产经营条件。

(二)资料准备

(1)利用现有的图书馆或资料室，查找有关农村经纪人注册登记管理的信息资料。

(2)利用现有的电脑、网站、Wifi等网络环境条件，查找有关农村经纪人注册登记的条件、相关事项等方面的信息资料。

(3)教师准备的资料中关于农村经纪人注册登记方面的相关文章。

二、项目设计与实施

(一)项目设计

见图6-2。

(二)项目实施

(1)安排学生课前预习农村经纪人注册登记管理的基本条件、注意事项。

(2)在教师的指导下，通过多种信息渠道查询资料。关键词有：农村经纪人注册登记的要求、内容和管理等。

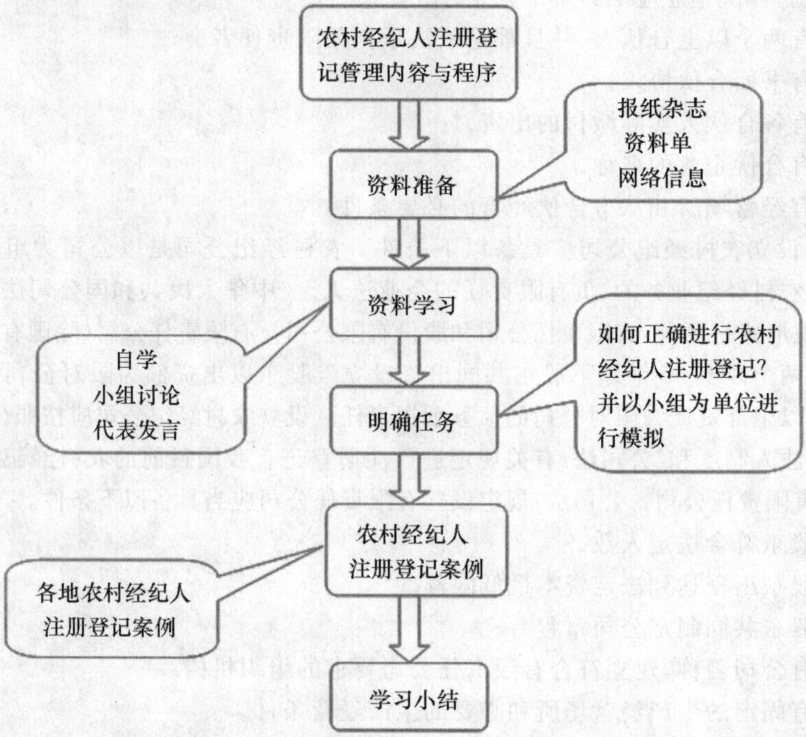

图 6-2 农村经纪人注册登记管理项目设计

(3)汇总查找的相关资料。

(4)每人写一份学习收获。

(5)以小组为单位,模拟进行一次农村经纪人注册登记准备,并用集体的智慧完成一份较好的学习收获体会。

(6)每组选一个代表,在全班讲解小组的学习路径、学习收获,组员补充收获的内容。

(7)教师组织发动全班同学讨论、评价各小组的学习情况,达到全班同学共享学习资源和收获体会,巩固所学的知识内容。

三、学习拓展

【上海经纪执业注册规程】

(一)经纪执业注册申办手续

申请人通过所在经纪组织(或者拟设立的经纪组织)向市工商局或者受市工商

局委托的工商分局提交下列材料：

(1)《上海市执业经纪人经纪执业注册申请书》。

(2)经纪执业资格考核合格证明复印件。

(3)申请人在本市有固定住所的证明材料。

(4)申请人有效身份证明的复印件。

(5)经纪组织的劳动合同(或者拟设立经纪组织的聘用意向书)。

(6)经纪组织的营业执照复印件(或者拟设立经纪组织的名称核准通知书)。

(7)申请人1英寸彩色免冠报名照2张。

(二)申请经纪资格认定

向工商机关申请办理应当提交下列材料。

(1)《经纪资格认定审批表》。

(2)申请报告(经纪组织的名称、注册地址、负责人、联系电话、经营范围、法人签名和盖章等)。

(3)名称核准通知书复印件(新开)和营业执照复印件(新开分支机构需总公司营业执照复印件)。

(4)验资证明(新开公司需验资报告复印件、新开分支机构需总公司验资报告和年检审计报告各一套复印件、新开合伙企业需合伙协议复印件)。

(5)场地证明(租赁协议和房东产权证明复印件,如产证是住宅用房还需提供房地产管理局的居改非证明复印件)。

(6)经纪人职业证书原件和身份证复印件。

(三)经纪人注册登记办理过程

1.办理程序

一般程序是申请人通过经纪组织(拟设立的经纪组织)向企业注册所在地的工商机关提交申请材料,在工商机关受理审核通过后,领取经纪职业证书的审批决定方式。

上海市工商行政管理局及各区县分局办理经纪人执业注册、变更和经纪职业证书注销适用一般程序。

2.当场决定

当场决定指申请人提交的经纪职业证书审验申请材料齐全、符合法定形式,工商机关当场做出审验处理决定的方式。

上海市工商行政管理局及各区县分局办理经纪职业证书审验适用当场决定程序。

工商机关应当对经纪组织提交的材料是否齐全、是否符合法定形式进行收件审核，并根据不同情况做出如下处理。

(1)提交的材料齐全并符合法定形式的，当场予以收件并进行审验。

(2)存在可以当场更正的错误的，应当允许有权更正人当场予以更正，并由更正人在更正处签名或者盖章，注明更正日期；经确认提交的材料齐全并符合法定形式的，当场予以收件并进行审验。

(3)提交的材料不齐全或者不符合法定形式的，应当一次告知需要补正的全部内容。

3. 办理时限

工商机关应当自收到申请人通过经纪组织提交的经纪执业注册申请之日起10个工作日内，做出准予注册或者不予注册的决定。

(四)经纪执业注册变更

《经纪职业证书》中载明的经纪组织的名称发生变化(包括执业经纪人变换所服务经纪组织)的，执业经纪人应当自发生变化之日起30日内，通过所在经纪组织向工商机关申请变更，并提交下列材料。

(1)《上海市执业经纪人经纪执业注册变更申请书》。

(2)《经纪执业注册变更相关意见表》(变换所服务经纪组织的)。

(3)《经纪职业证书》(原件)。

(4)原服务的经纪组织已注销的，应提供注销证明材料。

(5)原服务的经纪组织已被吊销营业执照的，应提供吊销营业执照证明材料。

(6)变更造成申请人服务的经纪组织的执业经纪人人数少于规定人数的，申请人应提供申请人与该经纪组织解除劳动关系的生效的仲裁裁定书或法院判决书。执业经纪人变换所服务经纪组织的，还应提供相应的聘用合同。

(7)经纪人身份证复印件。

四、评价反馈

(一)自我评价

(1)为了进行经纪人注册登记管理的学习任务，你都做了哪些准备？

①查找了哪些资料？

②你有哪些具备的条件？

(2)通过自学、讨论和调研，你有什么收获？

(二)小组评价

从学习态度、学习方法、团队合作和学习能力的提升等方面评价。

序号	评价项目	评价情况
1	与其他同学口头交流学习内容是否流畅	
2	是否尊重他人,是否达到全勤	
3	学习态度是否积极主动	
4	是否服从教师的教学安排	
5	着装是否符合标准	
6	能否按照经纪谈判的相关要求进行经纪谈判	
7	能否辨别工作环境中哪些是危险的因素	
8	是否能保持学习环境的干净整洁	
9	是否遵守学习场所的规章制度	
10	是否有工作岗位的责任心	
11	团队学习中主动与合作的情况如何	
12	能否主动参与教学场所的清洁和整理工作	

参与评价的同学签名＿＿＿＿＿＿＿＿

(三)综合评价

1. 教师评价

(1)对整个学习内容的小结归纳。

(2)对学习过程的总体评价。

教师签名＿＿＿＿＿＿

2. 学生评价

(1)对教师授课效果的评价。

(2)对学习效果的评价。

学生签名＿＿＿＿＿＿

任务三　了解对农村经纪人经纪行为的监督管理

【任务导入案例】

2011 年山东省滕州市工商局坚持把培育发展农村经纪人作为搞活农村市场流通,拉动区域经济持续快速增长的一大突破口,通过强化服务和监管,有力地促进了全市农村经纪人队伍健康发展。一是加强服务。对农村经纪人,在注册登记、合同签订、商标注册、法规咨询等提供一条龙服务。放宽登记注册条件,降低准入门槛,开设绿色通道,注册登记特事特办。对边远乡村农民从事经纪活动的实行上门办照。指导农村经纪人利用商标、广告、合同等手段,打开农产品销路,打造特色农产品品牌,扶持发展经纪人大户,帮助其做大做强。二是加强监管。建立健全农村经纪执业人员监管档案及基本情况明示制度,加强经纪执业人员信用分类监管,规范经纪行为。特别针对经纪中不择手段压级压价,坑农损农,欺行霸市以及无照经营的"地下"农村经纪活动,加大查处力度。以确保农村经纪人健康有序的发展。

【思考】

如何对农村经纪人的经纪行为进行监督管理呢?

一、学习准备

工商行政管理机关是我国综合性的行政监督管理部门,各地农产品市场管理部门应会同工商行政管理部门,依据有关法律法规及经纪人管理办法的规定,加强对农村经纪人的监督管理。其主要职责是:①经纪人的登记管理;②依照有关法律、法规和《经纪人管理办法》的规定,规范管理经纪行为,对经纪活动进行监督管理,保护合法经营,查处违法经营;③指导经纪人自律组织的工作;④国家赋予的其他职责。对有犯罪、经济违法行为的,如违反国家法律、法规,损害国家和社会公共利益,弄虚作假、行骗欺诈,不遵守约定的保密义务、泄露秘密等行为要加以处理,甚至取消其农村经纪人的经纪资格,情节严重的还要交司法机关处理。对农村经纪人的管理,除了要依法确认其资格,更重要的是对其行为进行监督管理,打击违法行为,以便保护经纪人及当事人权益。工商行政管理机关依据有关法律法规及管理办法对其管辖的经纪人进行监督检查时,经纪人应当接受检查,提供检查所需要的文件、账册、报表及其他有关资料。

(一)知识准备

在经纪活动中,有的农村经纪人只片面追求经济利益,为促成生意,不惜欺瞒,侵犯他人利益;有的经纪人缺乏信用观念,货款到手后,不及时交给卖方,拖欠要赖,引发纠纷造成矛盾,影响农村稳定;还有的经纪人欺行霸市,专欺"外地客",影响极坏;有的经纪人经营畜禽产品,缺乏法制观念,将病死畜禽偷运到外地销售,给消费者的健康造成了极大危害,更有甚者,将一些违法添加物,如瘦肉精,交给养殖户添加使用。这些做法,既违反了职业道德和法律法规,又扰乱了经济秩序,也损害了经纪人本身的形象。同时,目前对经纪人的管理方面,也存在一些问题,比如工商、税务等职能部门对部分经纪人的经营收费没有按照国家制定的标准执行，存在收费标准超标的现象，存在对外销农产品设置人为障碍的现象，不按规定扣押经纪人的产品、扣押相关证照和乱罚款等。因此，有关部门应加强农村经纪人队伍的规范化管理，加强市场经济知识、市场营销知识、职业道德及工商法规等方面的培育，引导他们遵纪守法、文明办事，树立新时期经纪人的良好形象，为进一步搞好市场流通做出贡献。同时，相关职能部门除了要进一步规范自身的行为外，还要鼓励和支持农村经纪人自律组织的建立和发展，切实做好以下7个方面的工作，为农村经纪人经营活动创造一个良好的环境，建设一支熟悉农产品流通政策、经营管理素质较高、经纪行为规范的农村经纪人队伍。

1.加强组织协调

在新时期，各地的相关政府部门要高度重视，积极推动，形成支持农村经纪人发展的格局：一是做好组织协调工作，高度重视和支持农村经纪人的培育发展，由政府统一领导，协调有关部门，制定培育和扶持农村经纪人发展的综合配套政策与措施，切实解决阻碍农村经纪人发展的实际问题。务必形成政府主导、部门扶持、社会参与的工作格局和良好氛围。二是要加强与农村经纪人与其他经纪人之间的联系、协作，引导他们组建联合体或协会，帮助建立健全规章制度，向组织化、规模化和自律化的方向发展。三是要指导农村经纪人组织独立自主地开展工作，不搞包办代替，也不干预正常工作。四是要支持他们与农产品行业协会、农业协会交流与合作，并提供市场信息和政策咨询等服务，促进农村经纪人队伍的健康发展。

2.进一步完善行业规范

国家工商行政管理部门和相关单位，要制定符合经纪行业特点的执业标准，建立农村经纪人执业人员的准入、退出及资格审验制度；引导农村经纪人树立诚实守信、合法经营观念，鼓励公平竞争；取缔和打击无证照经营等非法经纪行为，维护经纪市场秩序，保护经纪当事人的合法权益。

3.提高经纪从业人员素质

农村经纪人的素质与经纪业务规模、经纪效益、经纪发展前景息息相关。各级政府相关部门要会同工商等部门，对农村经纪人进行农业法律法规、市场经济、经营管理、市场营销、礼仪道德等方面知识的系统培训，提高农村经纪人队伍的法律意识、业务素质、服务技能和整体水平。加强培训，以培训促发展，提升农村经纪人的综合素质。采取国家鼓励、政策优惠、资金支持等措施，利用各种形式和途径培养一批农村经纪人。有关部门要认真组织编写培训教材，建立培训基地，积极开展农村经纪人培训工作，帮助他们提升综合素质。做到培训教育、规范管理与组织发展同步。特别是要教育经纪人增强诚信意识，以诚信求生存，以诚信求发展。

4.转变角色,加强服务

各级政府部门要认真研究和制定农村经纪人发展的政策措施,特别是涉农各部门要加强配合,从资金、政策、信息等方面加大扶持力度,为农村经纪人的发展创造更加宽松的环境。银行要加大对农村经纪人的信贷支持力度,加强专项资金发放的针对性,对那些经营大户要予以适当倾斜。税务部门要采取一定的优惠措施,对农村经纪人给予实际有效的支持。各级工商行政管理部门要积极引导,放宽市场准入条件,促进农村经纪人队伍的发展;要加强对市场的调控,强化对农村经纪人的协调管理和行业内部管理,防止和杜绝恶意竞争;要强化服务,加强引导,加大政策扶持力度,建设全国经纪人信息平台,营造公平竞争的市场环境,促进农村经纪人发展上规模、上档次。要围绕促进经纪人队伍建设,制定优惠政策,如运输的车辆要适时开通“绿色通道”,商业银行有必要设立专项的信用贷款进行重点扶持等,促进经纪人队伍不断发展壮大。

5.鼓励有序竞争

按照“自愿、互助、合作”的原则,把经纪人组织起来,逐步走上自我管理、自我服务、自我发展的轨道。要加强监管,规范经纪行为。积极引导农村经纪人注册登记,对从业人员发证办照,持证上岗,取得合法的市场主体资格,规范农村经纪人的发展;建立农村经纪人管理档案,实行信用管理。适时开展诫勉警示,约束和规范经纪行为,规范管理,为合法经纪活动创造良好的经纪环境。要加强日常监督,充分发挥工商、行业主管部门和群众的监督作用,对欺诈行为予以打击、曝光,严重的予以吊销营业执照,违法乱纪的要依法严惩。要引导农村经纪人向规模化、组织化、规范化经营。建立政府与经纪人之间、经纪人与经纪人之间相互沟通的渠道,各相关部门要认真开展法律法规及政策咨询,主动传递市场信息,鼓励农村经纪人采取合作、合伙或公司模式来扩大规模,节约经纪成本。

6.成立农村经纪业自律组织

农村经纪人经纪活动分散,经营规模小,信息闭塞,需要建立相互了解和沟通的平台。各地工商行政管理部门要有效地组织农村经纪人建立自律组织、自律性行业协会,构筑农村经纪人行业自律组织网络。积极帮助各类农村经纪人协会建立工作制度,健全自律管理规则,实现自我服务、自我约束、自我发展。帮助农村经纪人自律组织建立起政府与经纪人之间、经纪人与经纪人之间相互沟通的渠道,通过自律组织开展法律法规及政策的咨询,传递市场信息,开展经纪活动,维护农村经纪人的合法权益,发挥行业协会自律作用。要加快政府职能转变,将农村经纪人的培训、管理、规范等职能逐步交给经纪人协会等中介组织来承担,充分发挥其组织、引导和服务作用,为农村经纪人提供信息、技术、政策和法律咨询服务,使经纪人向组织化、规模化方向发展。要进一步加大对农村经纪人违法违章经营行为的查处力度，严厉查处欺诈客户、违法经营等扰乱市场秩序的行为，重点打击无照经营、合同欺诈、坑农害农的行为。同时，探索建立农村经纪人激励机制，对遵纪守法、诚实守信、表现突出、贡献较大的农村经纪人予以表彰和奖励。

7. 加大宣传力度

切实抓好《经纪人管理办法》等法规、政策的贯彻落实，把农村经纪人发展、经纪活动和经纪人管理纳入经纪人法规的框架中，做到规范发展和管理。要加大经纪人法规的宣传力度，宣传其权利和义务，增强农村经纪人的法制观念，引导农村经纪人通过正当经纪活动获取合法收益，做到诚信经纪、恪守信誉。要加大宣传力度，抓好典型示范。各级政府和有关部门要通过各种媒体和多种形式，大力宣传农村经纪人的地位和作用，消除人们对农村经纪人的偏见。要树立守法、守信的农村经纪人典型，通过现场会等形式进行示范，扩大农村经纪人的社会影响，树立“经纪有为、经纪光荣、经纪致富”的意识观念。要加强对农村经纪人作用的宣传，提高他们的社会地位。同时，要加强联系、指导和服务，帮助他们解决实际问题，为农村经纪人队伍创造良好的发展环境。

(二)资料准备

(1)利用现有的图书馆或资料室以及报纸杂志，查找有关经纪行为监督管理的信息资料。

(2)利用现有的电脑、网站、Wifi 等网络环境条件，查找有关对农村经纪人经纪行为进行监管的信息资料。

(3)通过网络，查找相关部门如何对经纪行为进行监管和经纪人如何自律的内容。

(4)教师准备的资料单、关于经纪行为监管的要求、内容等相关文章。

二、项目设计与实施

(一)项目设计

见图 6-3。

(二)项目实施

(1)安排学生课前预习经纪行为监督管理的内容。

(2)在教师的指导下，通过多种信息渠道查询资料。关键词有：经纪行为监管的部门及主要内容。

(3)汇总查找的相关资料。

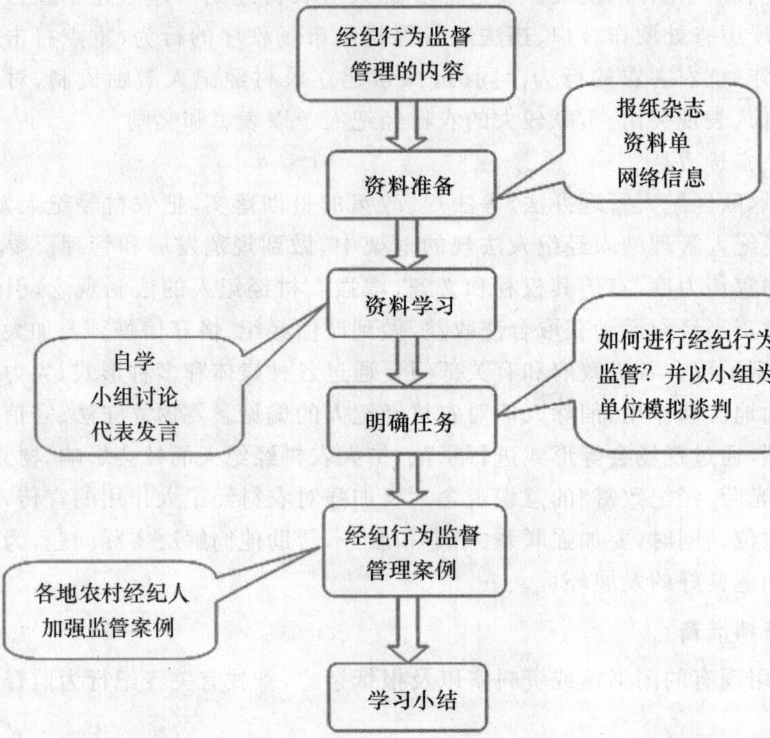

图 6-3 经纪行为监督管理项目设计

(4)每人写一份学习收获。

(5)每组选一个代表，在全班讲解小组的学习路径、学习收获，组员补充收获的内容。

(6)教师组织发动全班同学讨论、评价各小组的学习情况，达到全班同学共享学习资源和收获体会，巩固所学的知识内容。

三、学习拓展

【经纪人管理办法相关内容】

第五条规定，各级工商行政管理机关负责对经纪人进行监督管理。其主要职责是：

(一)经纪人的登记管理；

(二)依照有关法律、法规和本办法的规定，规范管理经纪行为，对经纪活动进行监督管理，保护合法经营，查处违法经营；

（三）指导经纪人自律组织的工作；

（四）国家赋予的其他职责。

四、项目评价反馈

（一）自我评价

（1）为了完成学习农村经纪人从业资格管理、农村经纪人注册登记管理以及农村经纪人经纪行为的监督管理的学习任务，你都做了哪些准备？

①查找了哪些资料？

②你有哪些设想？

（2）运用所学的知识和技能，说说要想取得农村经纪人中级资格需要学习和掌握哪些内容？农村经纪人如何进行注册登记？制定一个对农村经纪人行为监督管理的方案。

（3）通过自学、讨论和调研，你有什么收获？

（二）小组评价

从学习态度、学习方法、团队合作和学习能力的提升等方面评价。

序号	评价项目	评价情况
1	与其他同学口头交流学习内容是否流畅	
2	是否尊重他人，是否达到全勤	
3	学习态度是否积极主动	
4	是否服从教师的教学安排	
5	着装是否符合标准	
6	能否按照经纪谈判的相关要求进行经纪谈判	
7	能否辨别工作环境中哪些是危险的因素	
8	是否能保持学习环境的干净整洁	
9	是否遵守学习场所的规章制度	
10	是否有工作岗位的责任心	
11	团队学习中主动与合作的情况如何	
12	能否主动参与教学场所的清洁和整理工作	

参与评价的同学签名＿＿＿＿＿＿＿＿＿＿＿＿＿＿＿＿＿＿＿＿

(三)综合评价

1. 教师评价

(1)对整个学习内容的小结归纳。

(2)对学习过程的总体评价。

教师签名__________________

2. 学生评价

(1)对教师授课效果的评价。

(2)对学习效果的评价。

学生签名__________________

项目七　农村经纪人经纪行为管理

【项目目标】

完成本学习任务后，你应该能

1. 掌握农村经纪人在经纪活动中应遵守的基本规则；

2. 认识农村经纪人在经纪活动中违反基本规则的处罚；

3. 明确农村经纪人的权利与义务。

【项目任务描述】

农村经纪人是农业现代化和市场化的产物，他作为连接市场和“三农”的纽带，可以发挥很重要的作用。但是农村经纪人在发展过程中也出现了一定的问题：诸如个别农村经纪人唯利是图，坑农损农，欺行霸市，任意宰客，垄断市场，不履行合同义务，为了争夺货源，哄抬价格，扰乱市场，偷税漏税情况时有发生，缺乏合法经纪和诚信经纪的理念等等，这些问题的出现严重地破坏了农村市场环境与秩序，扰乱了公平竞争的市场机制。那么应如何规范农村经纪人的行为？并对农村经纪人的行为进行管理呢？

任务一　熟知农村经纪人应遵守的基本规则

【任务导入案例】

2009 年吉林省宾江市兴东区工商局以“经纪活农”和“合同助农”工作来支持农村经济发展，用真情扶持农村经纪人快速发展。重点加强对无照经纪活动和发布虚假农业信息诱导农民签订合同的违法违规行为的清理整顿，依法维护经纪人的合法权益，促进农村经纪市场健康有序发展。2009 年共查处农村经纪人违法案件12起，主要表现在个别经纪人不遵循市场规则，欺行霸市，偷税漏税，为了争夺货源，哄抬价格以及不履行合同义务，扰乱市场等现象。

【思考】

如果你是农产品经纪人，在经纪过程中应该遵守哪些基本规则呢？

一、学习准备

社会上的各种职业都有相应的职业行为和基本规则，农村经纪人作为一个新兴的经纪人行业，尚处于初级阶段，对农村经纪人的管理还不成熟，但作为经纪人中的一类，我国对经纪人的管理制度同样适用。那么，农村经纪人在经纪活动中如何遵守基本规则，以及避免违反规则后受到处罚呢？

（一）知识准备

1. 农村经纪人应遵守的基本规则

（1）合法经纪的原则。农村经纪人在经纪业务中，必须恪守各种交易制度、法规，依法中介交易。所谓依法中介交易，一是指交易的品种必须合法；二是指经营手段必须合法。

（2）促进增产增收、发展农村经济的原则。

一是要引领农民进入大市场。农村经纪人应充分发挥自己市场信息灵通、流通渠道广的优势，千方百计地为农民及时提供可靠的市场信息，帮助农民分析市场走势，积极为农民生产的商品牵线搭桥，以市场为导向组织农民生产，把农民生产的零星商品集中起来，推向大市场。

二是推进农村经济结构合理调整。农村经济结构调整需要随市场经济的发展不断升级。因此，农村经纪人要从合理调整农村经济结构出发，结合自己的经纪活动，引导、帮助农民以市场需求为导向，以提高整体生产效益、增加农民收入为主要目的，合理配置资源，充分发挥资源优势，合理调整经济结构，促进农村经济持续稳定发展。

三是加速农产品和生产资料的流通。由于农产品的销售和生产资料的采购、存储及使用等比较复杂，一家一户无论是在生产、采购与使用上，都要耗费很大的精力，还难以及时满足生产的需要。而农村经纪人拥有灵通的信息和一定的专业知识，他们可以根据生产需要，及时组织农产品的生产和生产资料采购，充当供求之间的中介，及时、足量保障满足农业生产的各种生产资料需要，同时及时帮助农民销售农产品，从而，促进农业生产的增产与增收。

四是降低成本增加效益，提高农民收入。农民由于精力、财力和个人能力以及生产规模所限，面对千变万化的市场和激烈的竞争，很难把握市场走势、捕捉有利的行情，经常遭遇卖难买难，无奈高进低出。农村经纪人要正确地判断市场走势，帮助农民生产适销对路的产品，规避市场风险，保证农民生产的产品销售有较好价格，农业生产能得到较低价格的生产资料产品，以实现降低成本，增加效益，提高农民收入的目的。

五是合理配置资源。农村经纪人要以市场需求为导向，广泛开展经纪活动，打破地区封锁、行业分割的局面，促进地域分工和协作，加速人才、技术的交流和传播，使区域内外的自然资源和社会经济条件得到充分的开发利用，人、财、物、技、信五大生产要素得到合理的配置，从而促进区域经济的协调发展。

(3)诚实信用的原则。诚实守信是为人之本、从业之要。诚实信用是市场经济的基本规则，是我们为人处事的根本要求。作为一个人安身立命、成就事业的职业活动，诚信同样是至关重要从业品质。作为农村经纪人，对交易双方应知道情况不能有所隐瞒；不能提供虚假信息、以次充好。而对于应当保守的机密，必须严格把守。尊重委托人的利益，维护自身的信用。

(4)互利互惠、顾客至上的原则。

一是互利互惠。互利互惠是农村经纪人开展经纪活动应有的基本观念。农村经纪人在中介活动中，一方面要帮助商品的供给者即生产方顺利地出售其产品，增加收入，用以扩大再生产，产出更多的产品，满足社会不断增长的需求。另一方面，商品需求者也获得了自己生产经营或生活的条件，扩大生产或满足生活需求。农村经纪人本人也获得应有的收入。所以，农村经纪人的中介活动对于买、卖双方和经纪人来说是互利互惠的、三个方面"皆大欢喜"。当然，要做到商贸中介成功，需要三个方面的真诚合作。鉴于农村经纪人在这三个方面中的重要地位，农村经纪人的责任更重要。

二是顾客至上。农村经纪人主要是通过自己的经纪服务，促使交易双方顺利成交。因此，顾客至上是农村经纪人的基本宗旨，切实做到把顾客的困难，当作自己的困难；把顾客的需要，看作是自己的需要。在具体经纪过程中，应利用各种渠道，尽量多地向顾客传递一些顾客关心的信息和服务，用主动、热情、耐心、周到的服务赢得顾客，与顾客结成稳定的合作伙伴关系；如遇顾客不正确的批评、指责，农村经纪人也尽量不要和顾客辩论、争吵，否则最终很可能失去顾客，导致商贸中介失败。相反，在顾客批评、指责"火"盛时，尽量岔开话题，再慢慢解释，则可能最终赢得顾客。

2. 农村经纪人禁止的行为

我国《经纪人管理办法》对所有经纪人适用，而农村经纪人作为经纪人的一种，要按照《经纪人管理办法》第十八条规定，不得有下列行为：

(1)未经登记注册擅自开展经纪活动；

(2)超越经核准的经营范围从事经纪活动；

(3)对委托人隐瞒与委托人有关的重要事项；

(4)伪造、涂改交易文件和凭证；

(5)违反约定或者违反委托人有关保守商业秘密的要求，泄露委托人的商业秘密；

(6)利用虚假信息，诱人签订合同，骗取中介费；

(7)采取欺诈、胁迫、贿赂、恶意串通等手段损害当事人利益；

(8)通过诋毁其他经纪人或者支付介绍费等不正当手段承揽业务；

(9)对经纪的商品或者服务作引人误解的虚假宣传；

(10)参与倒卖国家禁止或者限制自由买卖的物资、物品；

(11)法律法规禁止的其他行为。

3.农村经纪人违反基本规则的处罚

(1)农村经纪人有下列行为，由工商行政管理机关视情节轻重，分别给予警告、处1万元以下罚款：

①在经纪合同中未附有执行该项经纪合同业务的经纪执业人员的签名；

②未按《经纪人管理办法》规定将聘用的经纪执业人员的情况在经营场所明示；

③向工商行政管理机关提交或在经营场所明示虚假经纪执业人员材料。

(2)农村经纪人违反《经纪人管理办法》第十八条第(1)、(2)、(5)、(7)、(9)、(10)项规定，由工商行政管理机关按照有关法律法规及行政规章予以处罚。

(3)农村经纪人违反《经纪人管理办法》第十八条第(3)、(4)、(6)、(8)项规定，由工商行政管理机关视其情节轻重，分别给予警告、处以违法所得额三倍以下的罚款，但最高不超过3万元，没有违法所得的，处以1万元以下的罚款。

(二)资料准备

(1)利用现有的图书馆或资料室以及报纸杂志，查找有关农村经纪人经纪行为应遵守基本规则的信息资料。

(2)利用现有的电脑、网站、Wifi等网络环境条件，查找有关农村经纪人经纪行为应遵守基本规则的信息资料。

(3)通过网络，查找相关部门如何对违反基本规则的行为进行处罚的内容。

(4)教师准备的资料单。关于农村经纪人经纪行为应遵守基本规则的要求、内容等相关文章。

二、项目设计与实施

(一)项目设计

见图 7-1。

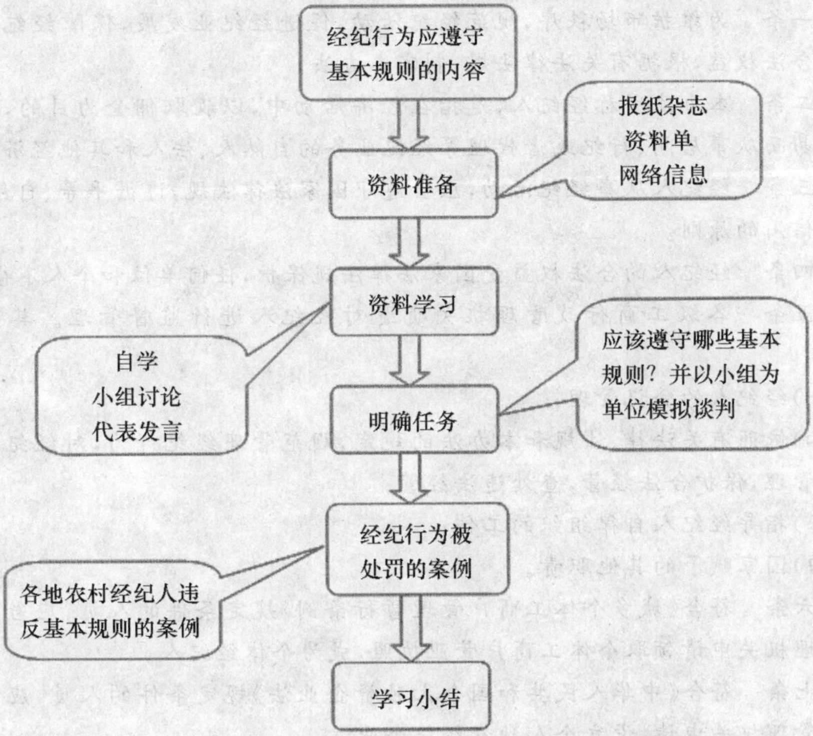

图 7-1 经纪行为应遵守的基本规则项目设计

(二)项目实施

(1)安排学生课前预习经纪行为应遵守基本规则的内容。

(2)在教师的指导下，通过多种信息渠道查询资料。关键词有：经纪行为基本规则、违反规则的处罚等内容。

(3)汇总查找的相关资料。

(4)每人写一份学习收获。

(5)每组选一个代表，在全班讲解小组的学习路径、学习收获，组员补充收获的内容。

(6)教师组织发动全班同学讨论、评价各小组的学习情况，达到全班同学共享学习资源和收获体会，巩固所学的知识内容。

三、学习拓展

【经纪人管理办法】

第一条　为维护市场秩序，规范经纪活动，促进经纪业发展，保障经纪活动当事人的合法权益，根据有关法律法规，制定本办法。

第二条　本办法所称经纪人，是指在经济活动中，以收取佣金为目的，为促成他人交易而从事居间、行纪或者代理等经纪业务的自然人、法人和其他经济组织。

第三条　经纪人从事经纪活动，应当遵守国家法律法规，遵循平等、自愿、公平和诚实信用的原则。

第四条　经纪人的合法权益受国家法律法规保护，任何单位和个人不得侵犯。

第五条　各级工商行政管理机关负责对经纪人进行监督管理。其主要职责是：

(一)经纪人的登记管理；

(二)依照有关法律、法规和本办法的规定，规范管理经纪行为，对经纪活动进行监督管理，保护合法经营，查处违法经营；

(三)指导经纪人自律组织的工作；

(四)国家赋予的其他职责。

第六条　符合《城乡个体工商户管理暂行条例》规定条件的人员，应当向工商行政管理机关申请领取个体工商户营业执照，成为个体经纪人。

第七条　符合《中华人民共和国个人独资企业法》规定条件的人员，应当向工商行政管理机关申请，设立个人独资经纪企业。

第八条　符合《中华人民共和国合伙企业法》规定条件的人员，应当向工商行政管理机关申请，设立合伙经纪企业。

第九条　符合《中华人民共和国公司法》规定条件的，应当向工商行政管理机关申请，设立经纪公司。

第十条　经营经纪业务的各类经济组织应当具备有关法律法规规定的条件。法律、行政法规规定经纪执业人员执业资格的，经纪执业人员应当取得资格。

第十一条　经纪人名称中的行业应当表述为“经纪”字样；经纪人的经营范围应当明确经纪方式和经纪项目。

第十二条　经纪人领取营业执照、聘用或解聘经纪执业人员后，应当自聘用或解聘之日起20日内，将聘用合同及聘用的经纪执业人员的姓名、照片、住所、执业的经纪项目、执业记录及解聘合同等资料提交给当地工商行政管理机关备案。

第十三条　经纪人应当将所聘用的经纪执业人员的姓名、照片、执业的经纪项目、联系电话等在经营场所明示。

第十四条　经纪人依法从事经纪活动所得佣金是其合法收入。经纪人收取佣金不得违反国家法律法规。

第十五条　凡国家允许进入市场流通的商品和服务项目，经纪人均可进行经纪活动；凡国家限制自由买卖的商品和服务，经纪人应当遵守国家有关规定，在核准的范围内进行经纪活动；凡国家禁止流通的商品和服务，经纪人不得进行经纪活动。

第十六条　经纪人承办经纪业务，除即时清结者外，应当根据业务性质与当事人签订居间、行纪、委托等合同，并载明主要事项。

经纪人和委托人签订经纪合同，应当附有执行该项经纪业务的经纪执业人员的签名。

第十七条　经纪人在经纪活动中，应当遵守以下规则：

(一)提供客观、准确、高效的服务；

(二)经纪的商品或服务及佣金应明码标价；

(三)将定约机会和交易情况如实、及时报告委托人；

(四)妥善保管当事人交付的样品、保证金、预付款等财物；

(五)按照委托人的要求保守商业秘密；

(六)如实记录经纪业务情况，并按有关规定保存原始凭证、业务记录、账簿和经纪合同等资料；

(七)收取佣金和费用应当向当事人开具发票，并依法缴纳税费；

(八)法律法规规定的其他行为规则。

第十八条　经纪人不得有下列行为：

(一)未经登记注册擅自开展经纪活动；

(二)超越经核准的经营范围从事经纪活动；

(三)对委托人隐瞒与委托人有关的重要事项；

(四)伪造、涂改交易文件和凭证；

(五)违反约定或者违反委托人有关保守商业秘密的要求，泄露委托人的商业秘密；

(六)利用虚假信息，诱人签订合同，骗取中介费；

(七)采取欺诈、胁迫、贿赂、恶意串通等手段损害当事人利益；

(八)通过诋毁其他经纪人或者支付介绍费等不正当手段承揽业务；

（九）对经纪的商品或者服务作引人误解的虚假宣传；

（十）参与倒卖国家禁止或者限制自由买卖的物资、物品；

（十一）法律法规禁止的其他行为。

第十九条 工商行政管理机关应当依据有关法律法规及本办法的规定，对经纪人提供的信息及服务进行监督检查。

工商行政管理机关依据有关法律法规及本办法对其管辖的经纪人进行监督检查时，经纪人应当接受检查，提供检查所需要的文件、账册、报表及其他有关资料。

第二十条 工商行政管理机关应当建立经纪人及经纪执业人员的档案并予以公示；建立经纪人及经纪执业人员的信用记录；对经纪人及经纪执业人员实施信用分类监管；对有违法违规行为或参与违法违规活动的经纪人及经纪执业人员应当向社会公示。

工商行政管理机关应当建立健全经纪执业人员备案制度，并将经纪执业人员备案情况作为经纪人及经纪执业人员档案、信用记录、信用分类管理的重要依据。

工商行政管理机关应当加强对农业经纪人、房地产经纪人、文化经纪人、体育经纪人及其他经纪人的监督管理。

工商行政管理机关可会同经纪人自律组织开展经纪人及经纪执业人员的资质信用管理。

第二十一条 经纪人有下列行为，由工商行政管理机关视情节轻重，分别给予警告、处1万元以下罚款：

（一）在经纪合同中未附有执行该项经纪合同业务的经纪执业人员的签名；

（二）未按本办法第十三条规定将聘用的经纪执业人员的情况在经营场所明示；

（三）向工商行政管理机关提交或在经营场所明示虚假经纪执业人员材料。

第二十二条 经纪人违反本办法第十八条第（一）、（二）、（五）、（七）、（九）、（十）项规定，由工商行政管理机关按照有关法律法规及行政规章予以处罚。

第二十三条 经纪人违反本办法第十八条第（三）、（四）、（六）、（八）项规定，由工商行政管理机关视其情节轻重，分别给予警告、处以违法所得额三倍以下的罚款，但最高不超过三万元，没有违法所得的，处以一万元以下的罚款。

第二十四条 本办法由国家工商行政管理总局负责解释。

第二十五条 本办法自公布之日起实施。原《经纪人管理办法》（国家工商行政管理局第36号令）同时废止。

工商总局 2004年08月28日

任务二　了解农村经纪人的权利与义务

【任务导入案例】

近年来，黑龙江宁安市在规范完善农民专业合作组织的基础上，按照"引商入市"、"推货出境"、"以销促产"等办法，不断引导扶持农民闯市场，放手发展了300多名农村经纪人，使他们从田头走上街头，勇立市场潮头，从事农副产品的经销工作，更广泛地建立起全镇农副产品销售渠道，有力助推了农村经济繁荣，促进了当地农民增收。但同时一些个别农村经纪人不履行合同情况时有发生。2001年宁安市当地有一个农村经纪人李义把宁安市沙兰镇农民种植的甜葫芦收走后，自己到大连一家工厂把商品卖了，没有履行合同义务，不给农民钱，几户农民几经周折找到他，跟他要钱，可是钱已被他挪用了，至今农民的甜葫芦款没有全拿到。

【思考】

农村经纪人都应该享有哪些权利？承担哪些义务呢？

一、学习准备

为了农产品市场得到有序地发展，必须从法制建设上规范农村经纪人的行为，明确农村经纪人的权利与义务，制定农村经纪人的行为规范，使农村经纪业真正成为开拓创新、遵纪守法的行业。那么，农村经纪人在经纪活动中应该享有哪些权利和承担哪些义务呢？

（一）知识准备

1. 农村经纪人的权利

农村经纪人的权利是指农村经纪人在开展经纪业务活动时，依法应享有的权利和应得到的利益。农产品经纪人的权利和义务，同一般经纪人有共同之处，也有其特殊之处。根据《中华人民共和国合同法》与《经纪人管理办法》等相关法律法规的规定，农村经纪人享有以下权利：

（1）在法律法规允许的范围内开展经纪活动，依法经营权利。任何单位和个人不得非法干涉。

（2）有权要求委托方或者合同相对方提供资金状况、履约能力、商品质量等真实可靠的资料权利。

(3)有权通过合法途径,了解、核实委托方提供的资信资料的权利。

(4)农村经纪人在与委托方达成委托协议时,有要求委托方预付一定经纪活动费用的权利。

(5)农村经纪人完成了中介任务,有权依照法律法规,按合同约定获得佣金的权利。

(6)有权因委托方欺诈行为,终止为其提供中介服务的权利。

(7)有签订合同的权利和依法享有合同中双方约定的权利。如经纪人有权因委托方或合同相对方违约,不退还佣金。行使合同抗辩权。

(8)当经纪活动中发生争议时,有非自身原因造成损害的赔偿请求权。因委托方欺诈行为受到损害时请求赔偿的权利。农村经纪人作为代理人,发生必要债务的清偿请求权,以及在某些情况下对所占有的委托人财产的留置权等。

(9)申请仲裁和诉讼的权利。

(10)法律法规赋予的其他权利。

农村经纪人的合法权利受法律保护,任何单位和个人不得侵犯。

2.农村经纪人的义务

农村经纪人的义务是指农村经纪人在开展经纪业务活动时,按有关法律的规定,做出一定的行为以及不得做出一定行为的责任。农村经纪人的义务主要有以下几方面:

(1)遵守社会公德,在法律规定范围内从事经纪活动。

(2)提供真实信息,公平对待交易双方,不得损害他人合法权益。

(3)公平中介,公正经纪,为交易双方保守商业秘密。

(4)妥善保管样品至交易终了,不得丢失、损坏或调换。

(5)制作文书,记载交易双方姓名、内容、日期及其他有关事项,并签名后交付当事人各方保存。

(6)依法缴税费,并接受行政监督,不得向供需方索取中介服务费之外的酬劳。

(7)法律法规赋予的其他义务。

(二)资料准备

(1)利用现有的图书馆或资料室以及报纸杂志,查找有关农村经纪人权利与义务的信息资料。

(2)利用现有的电脑、网站、Wifi 等网络环境条件,查找有关农村经纪人权利与义务的信息资料。

(3)通过网络,查找相关部门规定的农村经纪人权利与义务的内容。

(4)教师准备的资料单 关于农村经纪人权利与义务的内容等相关文章。

二、项目设计与实施

(一)项目设计

见图 7-2。

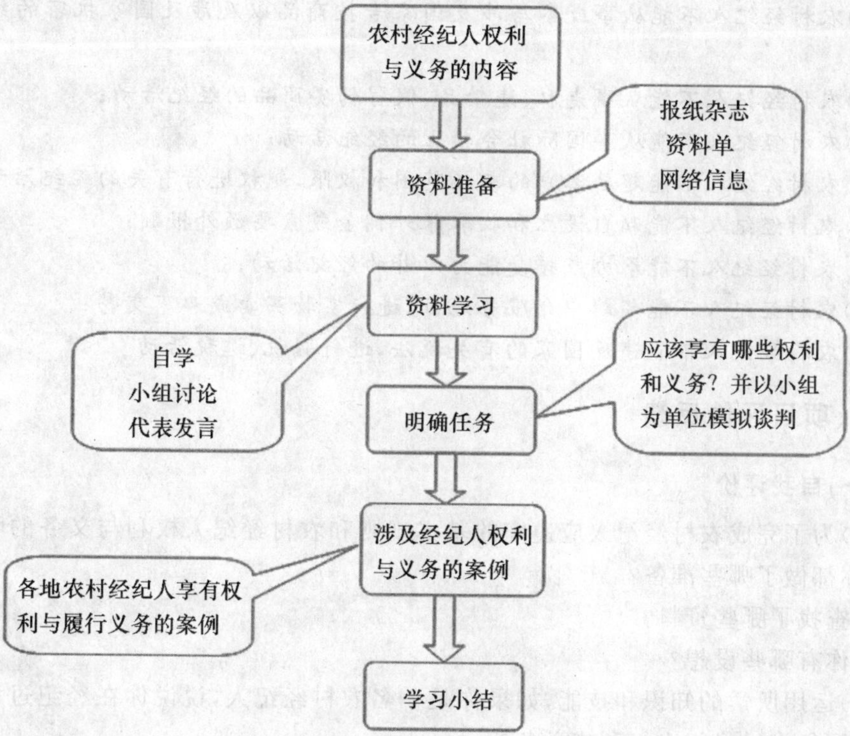

图 7-2 农村经纪人权利与义务项目设计

(二)项目实施

(1)安排学生课前预习农村经纪人权利与义务的内容。

(2)在教师的指导下,通过多种信息渠道查询资料。关键词有:经纪人的权利、经纪人的义务等内容。

(3)汇总查找的相关资料。

(4)每人写一份学习收获。

(5) 每组选一个代表,在全班讲解小组的学习路径、学习收获,组员补充收获的内容。

(6)教师组织发动全班同学讨论、评价各小组的学习情况,达到全班同学共享学习资源和收获体会,巩固所学的知识内容。

三、学习拓展

【农村经纪人经纪活动的八不能】

(1)农村经纪人不能从事或参与涉及国家专控商品以及涉及国家机密的经纪活动;

(2)农村经纪人不能从事走私、违禁品、假冒伪劣商品的经纪活动;

(3)农村经纪人不能从事国际社会禁止的经纪活动;

(4)农村经纪人不能超越客户的委托范围和权限,越权进行有关的经纪活动;

(5)农村经纪人不能私自设立和收取账外佣金或索要额外报酬;

(6)农村经纪人不能承办或接受能力以外的经纪活动;

(7)农村经纪人不能超越中介服务地位,进行实物买卖或私下交易;

(8)农村经纪人不能违反国家的有关税法,进行骗税、逃税活动。

四、项目评价反馈

(一)自我评价

(1)为了完成农村经纪人应遵守的基本规则和农村经纪人权利与义务的学习任务,你都做了哪些准备?

①查找了哪些资料?

②你有哪些设想?

(2)运用所学的知识和技能,如果你是一名农村经纪人,说说你在经纪过程中将如何履行农村经纪人权利或义务?

(3)通过自学、讨论和调研,你有什么收获?

(二)小组评价

从学习态度、学习方法、团队合作和学习能力的提升等方面评价。

序号	评价项目	评价情况
1	与其他同学口头交流学习内容是否流畅	
2	是否尊重他人,是否达到全勤	
3	学习态度是否积极主动	
4	是否服从教师的教学安排	
5	着装是否符合标准	
6	能否按照经纪谈判的相关要求进行经纪谈判	
7	能否辨别工作环境中哪些是危险的因素	
8	是否能保持学习环境的干净整洁	
9	是否遵守学习场所的规章制度	
10	是否有工作岗位的责任心	
11	团队学习中主动与合作的情况如何	
12	能否主动参与教学场所的清洁和整理工作	

参与评价的同学签名______________

(三)综合评价

1. 教师评价

(1)对整个学习内容的小结归纳。

(2)对学习过程的总体评价。

教师签名__________

2. 学生评价

(1)对教师授课效果的评价。

(2)对学习效果的评价。

学生签名__________

参考文献

[1] 杜一馨.农产品经纪人基础知识与实务.北京:中国农业大学出版社,2014.

[2] 张西华.农产品经纪人中高级培训教程.厦门:厦门大学出版社,2014.

[3] 马俊哲. 农村经纪人实用读本.北京:中国农业大学出版社,2014.

[4] 周云,徐成响.农村经纪人工作手册.北京:金盾出版社,2013.

[5] 赵宪军.农村经纪人知识问答.北京:中国农业出版社,2012.

[6] 王彦勇,刘宏印.农村经纪人培训读本.北京:中国农业科学技术出版社,2011.

[7] 赵磊. 新农村经纪人培训教程. 北京:中国农业科学技术出版社,2012.

[8]《新型职业农民科技培训教材》编委会. 新型职业农民科技培训教材:农村经纪人知识. 北京:电子科技大学出版社,2012.

[9] 陈玉林,贺吉鹏.农产品经纪人实用全书. 北京:阳光出版社,2010.

[10] 李荣德,陈凯峰. 农产品经纪人(中职)(新农村科技实用技术人才培训丛书).北京:中国农业出版社,2009.

[11] 易玉.农产品经纪人指南.北京:农村读物出版社,2007.

[12] 国家工商行政管理部局市场规范管理司.农村经纪人实务手册.北京:中国工商出版社,2007.

[13] 陈红华,张敬尊.农村经纪人读本.北京:中国农业大学出版社,2006.